21世纪本科院校土木建筑类创新型应用人才培养规划教材

大跨桥梁

主 编 王解军 周先雁
主 审 姚玲森

内 容 简 介

本书是根据国家教育部、住建部及交通部土木工程专业教学指导委员会审定的土木工程专业培养方案要求编写的桥梁工程课程系列教材之一。本书的编写着重于让学生能够掌握大跨径混凝土梁桥、拱桥、悬索桥及斜拉桥的基本构造、设计原理、结构分析、设计计算方法及施工要点。本书介绍了各种主要大跨径桥型的工程实例,反映了桥梁科学技术与工程建设的发展水平。

本书共 12 章,主要内容包括:概述,大跨径混凝土梁桥的构造与设计,大跨径混凝土梁桥的计算,梁桥实例,大跨径拱桥的构造与设计,拱桥实例,悬索桥的构造与设计,悬索桥的计算,悬索桥实例,斜拉桥的构造与设计,斜拉桥的计算,斜拉桥实例。

本书可作为高等学校土木工程专业桥梁工程方向本科生的专业课程教材,也可作为从事桥梁工程设计、施工、监理及管理等工作的工程技术人员的参考用书。

图书在版编目(CIP)数据

大跨桥梁/王解军,周先雁主编. —北京:北京大学出版社,2012.9
(21 世纪本科院校土木建筑类创新型应用人才培养规划教材)
ISBN 978-7-301-21261-5

Ⅰ. ①大… Ⅱ. ①王…②周… Ⅲ. ①长跨桥—桥梁工程—高等学校—教材 Ⅳ. ①U448.43

中国版本图书馆 CIP 数据核字(2012)第 222073 号

书　　　名:	大跨桥梁
著作责任者:	王解军　周先雁　主编
策划编辑:	吴迪　卢东
责任编辑:	伍大维
标准书号:	ISBN 978-7-301-21261-5/TU·0285
出　版　者:	北京大学出版社
地　　　址:	北京市海淀区成府路 205 号　100871
网　　　址:	http://www.pup.cn　http://www.pup6.cn
电　　　话:	邮购部 010-62752015　发行部 010-62750672　编辑部 010-62750667
电子邮箱:	pup_6@163.com
印　刷　者:	北京虎彩文化传播有限公司
发　行　者:	北京大学出版社
经　销　者:	新华书店
	787 毫米×1092 毫米　16 开本　14.5 印张　336 千字
	2012 年 9 月第 1 版　2024 年 6 月第 4 次印刷
定　　　价:	40.00 元

未经许可,不得以任何方式复制或抄袭本书之部分或全部内容。
版权所有,侵权必究　　举报电话:010-62752024
　　　　　　　　　　电子邮箱:fd@pup.cn

前 言

"大跨桥梁"是土木工程专业的一门专业课,本书是根据国家教育部、住建部及交通部土木工程专业指导委员会审定的教学大纲和最新的桥梁设计施工技术规范编写的。考虑到各学校桥梁工程课程实际的教学学时不同,我们在《桥梁工程》(第1版)的基础上,编写修订成《桥梁工程》(第2版)、《大跨桥梁》与《桥梁施工》共3本教材,可供土木工程专业的学生选用。

本书的编写着重于让学生能够掌握大跨径混凝土梁桥、拱桥、悬索桥及斜拉桥的基本构造、设计原理、结构分析、设计计算方法及施工要点。本书介绍了各种主要大跨径桥型的工程实例,反映了桥梁科学技术与工程建设的发展水平。

本书共12章,第1章概述,讲述大跨径桥梁的分类、设计计算、施工方法要点及建设成就;第2章大跨径混凝土梁桥的构造与设计,着重介绍预应力混凝土连续梁桥与刚构桥的构造及设计;第3章大跨径混凝土梁桥的计算,详细介绍恒载、汽车活载、预应力、混凝土收缩徐变及温度作用下的内力计算;第4章梁桥实例;第5章大跨径拱桥的构造与设计,主要介绍中、下承式拱桥的构造与设计;第6章拱桥实例;第7章悬索桥的构造与设计,介绍总体布置、主缆系统、桥塔、锚碇及加劲梁的构造与设计;第8章悬索桥的计算,介绍悬索桥设计分析和施工状态的精确分析方法;第9章悬索桥实例;第10章斜拉桥的构造与设计,介绍普通斜拉桥与矮塔斜拉桥的构造与设计;第11章斜拉桥的计算,主要介绍了斜拉桥的计算特点、施工过程计算及拉索的初拟与优化计算;第12章斜拉桥实例。

本书的第1~4章由王解军编写;第5~6章由杨仕若编写;第7~9章由张伟编写;第10章由周先雁、黄民元编写;第11章由贺国京编写;第12章及第9~12章的教学目标与教学要求由张宇辉编写;第1~8章的教学目标与教学要求由占雪芳编写。全书由中南林业科技大学王解军、周先雁统稿并担任主编,同济大学姚玲森教授担任主审。

由于编者水平有限,时间仓促,书中难免有不当之处,敬请读者批评指正。

编 者
2012年5月

目 录

第1章 概述 ……………………………… 1
  1.1 大跨径桥梁的分类 ……………… 2
    1.1.1 按结构体系划分 …………… 2
    1.1.2 按跨径大小划分 …………… 3
  1.2 大跨径梁桥设计计算与
      施工方法概要 …………………… 4
    1.2.1 大跨径桥梁设计
        计算概要 …………………… 4
    1.2.2 大跨径桥梁施工方法
        概要 ………………………… 5
  1.3 大跨径桥梁建设成就 …………… 7
  本章小结 ……………………………… 15
  本章习题 ……………………………… 15

第2章 大跨径混凝土梁桥的
      构造与设计 ……………………… 16
  2.1 连续梁桥的构造与设计 ………… 17
    2.1.1 连续梁桥的受力特点 ……… 17
    2.1.2 连续梁桥施工方法概要 …… 18
    2.1.3 等截面连续梁桥 …………… 20
    2.1.4 变截面连续梁桥 …………… 20
    2.1.5 截面设计 …………………… 22
    2.1.6 预应力筋布置 ……………… 25
  2.2 刚构桥的构造与设计 …………… 27
    2.2.1 连续刚构桥 ………………… 27
    2.2.2 斜腿刚构桥与门式
        刚构桥的构造要点 ………… 29
  本章小结 ……………………………… 31
  本章习题 ……………………………… 31

第3章 大跨径混凝土梁桥的计算 …… 32
  3.1 结构恒载内力计算 ……………… 33
    3.1.1 恒载内力计算特点 ………… 33

    3.1.2 悬臂浇筑法施工时连续梁的
        恒载内力计算 ……………… 34
    3.1.3 顶推法施工连续梁恒载
        内力计算 …………………… 36
  3.2 活载内力计算 …………………… 38
    3.2.1 荷载横向分布计算的
        等代简支梁法 ……………… 38
    3.2.2 荷载增大系数 η …………… 40
  3.3 预应力内力计算的等效荷载法 … 41
    3.3.1 预应力内力的概念 ………… 41
    3.3.2 等效荷载法的基本原理 …… 42
    3.3.3 等效荷载法的应用 ………… 45
    3.3.4 吻合束的概念 ……………… 47
  3.4 混凝土徐变内力计算 …………… 47
    3.4.1 基本概念 …………………… 47
    3.4.2 静定结构的徐变变形
        计算 ………………………… 49
    3.4.3 超静定结构的徐变内力与
        变形计算 …………………… 49
  3.5 混凝土收缩内力计算 …………… 55
    3.5.1 收缩应变 …………………… 55
    3.5.2 收缩变形 …………………… 55
    3.5.3 收缩内力计算 ……………… 56
  3.6 基础沉降内力计算 ……………… 58
  3.7 温度内力计算 …………………… 58
    3.7.1 基本概念 …………………… 58
    3.7.2 简支梁温度自应力计算 …… 60
    3.7.3 连续梁温度次应力计算 …… 63
  3.8 挠度、预拱度计算及施工控制 … 65
  本章小结 ……………………………… 66
  本章习题 ……………………………… 66

第4章 梁桥实例 ……………………… 68
  4.1 湖南泸溪沅水大桥 ……………… 68

4.2 湖北龙潭河大桥 …… 70
4.3 贵州新寨河大桥 …… 72
4.4 挪威 Stolma 桥 …… 74
4.5 湖北凉台河大桥 …… 75
本章小结 …… 77
本章习题 …… 78

第5章 大跨径拱桥的构造与设计 …… 79

5.1 中、下承式混凝土拱桥的构造与设计 …… 80
    5.1.1 中、下承式拱桥的总体布置与适用情况 …… 80
    5.1.2 中、下承式拱桥的基本组成和构造 …… 81
5.2 拱式组合体系桥的构造 …… 87
    5.2.1 拱式组合体系的分类与特点 …… 87
    5.2.2 系杆拱桥的构造 …… 90
本章小结 …… 92
本章习题 …… 92

第6章 拱桥实例 …… 93

6.1 湖南益阳茅草街大桥 …… 93
6.2 重庆万州长江大桥 …… 96
6.3 重庆朝天门大桥 …… 99
6.4 湖北张家湾大桥 …… 103
本章小结 …… 106
本章习题 …… 107

第7章 悬索桥的构造与设计 …… 108

7.1 悬索桥的组成与分类 …… 109
    7.1.1 悬索桥的组成与受力特点 …… 109
    7.1.2 悬索桥的分类 …… 111
7.2 悬索桥的总体布置 …… 113
7.3 主缆的构造 …… 114
    7.3.1 主缆的布置形式 …… 114
    7.3.2 主缆的截面组成 …… 114
    7.3.3 主缆的线形和最大拉力 …… 116
    7.3.4 鞍座 …… 118
    7.3.5 吊索与索夹 …… 120
    7.3.6 主缆的防锈 …… 123
7.4 桥塔的构造 …… 124
    7.4.1 桥塔的组成 …… 124
    7.4.2 桥塔的基本形式 …… 124
7.5 锚碇的构造 …… 126
    7.5.1 重力式锚碇的构造 …… 126
    7.5.2 隧道式锚碇的构造 …… 128
7.6 加劲梁的构造 …… 128
    7.6.1 钢箱梁的构造 …… 129
    7.6.2 钢桁梁的构造 …… 131
本章小结 …… 134
本章习题 …… 134

第8章 悬索桥的计算 …… 136

8.1 悬索桥的设计与分析理论 …… 136
    8.1.1 悬索桥受力特征 …… 137
    8.1.2 悬索桥作为连续体的静力分析 …… 138
8.2 悬索桥施工至成桥状态的精确分析 …… 139
    8.2.1 恒载作用下吊索内力计算 …… 139
    8.2.2 真实索形计算 …… 139
    8.2.3 施工状态计算 …… 141
    8.2.4 悬索桥在工作荷载作用下的精细分析 …… 143
本章小结 …… 143
本章习题 …… 144

第9章 悬索桥实例 …… 145

9.1 厦门海沧大桥 …… 146
9.2 日本明石海峡大桥 …… 148
9.3 西堠门大桥 …… 150
9.4 润扬长江大桥 …… 152
9.5 湖南矮寨大桥 …… 156
本章小结 …… 160
本章习题 …… 160

第10章 斜拉桥的构造与设计 …… 161

10.1 概述 …… 162

10.1.1 斜拉桥的组成与主要特点 ……………… 162
10.1.2 斜拉桥的分类 ……… 163
10.2 总体布置 ……… 166
10.2.1 跨径布置与分孔 ……… 166
10.2.2 索塔布置 ……… 168
10.2.3 拉索布置 ……… 169
10.2.4 主梁布置 ……… 170
10.3 主梁的构造 ……… 170
10.3.1 主梁的截面形式 ……… 170
10.3.2 梁高的确定 ……… 173
10.4 主塔的构造 ……… 173
10.4.1 塔的组成 ……… 173
10.4.2 索塔的截面形式与锚固方式 ……… 174
10.5 拉索的构造 ……… 175
10.5.1 拉索的类型与锚具 ……… 175
10.5.2 拉索的锚固 ……… 178
10.5.3 拉索的减振 ……… 178
10.6 矮塔斜拉桥 ……… 180
10.6.1 矮塔斜拉桥的历史 ……… 180
10.6.2 矮塔斜拉桥的特点及优势 ……… 181
10.6.3 矮塔斜拉桥的总体布置 ……… 182
10.6.4 索塔与拉索的布置 ……… 182
10.6.5 矮塔斜拉桥的结构体系 ……… 183
10.6.6 矮塔斜拉桥的主梁 ……… 184
10.6.7 矮塔斜拉桥实例 ……… 184
本章小结 ……… 190
本章习题 ……… 190

第11章 斜拉桥的计算 ……… 191

11.1 斜拉桥计算的主要特点 ……… 192
11.1.1 按施工过程分析 ……… 193
11.1.2 结构分析的有限元模型建立 ……… 197
11.2 斜拉索的垂度效应计算 ……… 199
11.3 索力的初拟和优化 ……… 200
11.3.1 索力初拟 ……… 200
11.3.2 斜拉桥恒载状态索力的优化 ……… 201
11.4 斜拉桥非线性计算 ……… 204
本章小结 ……… 205
本章习题 ……… 206

第12章 斜拉桥实例 ……… 207

12.1 宜昌夷陵长江大桥 ……… 208
12.2 日本多多罗大桥 ……… 209
12.3 苏通长江大桥 ……… 211
12.4 湖北鄂东长江大桥 ……… 217
本章小结 ……… 220
本章习题 ……… 221

参考文献 ……… 222

第1章 概 述

教学目标

本章主要介绍大跨径桥梁的分类、大跨径桥梁设计计算与施工方法及国内外大跨径桥梁建设成就。通过本章的学习，应达到以下目标：

(1) 熟悉大跨径桥梁的各种分类；
(2) 掌握大跨径桥梁设计计算与施工方法；
(3) 了解国内外大跨径桥梁建设成就。

教学要求

知识要点	能力要求	相关知识
大跨径桥梁的分类	(1) 了解按结构体系分类 (2) 了解按跨径大小分类	(1) 梁桥、拱桥、斜拉桥、悬索桥及其他组合体系桥 (2) 特大、大、中、小桥
大跨径桥梁设计计算与施工方法	(1) 掌握大跨径桥梁设计计算要点 (2) 掌握大跨径桥梁施工方法	(1) 包括静力计算与动力计算 (2) 有限元法及相应的计算软件 (3) 考虑几何、材料及时变非线性影响 (4) 整体施工法和分段施工法

基本概念

梁桥；拱桥；悬索桥；斜拉桥；组合体系桥；悬臂施工法；逐跨施工法；顶推施工法；拱架施工法；缆索吊装法；转体施工法。

引例

大跨径桥梁一般是指采用高强钢材、预应力混凝土等现代土木工程材料建造的跨径大于40m的桥梁（按中国公路工程技术标准）。目前我国已建成的最大跨径桥是浙江西堠门大桥，主跨1650m，于2009年建成；世界上最大跨径桥为日本1998年建成的明石海峡大桥（Akashi Kaikyo），主跨1991m。大跨径桥梁的结构形式主要有预应力混凝土连续梁桥与刚构桥、混凝土拱桥与钢拱桥、悬索桥以及斜拉桥等组合体系桥。

1.1 大跨径桥梁的分类

1.1.1 按结构体系划分

大跨径桥梁按结构体系，可分为梁桥、拱桥、悬索桥、斜拉桥及其他组合体系桥。

1. 混凝土梁桥

混凝土刚构与连续梁桥属于梁桥的范畴，其主要承重构件是梁与墩台，梁主要受弯，墩台主要受压。刚构桥与一般梁桥的区别仅在于其墩与梁之间固结，固结处传递弯矩、竖向力与水平力，而一般梁桥的梁与墩台之间设置支座，支座一般仅承受竖向力与水平力，不传递弯矩；刚构桥的梁和墩受力与连续梁桥的梁和墩相比，没有本质上的区别。因此，刚构桥也属于梁桥。梁桥包括简支梁（板）、悬臂梁、连续梁及刚构（刚架）桥等主要结构体系，其中刚构桥又可分为连续刚构桥、T 形刚构桥、斜腿刚构桥及门式刚构桥等多种结构形式。简支梁（板）、悬臂梁及单跨门式刚构桥的跨越能力受到限制，仅适用于中小跨径；T 形刚构桥与斜腿刚构桥虽然跨越能力较大，但这两种桥型均存在局部受力不利的缺陷，前者在牛腿处（挂梁支承处）、后者是斜腿受力不利，目前这两种桥型在大跨径桥梁中较少使用。因此，目前大跨径混凝土梁桥主要采用预应力混凝土连续刚构与连续梁桥，并且由于墩梁固结，连续刚构桥的跨越能力一般大于连续梁桥。

本书所指的大跨径桥梁含大跨径及特大跨径桥梁。

2. 拱桥

拱桥按照是否对墩台产生水平推力，可分为有推力拱桥和无推力拱桥两种基本结构体系。有推力拱桥的主要承重构件是主拱肋（圈），受压为主；无推力拱桥也称为系杆拱桥，是梁—拱组合体系桥，其主要承重构件是拱肋与系杆，拱肋主要受压，系杆受拉。拱桥按照桥面的位置可分为上承式、中承式和下承式 3 种结构形式，这 3 种结构形式均适应于有推力和无推力拱桥。主拱肋可采用圬工（石砌、素混凝土）、钢—混凝土结构（钢筋混凝土、钢管混凝土、劲性骨架混凝土等）及钢结构。除了圬工拱桥一般用于中小跨径桥外，采用钢—混凝土结构和钢结构的有推力及无推力体系拱桥均适用于大跨径桥。

3. 悬索桥

悬索桥也称吊桥，属于柔性结构，受力简单明确，相对其他体系桥而言，跨越能力最大。其主要承重构件为主缆、锚碇、塔柱及吊索、加劲梁；主缆受拉，锚碇主要承受主缆传来的巨大拉力，塔柱受压为主。悬索桥按主缆的锚固方式不同，可分为地锚式悬索桥和自锚式悬索桥两种基本体系。地锚式是悬索桥的主要结构体系，目前世界上已建成的最大跨径桥梁就是采用这种结构体系；自锚式悬索桥由于主缆锚固在梁的两端，加劲梁受到主缆传来的巨大轴向压力，其稳定问题较突出，跨径一般不宜太大。悬索桥一般采用双塔单跨和双塔三跨的结构形式，多于三跨的悬索桥，由于结构柔性大，一般不宜采用，目前世界上尚无建成的先例。

4. 斜拉桥

斜拉桥是梁桥与悬索桥的组合体系，属柔性结构，其主要承重构件是斜拉索、主梁和塔。拉索受拉，梁是压弯构件，塔主要受压。根据塔高与跨径之比的大小，斜拉桥可分为普通斜拉桥与矮塔斜拉桥两种主要桥型。矮塔斜拉桥是介于普通斜拉桥与连续梁桥之间的一种桥型，塔比普通斜拉桥矮，其斜拉索的竖向荷载承担率小于普通斜拉桥；矮塔斜拉桥的结构刚度比普通斜拉桥大，但跨越能力比普通斜拉桥小。根据拉索的锚固方式不同，斜拉桥有自锚式和地锚式两种结构体系。自锚式结构体系是斜拉桥最普通、最普遍采用的结构形式，全部拉索都锚固在主梁上；地锚式斜拉桥是将边跨的全部拉索或部分拉索直接锚固在锚碇上，拉索的索力通过锚碇直接传给地基。地锚式斜拉桥由于经济指标差、施工复杂，只有在特殊地形条件下或者出于桥梁造型需要时才可能被选用，一般很少使用。斜拉桥的主梁可采用预应力混凝土、钢—混凝土结合梁或混合梁及钢结构等，均适用于大跨径桥梁。

5. 其他组合体系桥

斜拉与悬索组合体系、斜拉与拱组合体系等大跨径桥梁在实践中也有应用，但这些组合体系桥由于在力学性能与经济指标上没有明显的优势，使用较少。

1.1.2 按跨径大小划分

1. 我国桥梁按跨径大小分类

我国《公路桥涵设计通用规范》（JTG D60—2004）按桥梁总长和跨径将桥梁分为特大、大、中、小桥，见表1-1。

表1-1　中国公路工程技术标准桥梁分类

桥梁分类	多孔跨径总长 L/m	单孔跨径 L_k/m
特大桥	$L \geqslant 1000$	$L_k \geqslant 150$
大桥	$100 \leqslant L < 1000$	$40 \leqslant L_k < 150$
中桥	$30 < L < 100$	$20 \leqslant L_k < 40$
小桥	$8 \leqslant L \leqslant 30$	$5 \leqslant L_k < 20$
涵洞		$L_k < 5$

2. 国际特大跨径桥梁分类

根据不同桥型，国际特大跨径桥梁的分类见表1-2。

表1-2　国际特大跨径桥梁分类

桥型	跨径 L_k/m	桥型	跨径 L_k/m
悬索桥	$L_k \geqslant 1000$	混凝土拱桥	$L_k \geqslant 300$
斜拉桥	$L_k \geqslant 500$	混凝土梁桥	$L_k \geqslant 200$
钢拱桥	$L_k \geqslant 500$		

1.2 大跨径桥梁设计计算与施工方法概要

1.2.1 大跨径桥梁设计计算概要

大跨径桥梁设计计算一般包括静力计算与动力计算两方面的内容，这里主要介绍静力计算。静力计算可分为整体和局部分析两个层次，其中整体分析以整座桥梁为对象，计算施工和使用过程中的结构最大变形与最不利内力，验算结构的强度、刚度与稳定性；而局部分析则以结构的某一部分为对象，应用相对较精细的模型分析构件的局部受力，为优化局部构造设计提供依据。动力计算包括地震、风等动力荷载作用下的结构响应与安全分析。

结构计算方法主要采用有限元法及相应的计算软件。整体分析时，一般建立平面有限元模型，主要采用杆单元和梁单元；局部分析则建立平面或空间模型，采用板单元、块体单元等。采用影响线加载方法，计算使用荷载（活载）作用下的整体结构最不利内力；由于大跨径桥梁的桥面宽度与跨径之比（宽跨比）一般远小于中小跨径桥梁的宽跨比，车辆荷载横向分布效应对整体受力影响较小，因此，大跨径桥梁的荷载横向分布系数可近似计算。

另外，大跨径桥梁结构计算一般需考虑非线性影响，主要包括几何、材料及时变非线性。其中几何非线性就是结构的变形较大，应变与位移为非线性关系，且平衡方程必须建立在变形后的状态以考虑变形对平衡的影响。几何非线性效应主要考虑结构大位移、初应力及拉索垂度的影响；材料非线性是材料的应力与应变为非线性关系，如混凝土结构开裂或钢结构的应力达到屈服极限以后的受力就是材料非线性关系；时变非线性就是在恒定荷载作用下，结构变形或应变随时间而增长的非线性关系，如混凝土收缩、徐变等。

大跨径桥梁施工与正常使用期间，无论是钢材还是混凝土材料一般均处于弹性阶段，材料的应力与应变也大都满足线弹性假定，因此，桥梁设计计算时材料非线性问题一般不需考虑；对于混凝土结构，无论是大跨径桥还是中小跨径桥，设计计算必须考虑混凝土收缩、徐变引起的时变非线性效应；相对于中小跨径桥而言，大跨径桥梁在荷载作用下的结构变形较大，几何非线性效应较为明显。

对于大跨径桥梁的不同体系，设计计算的要点有所不同，分述如下。

1. 大跨混凝土梁桥设计计算要点

大跨混凝土梁桥因预应力、混凝土收缩徐变及温度作用产生的结构次内力较大，设计计算中不可忽视；使用过程中混凝土梁的开裂与下挠问题应予重视。大跨径混凝土梁桥的设计计算主要包括以下内容。

(1) 结构自重与使用荷载作用下的内力与变形计算。

(2) 预应力作用、混凝土收缩徐变、温度效应及基础不均匀沉降引起的结构次内力与变形计算。

(3) 高墩刚构桥悬臂施工过程及使用阶段的结构稳定分析。

2. 拱桥的设计计算要点

拱桥属于受压结构，施工与使用阶段的结构稳定问题较突出。大跨径拱桥的设计计算要点如下。

(1) 考虑非线性影响的施工过程和使用阶段的结构内力与变形计算。

(2) 考虑非线性影响的施工过程和使用阶段的结构稳定分析。

(3) 进行中、下承式拱桥吊杆轴力的调整计算，以优化成桥状态的线形与结构内力。

3. 斜拉桥设计计算要点

大跨径斜拉桥属于柔性结构，几何非线性影响较为明显；斜拉索的索力直接影响到整体结构的内力分布，索力的优化是斜拉桥设计计算的重要内容。大跨径斜拉桥设计计算的要点如下。

(1) 斜拉桥成桥状态与施工阶段的索力优化计算。

(2) 考虑非线性影响，斜拉桥荷载作用下施工过程与使用阶段的结构内力与变形计算。

(3) 斜拉桥成桥状态与施工阶段的结构整体与局部稳定分析。

4. 悬索桥设计计算要点

大跨径悬索桥是典型的柔性结构。主缆是主要承重构件，是几何可变体，主要受拉，可以通过自身的弹性变形和几何形状的改变来影响结构体系的平衡，大位移效应非常显著。悬索桥的设计计算具有明显的循环迭代特点，其计算要点如下。

(1) 成桥状态的主缆线形以及结构内力与变形计算。

(2) 施工阶段的主缆线形以及结构内力与变形计算。

1.2.2 大跨径桥梁施工方法概要

桥梁施工方法可分为两大类：整体施工法和分段施工法。其中整体施工法或满堂支架施工法一般主要适用于中、小跨径桥，大跨径桥梁则主要采用分段施工法。在分段施工中，桥梁结构分为有限个梁段，梁段可以是钢构件或混凝土构件，采用焊接与螺栓连接或预应力钢筋将梁段连成整体。桥梁分段施工有3种基本形式，即纵向分段、横向分段及竖向分层施工。在实际工程中，横向分段施工通常称为装配式桥梁施工，主要用于中小跨径桥；竖向分层施工一般是组合桥梁施工，也用于大跨拱桥主拱肋的现浇或安装；纵向分段施工才是真正意义上的分段施工。

分段施工法可分为悬臂施工法、逐跨施工法及顶推施工法等，这些方法在不同体系大跨径桥中的应用有所不同。这里结合各种不同体系桥梁简述如下。

1. 大跨混凝土梁桥施工方法概要

1) 悬臂施工法

悬臂施工法是以平衡对称的形式由墩顶连续向两边悬伸，逐段施工，最后完成整个上部结构的施工。悬臂施工法可分为悬臂浇注法和悬臂拼装法两种。其中，悬臂浇注法是利用挂篮在桥墩两侧对称浇注梁段混凝土，待已浇梁段混凝土达到张拉强度后进行预应力张拉，然后移动挂篮进行下一阶段施工，直至全桥合龙；悬臂拼装法是在预制场先预制梁段，通过吊装梁段，逐节对称拼装，完成上部结构施工，吊装方法有缆索吊装、扒杆吊装及提升法等。大跨混凝土刚构与连续梁桥主要采用悬臂浇注法施工；悬臂拼装法主要用于钢桥施工，混凝土桥也有使用，但相对较少。

2) 逐跨施工法与顶推施工法

逐跨施工法与顶推施工法主要用于混凝土连续梁桥，先简支后连续施工法属于逐跨施工法。

2. 拱桥施工方法概要

大跨径拱桥施工的关键之处，对于有推力拱桥是主拱肋（圈）的施工，而无推力拱桥（系杆拱）则是主拱肋与系杆的施工。这里仅介绍主拱肋（圈）的施工方法。

1) 拱架施工法

拱架施工法是先搭设拱架，在拱架上分段分环分层现浇混凝土或分段拼装预制节段，直至整个主拱圈施工完成，然后拆除拱架，再施工拱上结构。劲性骨架混凝土和钢管混凝土拱桥的主拱圈施工，一般先吊装施工劲性骨架或钢管成拱，然后利用劲性骨架或钢管作为支架，现浇拱箱或钢管内的混凝土，此时的劲性骨架或钢管可看做拱架。

2) 缆索吊装法

缆索吊装法是先架设缆吊系统，将主拱圈分为许多节段，在预制场先预制好这些节段，然后通过缆索吊装、拼接成拱。缆索吊装法在拱桥施工中应用较广，可用于大跨径混凝土拱桥和钢拱桥的施工，也可用于劲性骨架混凝土拱桥及钢管混凝土拱桥的劲性骨架与钢管的吊装，还可用于一般拱架施工法中的拱架吊装等。

3) 悬臂施工法

拱桥的悬臂施工一般采用塔架斜拉扣挂方式，即在墩台处设立临时塔架，采用斜拉索扣挂已浇梁段或已拼装梁段，直至拱肋合龙。拱桥悬臂施工也有悬臂浇注和悬臂拼装两种方法，悬臂浇注采用挂篮现浇；悬臂拼装则一般通过缆索吊装已预制的节段，预制节段可以是混凝土或钢结构。

4) 转体施工法

转体施工法是利用地形，先在两岸制作半拱，然后通过拱座作水平或竖向转动，直至合龙成拱。该方法施工的拱桥跨径也可较大。

3. 斜拉桥施工方法概要

斜拉桥施工主要包括塔墩施工、主梁施工及斜拉索的制作与安装三大部分。斜拉桥主梁施工一般可采用支架法、顶推法、转体法及悬臂法。对于大跨径斜拉桥主要采用悬臂法施工，悬臂法又分为悬臂浇注和悬臂拼装法两种。

1) 悬臂浇注法

悬臂浇注法是在塔柱两侧用挂篮对称逐段浇注主梁混凝土，直至合龙。悬臂浇注过程中，对于漂浮体系、半漂浮体系及塔梁固结体系（塔与墩不固结），需采取墩梁临时固结措施。悬臂浇注法主要用于混凝土斜拉桥。

2) 悬臂拼装法

斜拉桥施工的悬臂拼装法，是利用合适的吊装设备从塔柱两侧平衡对称逐节拼装预制梁段，直至合龙。与悬臂浇注法相同，施工中对塔、梁、墩非固结的斜拉桥也要做临时固结处理。悬臂拼装法多用于钢或结合梁斜拉桥，混凝土斜拉桥相对使用较少。

4. 悬索桥施工方法概要

悬索桥施工包括锚碇、索塔、主缆、吊杆及加劲梁等几个主要部分的施工。锚碇一般属大体积混凝土结构,施工中应特别注意水化热引起的混凝土内部温度控制。

悬索桥的索塔与斜拉桥的索塔施工方法基本相同。混凝土索塔通常采用滑模、爬模、翻模并配以塔吊或泵送浇注混凝土;钢索塔一般采用吊装施工。索塔施工中应加强测量与塔的垂直度控制。

主缆架设方法主要有空中编缆法(Air Spinning,AS)和预制平行索股法(Parallel Wire Strand,PWS)两种。AS法是以钢丝为单元,先在空中编成绳股,然后再由绳股组成主缆;PWS法则是以工厂预制成的股缆在空中组成主缆。

加劲梁的架设方法按架设顺序,可分为两种:①从跨中节段开始,向两侧主塔方向推进;②从主塔附近的节段开始,向跨中及桥台推进。对于钢箱梁,一般采用分段预制吊装法;而对于钢桁梁,可以采用分段预制或分片(桁架片)预制吊装法等。

1.3 大跨径桥梁建设成就

1. 混凝土梁桥

1997年建成的广东虎门辅航道桥,连续刚构跨径为150m+270m+150m,该桥为我国已建成的最大跨径预应力混凝土连续刚构桥(图1-1);2003年建成的云南元江连续刚构桥,主跨265m(图1-2)。挪威1998年底竣工通车的Stolma桥(跨径布置:94m+301m+72m)和Raftsundet桥(跨径布置:86m+202m+298m+125m)在目前世界上预应力混凝土刚构桥中主跨分别列第1位与第2位(图1-3、图1-4)。

图1-1 广东虎门辅航道桥(1997年)

图1-2 云南元江大桥(2003年)

图 1-3 挪威斯托尔马桥(Stolma)(1998 年)

图 1-4 挪威拉脱圣德桥(Raftsundet)(1998 年)

2. 拱桥

拱桥是最常用的桥型之一，其式样之多，数量之大，为各种桥型之冠，也是大跨径桥梁的主要形式之一。

福斯铁路桥是世界上第一座大跨钢拱桥（图 1-5），1890 年建成于苏格兰，该桥主跨达 521.2m，总长 1620m，支承处桁高达 110m。铁路桥由一条中平衡悬臂桥和两条悬跨组成。悬臂梁属于桁架钢梁，是由厚钢管连接而成的。该桥一直被认为是现代桥梁史上的一个重要里程碑，至今仍在使用之中，是名副其实的百年大桥。美国新河峡大桥(New River Gorge Bridge)（图 1-6），横跨卡诺瓦河（新河），是一座上承式钢桁架拱桥，桥长 924m，跨径 518m，桥面高出峡谷 267m，是全美第一高的公路桥，1977 年建成。

图 1-5 苏格兰福斯铁路桥(1890 年)

2003 年建成的上海卢浦大桥（图 1-7），是世界上跨径最大的钢箱拱桥，主拱截面 9m 高、5m 宽，拱肋为全焊钢箱结构，该桥为中承式系杆拱桥，主跨跨径达到 550m。重庆跨长江的朝天门大桥（图 1-8），2009 年建成通车，朝天门大桥从设计之初就定位为重庆的江上门户，采用中承式钢桁架拱桥形式，主跨达 552m，为当今世界上最大跨径的拱桥。

图 1-6　美国新河峡桥(1977 年)

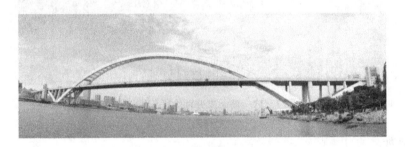

图 1-7　上海卢浦大桥(2003 年)

图 1-8　重庆朝天门大桥(2009 年)

四川合江长江一桥(图 1-9),桥长 838m、宽 28m,主跨为 518m 钢管混凝土中承式拱桥,是目前在建的最大跨度混凝土拱桥,预计 2013 年建成。2005 年建成通车的重庆巫山长江大桥(图 1-10),是一座主跨 492m 的中承式钢管混凝土公路拱桥。湖北支井河大桥(图 1-11),为主跨 430m 的上承式钢管混凝土拱桥,位于沪蓉西高速公路湖北恩施巴东野三关,跨越支井河,2009 年建成通车。

图 1-9　四川合江长江一桥(在建)

图1-10　重庆巫山长江大桥(2005年)

图1-11　湖北支井河大桥(2009年)

3. 斜拉桥

1995年建成的法国诺曼底大桥(图1-12)，主跨为856m，位居国外斜拉桥第二。1999年建成的日本多多罗桥(图1-13)，其主跨为890m，是目前国外已建成的跨径最大的斜拉桥。

2008年建成通车的苏通长江大桥主跨跨径达到1088m(图1-14)，是目前世界上最大跨径的斜拉桥；其主塔高度达到300.4m，主桥两个主墩基础分别采用131根直径2.5～2.85m、长约120m的灌注桩，是目前世界上最大规模的群桩基础，主桥最长的斜拉索长达577m。

昂船洲大桥(图1-15)位于香港，是目前世界上第二大跨径的双塔斜拉桥，大桥主跨长1018m，桥塔高度为290m，于2008年建成通车。

图1-12　法国诺曼底(Nuomandi)大桥(1995年)

图 1-13　日本多多罗桥(1999 年)

图 1-14　苏通长江大桥(2008 年)

图 1-15　香港昂船洲大桥(2008 年)

4. 悬索桥(吊桥)

目前世界上跨径最大的悬索桥是日本 1998 年建成的明石海峡大桥(图 1-16),跨径为 1990m,后因阪神大地震地壳位移,目前跨径为 1991m。丹麦 1998 年建成的大贝尔特东桥(图 1-17),横穿丹麦大贝尔特海峡,为公路、铁路两用桥,主跨 1624m。

我国 2005 年建成的江苏润扬长江大桥(图 1-18),主桥采用主跨 1490m 的单

图 1-16　日本明石海峡大桥(1998 年)

孔双铰钢箱梁悬索桥；2007年全线贯通的舟山连岛工程西堠门大桥（图1-19），主跨1650m钢箱梁悬索桥，为世界第二大悬索桥。2012年，湖南矮寨大桥（图1-20）建成通车，该桥采用塔梁分离钢桁加劲梁悬索桥，主跨1176m，是跨越山区峡谷的大桥。

图1-17　丹麦大贝尔特东桥（Great Belt East）（1998年）

图1-18　江苏润扬长江大桥（2005年）

图1-19　浙江西堠门大桥（2007年）

图1-20　湖南矮寨大桥（2012年）

目前世界上已建成和在建的大跨度桥梁统计情况见表1-3~表1-7。

表1-3 预应力混凝土梁桥

序号	桥名	主跨/m	结构形式	桥址	建成年份
1	斯托尔马桥(Stolma)	301	PC连续刚构	挪威	1998
2	拉脱圣德桥(Raftsundet)	298	PC连续刚构	挪威	1998
3	亚松森桥(Asuncion)	270	PCT构	巴拉圭	1979
4	虎门大桥辅航道桥	270	PC连续刚构	中国	1997
5	云南元江大桥	265	PC连续刚构	中国	2003
6	云南红河大桥	265	PC连续刚构	中国	2009
7	门道桥(Gateway)	260	PC连续刚构	澳大利亚	1985
8	伐罗德2号桥(Varodd-2)	260	PC连续梁	挪威	1994
9	宁德下白石大桥	260	PC连续刚构	中国	2004
10	重庆鱼洞长江大桥	260	PC连续刚构	中国	2008

表1-4 钢拱桥

序号	桥名	主跨/m	结构形式	桥址	建成年份
1	重庆朝天门大桥	552	钢桁架	中国	2009
2	上海卢浦大桥	550	钢箱	中国	2003
3	福斯铁路桥	521.2	钢桁架	英国	1890
4	新河峡桥	518.2	钢桁架	美国	1977
5	贝永桥	504	钢桁架	美国	1931
6	悉尼港湾桥	503	钢桁架	澳大利亚	1932
7	宁波明州大桥	450	双肢钢箱	中国	2011
8	广州新光大桥	428	钢箱桁架	中国	2006
9	重庆珊瑚长江大桥	420	钢箱	中国	2007
10	重庆巫山大宁河桥	400	钢桁架	中国	2008

表1-5 混凝土拱桥

序号	桥名	主跨/m	结构形式	桥址	建成年份
1	波司登大桥(泸州合江长江一桥)	518	钢管混凝土	中国	在建
2	重庆巫山长江大桥	492	钢管混凝土	中国	2005
3	湖北支井河大桥	430	钢管混凝土	中国	2009
4	重庆万县长江大桥	420	钢骨混凝土箱拱	中国	1997
5	莲城大桥(湘潭湘江四桥)	400	钢管混凝土	中国	2006

(续)

序号	桥名	主跨/m	结构形式	桥址	建成年份
6	克尔克1号桥(KRK-1)	390	混凝土箱形拱	前南斯拉夫	1980
7	湖南益阳茅草街大桥	368	钢管混凝土	中国	2006
8	广州丫髻沙珠江大桥	360	钢管混凝土	中国	2000
9	四川新雅江大桥	330	钢筋混凝土	中国	2005
10	贵州江界河大桥	330	混凝土桁架拱	中国	1995

表1-6 斜拉桥

序号	桥名	主跨/m	结构形式	桥址	建成年份
1	苏通长江大桥	1088	混合梁	中国	2008
2	昂船洲大桥	1018	混合梁	中国	2008
3	湖北鄂东长江大桥	926	混合梁	中国	2010
4	多多罗桥(Tatara)	890	混合梁	日本	1999
5	诺曼底桥(Normandy)	856	混合梁	中国	1995
6	荆岳长江大桥	816	混合梁	中国	2010
7	上海长江大桥	730	钢箱梁	中国	2009
8	宁波象山港大桥	688	钢箱梁	中国	建设中
9	南京长江三桥	648	钢箱梁	中国	2005
10	铜陵长江公铁大桥	630	钢桁梁	中国	建设中

表1-7 悬索桥

序号	桥名	主跨/m	结构形式	桥址	建成年份
1	明石海峡大桥(Akashi Kaikyo)	1991	钢桁梁	日本	1998
2	浙江西堠门大桥	1650	钢箱梁	中国	2009
3	大贝尔特东桥(Great Belt East)	1624	钢桁梁	丹麦	1998
4	润扬长江公路大桥南汊桥	1490	钢箱梁	中国	2005
5	南京长江四桥	1418	钢箱梁	中国	建设中
6	恒伯尔大桥(Humber)	1410	钢桁梁	英国	1981
7	江阴长江公路大桥	1385	钢箱梁	中国	1999
8	香港青马大桥	1377	钢箱梁	中国	1997
9	维拉扎诺桥(Verrazana Narrows)	1298	钢桁梁	美国	1964
10	金门大桥(Gold Gate)	1280	钢桁梁	美国	1937

从表1-3~表1-7中可以看出，我国的桥梁建设无论是在各种桥型的跨径、规模上，

还是在建桥技术等方面均已处于世界先进水平,其中在拱桥与斜拉桥这两种桥型上,我国所建的桥梁最大跨径已居世界第一,悬索桥最大跨径已居世界第二。世界桥梁的发展趋势是朝着大跨径、新材料、新工艺、新技术方向发展,其中尤其是新材料的发展更为突出和重要,要想使桥梁朝着更大跨径发展,必须要有高强度、高弹性模量、轻质材料的出现。

本 章 小 结

本章主要介绍了大跨径桥梁的分类、大跨径桥梁设计计算与施工方法及国内外大跨径桥梁建设成就。

大跨径桥梁按结构体系分为梁桥、拱桥、悬索桥、斜拉桥及其他组合体系桥,按跨径大小分为特大、大、中、小桥。

大跨径桥梁设计计算包括静力与动力计算两部分内容。结构计算方法主要采用有限元法及相应的计算软件;对大跨径桥梁结构计算一般需要考虑非线性影响,主要包括几何、材料及时变非线性。对于不同的大跨径桥梁体系,其设计计算依据结构体系的不同而不同。

大跨径桥梁施工方法主要有整体施工法和分段施工法这两大类。整体施工法或满堂支架施工法一般适用于中小跨径桥,分段施工法主要使用于大跨径桥梁。分段施工法又可分为悬臂施工法、逐跨施工法及顶推施工法。

本 章 习 题

1-1 大跨径桥梁按照结构体系划分,可分为哪几类?
1-2 分别阐述国内、国际上桥梁按跨径如何分类。
1-3 大跨拱桥主要有哪几种施工方法?
1-4 简要阐述目前我国与国外桥梁建设的水平。

第2章
大跨径混凝土梁桥的构造与设计

教学目标

本章主要介绍各类大跨径混凝土梁桥的构造与设计特点。通过本章的学习,应达到以下目标:
(1) 掌握连续梁桥的构造与设计特点;
(2) 了解刚构桥的构造与设计特点。

教学要求

知识要点	能力要求	相关知识
连续梁桥的构造与设计	(1) 掌握连续梁桥的受力特点 (2) 掌握连续梁桥施工方法概要 (3) 掌握等截面连续梁桥受力特点 (4) 掌握变截面连续梁桥受力特点及截面的设计要点 (5) 熟悉预应力筋的布置方式	(1) 整体施工法、逐跨施工法、简支—连续法施工,悬臂施工法和顶推施工法 (2) 超静定结构 (3) 温度、预应力、混凝土收缩徐变及基础沉降引起的结构附加内力 (4) 板式截面、肋梁式截面、箱形截面 (5) 纵、横、竖向预应力
刚构桥的构造与设计	(1) 掌握连续刚构桥的受力特点及构造设计特点 (2) 了解斜腿刚构桥与门式刚构桥的构造要点	(1) 梁墩固结 (2) 竖直双薄壁墩、竖直单薄壁墩、变截面墩、V形墩

基本概念

超静定结构;变截面连续梁;箱形截面梁;三向预应力;梁墩固结;温度作用;柔性墩;水平抗推刚度;薄壁墩;V形墩。

引例

大跨径混凝土梁桥主要包括大跨径预应力混凝土连续梁与刚构桥。由于混凝土梁桥充分发挥了高强钢丝的抗拉作用和混凝土的抗压能力,并且跨越能力大、结构耐久性好,同时适合悬臂法施工,因而大跨径混凝土梁桥应用广泛。

虎门大桥位于中国广东省珠江三角洲中部,距广州约42千米。虎门大桥辅航道为150m+270m+150m三向预应力混凝土连续刚构桥,主跨270m,建成时曾为世界同类桥梁之首,桥面全宽31m,桥下通航净空为宽160m×高40m。

虎门大桥辅航道桥

2.1 连续梁桥的构造与设计

2.1.1 连续梁桥的受力特点

连续梁桥的主要受力特点如下。

(1) 除了按简支-连续法施工的连续梁桥外,一般一次落架施工的连续梁桥在结构自重荷载作用下,跨中截面产生正弯矩,支点截面产生负弯矩,且支点截面负弯矩大于跨中截面正弯矩;与同等跨径的简支梁相比,连续梁的最大正弯矩及负弯矩[图2-1(c)]均小于简支梁的跨中正弯矩[图2-1(a)],因此,连续梁的内力分布比简支梁要均匀,有利于充分发挥材料的作用。

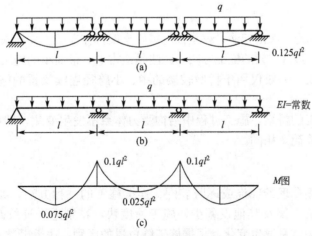

图2-1 等跨简支梁与连续梁弯矩比较

(2) 连续梁为超静定结构,刚度比相应的简支梁大,即在汽车荷载作用下跨中产生的挠度比简支梁小(图2-2)，行车平顺舒适。

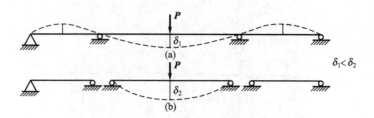

图2-2 连续梁与简支梁挠度比较

(3) 连续梁因结构整体发生均匀温度变化引起纵向水平位移，在结构中不产生附加内力及支承反力，这一特点与简支梁相同(图2-3)。但是，连续梁属于超静定结构，非线性温度变化、预应力作用、混凝土收缩徐变及基础沉降等将引起结构附加内力。

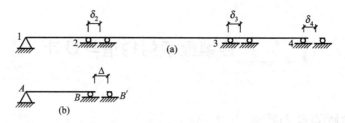

图2-3 连续梁与简支梁均匀温度变化引起的纵向水平位移

2.1.2 连续梁桥施工方法概要

连续梁桥施工过程的内力、成桥状态的内力及最终设计内力与施工方法密切相关，从而影响到其配筋设计，包括预应力筋的布置方式和数量。因此，现简要地介绍连续梁桥的施工方法。

1. 整体施工法

整体施工法也称为一次落架法，就是预先搭好支架，在支架上立模板、扎钢筋，整体现浇梁体混凝土，一次卸落支架的施工方法。此法是最古老、最简单的施工方法，由于需要大量的支架，施工期长，一般仅用于桥墩较矮的中、小跨径连续梁桥的施工，如图2-4(a)所示。

使用整体法施工的桥梁，施工过程中结构受力体系不发生变化，即结构自重和使用荷载作用下的结构计算简图相同。

2. 逐跨施工法

逐跨施工法是逐孔现场现浇或逐跨装配、连续施工的一种方法，如图2-4(b)所示。这种方法需要的施工支架及其他设备少，施工速度快，特别适合连续跨数较多的桥梁施工。施工过程中结构体系发生变化，根据施工缝位置的区别，由悬臂梁或简支梁转换为连续梁。

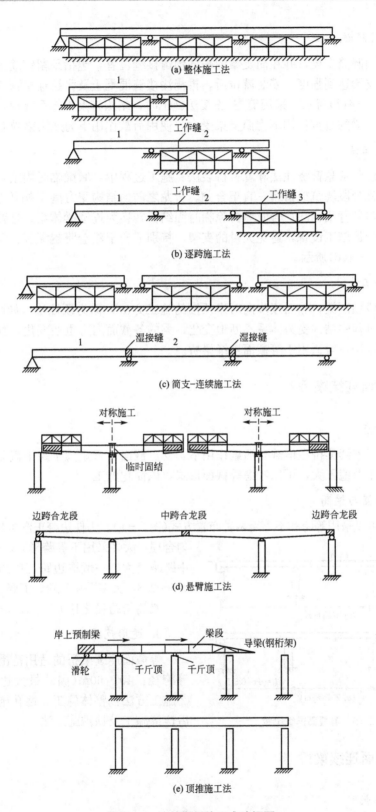

图2-4 连续梁桥施工方法概要

3. 简支-连续施工法

先现浇或预制简支梁,并在简支梁的端部预留接缝位置,包括预留钢筋接头、预应力索管道,待简支梁达到强度、安装就位后,再浇注接缝混凝土及张拉连接预应力筋,成为连续梁,如图 2-4(c)所示。采用简支-连续法施工时,结构将发生体系转换,由简支梁转换为连续梁,在梁的自重作用下为简支梁受力,使用荷载作用下为连续梁受力。

4. 悬臂施工法

悬臂施工法包括悬臂浇注法和悬臂拼装法。施工过程中,墩梁临时固结,主梁从墩顶向两边同时对称分段浇筑或拼装,直至合龙。合龙之前的结构受力呈 T 构状态,属静定结构,梁的受力与悬臂梁相同;合龙后拆除临时固结,转换为连续梁体系。悬臂浇注施工法仅需要挂篮等少量施工设备,避免大量的支架,特别适合于建造跨越深谷、河流的大跨连续梁桥,如图 2-4(d)所示。

5. 顶推施工法

在岸上分段预制梁,然后逐步向对岸顶推的施工方法,称为顶推法,如图 2-4(e)所示。顶推施工过程中结构受力体系不断地变化,梁的各截面内力也在变化,甚至正负弯矩交替出现。顶推法一般适用于等截面连续梁桥。

2.1.3 等截面连续梁桥

1. 力学特点

一般情况下连续梁桥在恒载与活载作用下,支点截面负弯矩大于跨中截面正弯矩,但跨径不大时这个差值不大,可以考虑等截面形式,以简化施工。

2. 跨径布置与梁高

跨径布置可以采用等跨和不等跨两种布置方式(图 2-5)。为使边跨正弯矩减小,受力均匀合理,大多采用不等跨形式,边跨跨径小,中跨跨径大,一般取边跨与中跨跨径之比为 0.6~0.8,大多采用三跨、五跨一联布置。

梁高与跨径之比 $h/l=1/15\sim1/25$。

3. 适用范围

等截面连续梁桥的适用范围如下:①中等跨径:40~60m(国外最大达 80m)范围;②施工方法:整体施工、逐孔施工、先简支后连续施工及顶推施工法。

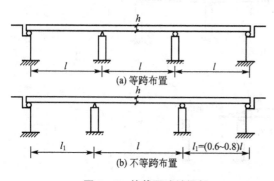

图 2-5 等截面连续梁桥

2.1.4 变截面连续梁桥

1. 力学特点

随着跨径的增大($l\geqslant 70$m),采用变截面设计显得经济合理。由于连续梁的支点截面负弯矩大于跨中截面正弯矩，因此往往采用支点梁高大于跨中梁高的变截面形式。同时，增加支点截面梁高有利于抵抗支座截面较大的剪力，减小跨中梁高可减轻自重弯矩，归纳起来有3个特点。

(1) 采用支点梁高大于跨中梁高的变截面形式，使得梁高的变化规律与连续梁的弯矩图变化规律相一致，可充分发挥材料性能。

(2) 减小跨中梁高，有利于减小结构自重产生的弯矩、剪力。

(3) 增大支座截面梁高，还有利于抵抗支座截面较大的剪力。

因此，与等截面连续梁相比，变截面连续梁可用于较大的跨径。

图2-6所示为三跨变截面连续梁与等截面连续梁在匀布荷载 $q=10\text{kN/m}$ 作用下的弯矩图。可以看出，当支点梁高从1.5m加大到3.5m时，跨中截面最大正弯矩减小了一半多，支点截面负弯矩虽然增加了，但其梁高增加，截面抗弯惯性矩加大，最大应力并不增加。

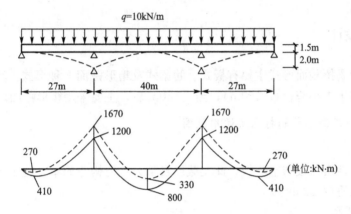

图 2-6　三跨连续梁弯矩比较

2. 跨径与梁高布置

1) 跨径布置

一般采用三跨或五跨布置，若跨数太多、连续长度过长，因温度变化使得桥梁纵向水平位移大，会给伸缩缝设置带来困难。

为了使边跨与中跨的最大正弯矩基本相等，一般取边跨与中跨跨径之比 $l_1/l=0.6\sim0.8$ [图2-7(a)]；对于城市桥梁，为了满足跨线要求，有时 $l_1/l\leqslant 0.5$，此时需在边跨进行压重，以抵消边支座可能产生的负反力 [图2-7(b)]。

2) 梁高

支点截面梁高 $h_\text{支}$ 一般取 $(1/16\sim1/18)l$，不小于 $l/20$；跨中梁高 $h_\text{中}=(1/1.5\sim1/2.5)h_\text{支}$。梁底一般按二次抛物线、折线或者1.5~1.8次抛物线变化。

3. 适用范围

(1) 跨径范围：70~120m，大于120m跨径目前较少见。

(2) 施工方法：大多采用悬臂浇注或悬臂拼装施工法。连续梁桥采用悬臂法施工时，施工过程中墩梁临时固结，待合龙后，拆除临时固结措施，进行体系转换。

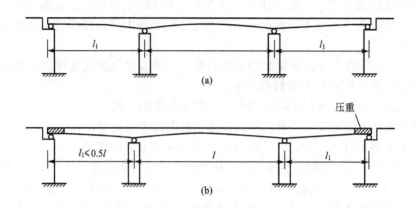

图 2-7 变截面连续梁桥

2.1.5 截面设计

混凝土连续梁桥截面形式主要有板式、肋梁式及箱形截面 3 种形式。其中，板式、肋梁式截面主要用于中小跨径（$l<50\text{m}$）；当 $l \geqslant 50\text{m}$ 后，主要采用箱形截面。

1. 各种不同截面形式的特点及适用范围

1) 板式截面

板式截面包括实体板与空心板，此类截面自重大，但构造简单，施工方便，一般适用于小跨径连续梁桥（$l \leqslant 20\text{m}$）。

2) 肋梁式截面

肋梁式截面包括 T 形截面、带马蹄的 T 形截面及 I 字形截面等，比板式截面挖空率高、结构自重有所减轻、抗弯惯性矩增大，可适用于更大的跨径；但截面抗扭性能差（抗扭刚度低），且不适应连续梁有正负弯矩存在的受力要求，因此在连续梁桥中较少采用肋梁式截面。

3) 箱形截面

箱形截面空心率高，有利于减轻结构自重；截面抗弯与抗扭刚度大，受力性能好，同时适应抵抗正、负弯矩。因此，箱形截面是大跨连续梁桥及其他桥梁的主要截面形式。

2. 箱形截面设计

1) 截面形式

如图 2-8 所示，箱形截面主要有以下 4 种。

(1) 单箱单室，用得最多，如图 2-8(a)所示。

(2) 单箱双室，如图 2-8(b)所示。

(3) 双箱单室，主要用于双幅桥，如图 2-8(c)所示。

(4) 箱梁腹板大多采用竖直形式，但也有采用斜腹板形式，施工稍困难，使用较少，如图 2-8(d)所示。

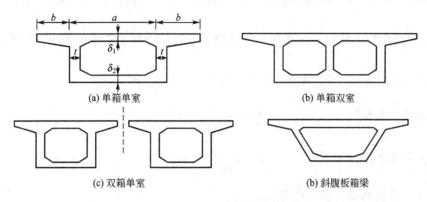

图 2-8 箱形截面的基本形式

2) 横向尺寸布置

箱梁顶板宽度一般取接近桥面总宽；悬臂长度 b，两腹板之间距离 a，一般取 $b/a=1/2.5\sim1/3$，如图 2-8(a)所示；考虑到悬臂板横向受力（根部弯矩），一般 $b\leqslant 5\mathrm{m}$，当 $b>3\mathrm{m}$ 时，宜布横向预应力筋。

3) 顶板厚度

确定箱梁截面顶板厚度 δ_1 一般需考虑两个因素。

(1) 满足桥面板横向受力，主要是受弯的要求；

(2) 布置箱梁纵、横向预应力筋的要求。参照《日本本洲四国联络桥设计标准》，车行道部分的箱梁顶板或其他呈现连续板受力特性的桥面板以及悬臂板厚度可参照表 2-1 拟定。对于悬臂端部厚度一般不小于 10cm，若设置防撞墙或需锚固横向预应力筋，则不小于 20cm。

表 2-1 车行道部分桥面板的厚度

位置	桥面板跨度方向	
	垂直于行车道方向	平行于行车道方向
顶板或连续板	$3l+11$（纵肋之间）	$5l+13$（横隔之间）
悬臂板	$l<0.25$ 时，$28l+16$	$24l+13$
	$l>0.25$ 时，$8l+21$	

注：两个方向厚度计算后取小值，l 为桥面板的跨度(m)。

4) 底板厚度

考虑到连续体系梁桥中支点负弯矩较大、跨中正弯矩较大，一般采用变厚度设计，箱梁底板厚度从跨中向中支点逐渐变厚，以适应中支点附近截面下缘受压要求。

底板厚度 δ_2 与跨径 l 之比一般取 $1/140\sim1/170$；跨中区域底板厚度则可按构造要求设计，一般取 $22\sim28\mathrm{cm}$。

5) 腹板厚度

腹板厚度设计主要考虑两个因素。

(1) 满足抗剪要求，对于连续梁桥，在 $l/4$ 跨径区域，剪力较大，由于弯矩、扭矩及剪力的共同作用，导致腹板承受较大的主拉应力，若腹板强度不够，则往往产生斜裂缝。

（2）应考虑预应力钢束管道布置、普通钢筋布置及混凝土浇注的要求，腹板设计不宜太薄。

腹板最佳厚度参数公式（英国水泥和混凝土协会提供）如下。

墩上腹板厚度参数 $$K_1 = \frac{t_{wp} h_p}{B l_{max}} \times 10^3 \qquad (2-1)$$

跨中腹板厚度参数 $$K_2 = \frac{t_{wm} h_m}{B l_{max}} \times 10^3 \qquad (2-2)$$

式中　t_{wp}——墩上截面腹板厚度总和；
　　　t_{wm}——跨中截面腹板厚度总和；
　　　h_p——墩上截面梁高；
　　　h_m——跨中截面梁高；
　　　B——桥面总宽；
　　　l_{max}——桥梁最大跨径。

参数 K_1、K_2 的最佳取值如图 2-9 所示。

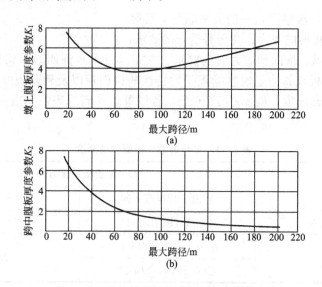

图 2-9　连续箱梁最佳腹板厚度参数曲线

腹板最小厚度 t_{min} 一般应满足：①腹板内无预应力管道时，$t_{min}=20cm$；②腹板内有预应力管道时，$t_{min}=25\sim35cm$；③腹板内有预应力筋锚固头时，$t_{min}=35cm$。

考虑到连续梁支座处剪力较大，跨中区域剪力较小，因此箱梁腹板一般设计成从跨中向支座处逐渐变厚的形式。

6）承托

为了减小局部应力，在箱梁顶板与腹板、腹板与底板的交接处，一般需设置承托（图 2-10），承托的坡度一般可采用 1∶1 或者其他合适的比例。

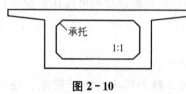

图 2-10

2.1.6 预应力筋布置

连续梁桥主梁主要有 3 个内力：纵向受弯、竖向受剪及横向受弯，为了抵抗这 3 个内力，需布置三向预应力筋，即纵向抗弯、竖向抗剪及横向抗弯预应力筋。

1. 纵向预应力筋

连续梁桥根据不同的施工方法，其恒载受力状态及活载受力存在一定的差别，因此纵向预应力筋布置有如下几种主要方式。

（1）顶推法施工的连续梁桥，一般采用直线布筋方式，如图 2-11(a)所示。上、下预应力筋通束使得截面接近轴心受压，以抵抗顶推过程中各截面正负弯矩的交替变化；待顶推完成后，在跨中底部和支座顶部增加局部预应力筋，以满足使用阶段活载内力要求；有时，在支座底部及跨中顶部附近布置设计要求的施工临时束，施工完成时予以拆除。

（2）简支-连续法，即先简支后连续施工的连续梁桥，先按简支梁桥布置预应力束，然后在支座接缝的顶部布置直线筋，形成连续梁以承担活载下产生的负弯矩，如图 2-11(b)所示。

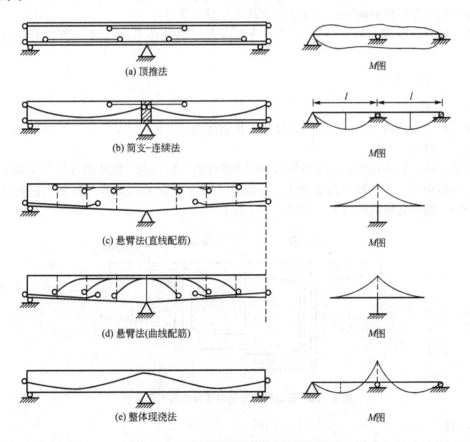

图 2-11 连续梁纵向预应力筋配筋方式

(3) 悬臂施工连续梁桥，一般采用节段浇筑或拼装的施工方法，因此一期钢束布置在截面上缘以抵抗悬臂施工阶段与使用阶段的负弯矩，合龙后在跨中区域截面下缘布置预应力束，以抵抗使用阶段活载产生的正弯矩。上缘预应力筋主要布置在箱梁顶板，称为顶板索；下缘预应力筋一般布置在箱梁底板，称底板索。

顶板索有直线配筋[图2-11(c)]与曲线配筋[图2-11(d)]两种方式，曲线配筋锚固于腹板位置，有利于腹板抗剪，较多采用。

(4) 连续曲线配筋方式，将跨中部位抵抗正弯矩的底板索与支座部位抵抗负弯矩的顶板索，在全桥范围连续化，如图2-11(e)所示。这种预应力筋布置方式一般适用于整体浇注施工的中、小跨径连续梁桥。

图2-11中右边是连续梁施工过程中自重作用下的弯矩示意图。预应力筋弯曲次数多，连续长度过长，预应力损失大，因此预应力筋连续长度一般不宜太长。

2. 横向预应力筋

横向预应力筋是用以保证桥梁横向整体性、桥面板及横隔板横向抗弯能力的主要受力钢筋。

横向预应力筋一般布置在箱梁顶板和横隔板中。顶板中的横向预应力筋在悬臂段及腹板支承处，布置在顶板上缘；在两腹板支承的跨中部位，布置在顶板下缘，如图2-12所示。因为箱梁顶板的横向弯曲相当于框架或连续梁工作。

由于箱梁顶板厚度小，横向预应力筋大多采用扁锚体系，以减小预应力管道所占空间。

3. 竖向预应力筋

1) 主要作用

竖向预应力筋的主要作用是提高截面的抗剪能力。

2) 配筋方式

配筋方式一般采用粗钢筋作为竖向预应力筋布置在腹板内，间距由计算要求确定。因桥墩支点截面剪力大，跨中截面剪力小，因此一般支点附近区域竖向预应力筋配置较密（间距小），跨中区域间距稍大，如图2-12所示。

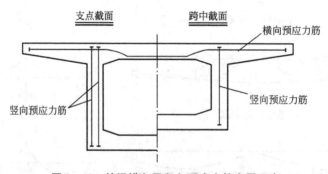

图2-12 箱梁横向及竖向预应力筋布置示意

3) 特点

竖向预应力筋长度短，张拉延伸量小，容易造成预应力损失，一般需进行二次张拉，以确保足够的有效预应力。

预应力张拉后(纵、横、竖向)应及时对管道进行压浆并封锚,压浆应密实饱满,否则有可能带来严重后果;预应力箱梁大多采用C50及以上的高标号混凝土。

2.2 刚构桥的构造与设计

2.2.1 连续刚构桥

1. 受力特点

混凝土连续刚构桥(图 2-13)的主要受力特点如下。

(1) 连续刚构桥是梁墩固结体系,梁墩整体受力。

(2) 悬臂法施工的同等跨径的连续刚构桥与连续梁桥相比,在结构自重作用下两者的结构内力与变形基本一致,如主梁跨中正弯矩、支点截面负弯矩及跨中挠度等,两者基本相等。

(3) 由于梁墩固结,在活载作用下,连续刚构桥主梁跨中截面正弯矩及支点截面负弯矩都小于相同跨径的连续梁,因此连续刚构桥的梁高一般略小于相同跨径的连续梁,连续刚构桥比连续梁桥更适应大跨径。

(4) 连续刚构桥由于温度变化、混凝土收缩等因素,使桥梁产生较大的纵向变形及在墩顶产生较大的水平推力等结构附加内力,为了减小结构附加内力,设计中在确保桥墩抗压与抗弯刚度的前提下,应尽量减小桥墩的水平抗推刚度。

(5) 由于高墩的水平抗推刚度小,属柔性墩,因此连续刚构桥适应于高墩。

2. 适用范围

混凝土连续刚构桥一般适用于跨径 100~240m 范围,最大跨径可达 300m;一般采用预应力混凝土结构,施工方法适合悬臂法,较多采用悬臂浇筑法。

3. 构造与设计

1) 跨径布置

预应力混凝土连续刚构桥一般采用 3~5 跨布置,如果采用刚构-连续组合体系桥,则跨数可以更多。边跨与中跨的跨径之比 l_1/l 一般取 0.5~0.7;当采用悬臂法施工时,在深谷条件下,支架现浇很困难,为了减小边跨的支架现浇长度,或取消边跨落地支架采用导梁合龙的方式,往往取边中跨比 l_1/l 为 0.5~0.55。

2) 主梁截面形式、梁高及预应力筋布置

连续刚构桥的主梁一般采用箱形截面;根部梁高 $h_支$ 一般取 $(1/16\sim1/20)l$,跨中梁高与根部梁高之比 $h_中/h_支$ 一般取 $1/2.5\sim1/3.5$,略小于连续梁的跨中梁高;连续刚构桥箱梁截面的细部尺寸与连续箱梁基本相同;大跨连续刚构桥一般采用悬臂法施工,箱梁预应力筋布置方式与采用悬臂法施工的连续梁桥的箱梁相同。

3) 桥墩

连续刚构桥桥墩主要有竖直双薄壁墩、竖直单薄壁墩、变截面墩、V 形墩 4 种基本形式(图2-13)。对于连续刚构桥的桥墩设计,在满足桥墩抗压、抗弯刚度的前提下,应减小其水平抗推刚度,以适应桥梁纵向变形、减小结构次内力,可采用水平抗推刚度较小的单肢薄壁墩或双肢薄壁墩。一般情况下,墩的长细比可取 16~20;双肢薄壁墩的中距与主跨之比 a/l 可取 $1/20$~$1/25$。

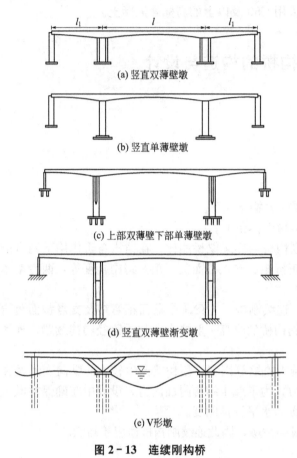

图 2-13 连续刚构桥

因薄壁墩的防撞能力较弱,在通航河流上建桥时应充分注意桥梁薄壁墩抵抗船舶撞击的安全度,采取合适的防撞措施;其次,大跨连续刚构桥在横桥的约束也较弱,桥梁在横向不平衡荷载或风荷载作用下,易产生扭曲变位,为了增大其横向稳定性,桥墩的横向刚度应设计得大一些。

(1) 竖直双薄壁墩用两个相互平行的薄壁与主梁固结的桥墩,如图 2-13(a)所示,墩壁可以做成实心的矩形或者空心的箱形截面形式。竖直双薄壁墩抗弯刚度大、稳定性好,同时其水平抗推刚度小,适应桥梁的纵向变形;由于是双薄壁墩,主梁的负弯矩峰值出现在两肢墩的墩顶,且比单壁墩小一些,可以减小墩顶主梁截面尺寸,节约材料。因此,双薄壁墩是连续刚构桥理想的桥墩形式,被广泛采用。

(2) 竖直单薄壁墩:在高墩连续刚构桥中,也采用竖直单薄壁墩[图 2-13(b)],其截面形式有实心的矩形或箱形截面。

现以实心矩形截面为例,对单薄壁墩与双薄壁墩的水平抗推刚度比较如下。

设单薄壁墩的截面尺寸为 $b \times 2h$,双薄壁墩的单肢尺寸 $b \times h$(图 2-14),墩高均为 l。材料弹性模量 E 相同,单薄壁墩的纵向抗弯惯性矩为 I_1,而双壁墩的单肢纵向惯性矩为 I_2,则顺桥向墩顶水平抗推刚度计算如下:

单薄壁墩 $$k_1 = \frac{3EI_1}{l^3} = \frac{2Ebh^3}{l^3} \qquad (2-3)$$

双薄壁墩 $$k_2 = 2 \times \frac{3EI_2}{l^3} = \frac{Ebh^3}{2l^3} \qquad (2-4)$$

由式(2-3)和式(2-4)可知,在墩身截面积相同的情况下,双薄壁墩的抗推刚度仅为单薄壁墩的1/4。

一般来说,在截面积相同的条件下,单薄壁墩的抗弯、抗扭及稳定性均较双薄壁墩弱,但其抗推刚度大,不

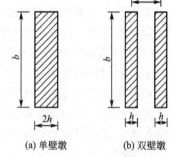

图 2-14 薄壁墩的截面

利于桥梁的纵向变形。但是，随着墩身高度的增加，单薄壁墩的抗推刚度逐渐减小、柔性逐渐增强，并且箱形单薄壁抗弯、抗扭及稳定性好，因此，对于高墩连续刚构桥，箱形单薄壁墩也是理想的墩身形式。

(3) 变截面墩：随着桥墩高度的增加，当墩高大于60m时，采用等截面墩在受力与经济上不很合理，则一般采用变截面形式。主要有两种变截面形式的墩：①上部双薄壁墩变化到下部整体式箱型墩，如图2-13(c)所示；②双肢变截面箱型墩，每肢外侧沿高度方向设置一定的坡度，如图2-13(d)所示，并且截面的尺寸从墩顶至墩底逐步加大。

(4) V形墩（或Y形柱式墩）：为了减小墩顶处主梁的负弯矩峰值，可将墩柱做成V形墩形式，图2-13(e)所示，Y形墩是上部为V形托架，下部为单柱式，构成Y字形桥墩，这种桥墩有利于增大主梁的跨径，但应注意施工过程的稳定性。

4) 墩梁固结处的设计

连续刚构桥的梁墩固结处构造与受力均十分复杂，是结构设计的关键部位。固结处的连接形式，首先取决于墩柱的形式，同时应考虑使传力路径明确简捷、力线流畅和施工方便。

图2-15所示为纵向带横联的双壁墩，因此在固结处采用了梁部箱体直接同接于双壁墩顶部的形式，并使双壁轴线与固结处梁部的横隔板中心线一致。墩顶钢筋经底板伸至横隔板内，有足够的锚固长度。为了防止结合部位横向开裂，在横隔板上下部包括底板设置横向预应力筋，在梁墩联结部位底板顶面应力集中过大处增设了梗腋。对于特大跨径的连续刚构桥，其薄壁空心墩顶宜布置高度2m左右的实体段。

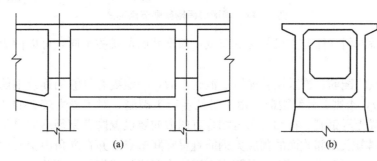

图2-15 墩梁固结处的构造

2.2.2 斜腿刚构桥与门式刚构桥的构造要点

斜腿刚构桥与门式刚构桥属于非常用桥型，其主梁与墩柱的构造与一般梁式桥相同，这里仅介绍节点构造。

单跨刚构桥的节点是指立柱（或斜支撑腿）与主梁相连接的部位，又称角隅节点。该节点必须具有强大的刚性，以保证主梁和立柱的可靠连接。角隅节点和主梁（或立柱）相连接的截面受有很大的负弯矩，因此节点内缘的混凝土会产生很高的压应力，而节点外缘的拉力则由钢筋承担，于是压力和拉力形成一对巨大的对角压力，对隅节点产生不利的劈裂作用（图2-16）。

当主梁和立柱都是箱形截面时，隅节点可做成图2-17所示的3种形式。图(a)形式仅在箱形截面内设置斜隔板，斜隔板抵抗对角压力最为有效，传力直接，施工简单，但

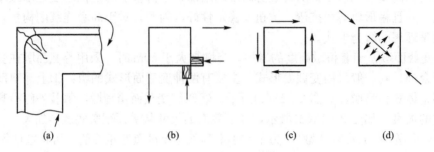

图 2-16 隅节点受力示意图

图(a)形式中主筋的布置不如图(b)形式和图(c)形式方便。图(b)形式设有竖隔板和平隔板,其传力间接,受力情况较差,但构造和施工较简单。图(c)形式兼有竖隔板、平隔板和斜隔板,节点刚强,布置主筋也较方便,但施工很麻烦。采用图(a)形式时,斜隔板应有足够的厚度。有时,为了使隅节点有强大的刚性,并简化施工,也可将它做成实体。

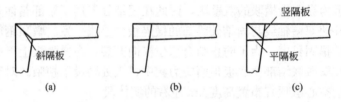

图 2-17 箱形截面刚架隅节点形式

斜腿刚构桥的斜立柱与主梁相交的节点,根据截面形式的不同,可以做成图 2-18 所示的两种形式。

关于隅节点的配筋,当采用普通钢筋混凝土时,一定要有足够的连续钢筋绕过隅节点外缘(图 2-19),否则,外缘混凝土由于受拉会产生裂缝。对于受力较大的节点,在对角力的方向要设置受压钢筋,在和对角力相垂直的方向要设置防劈钢筋。如果是预应力混凝土刚架桥,与隅节点相邻截面的预应力钢筋宜贯穿隅节点,并在隅角内交叉后锚固在梁顶和端头上。预应力钢筋锚头下面的局部应力区段内还应设置箍筋或钢筋,用以承受局部拉应力。对于加设梗腋的隅节点,要设置与梗腋外缘相平行的钢筋。

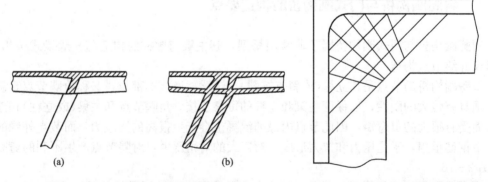

图 2-18 斜支柱与主梁相交的节点形式　　图 2-19 隅节点普通钢筋的设置

本 章 小 结

本章主要介绍了大跨径混凝土梁桥的构造与设计要点,其中包括连续梁桥和刚构桥的构造与设计。

连续梁桥为超静定结构,支点截面存在负弯矩,跨中截面的正弯矩比相应简支梁大,刚度比相应简支梁大。连续梁因结构整体均匀温度变化引起纵向水平位移,结构不会产生附加内力,但非线性温度变化、预应力作用、混凝土收缩徐变及基础沉降等引起结构附加内力。

连续梁桥的施工方法有整体施工法、逐跨施工法、简支—连续施工法、悬臂施工法及顶推施工法。

等截面连续梁桥在恒载或活载作用下,支点截面负弯矩大于跨中截面正弯矩。变截面连续梁桥的截面设计更加合理,梁高的变化规律与连续梁的弯矩图变化规律一致。变截面梁减小跨中梁高,减小了结构自重产生的弯矩与剪力;增大了支座截面梁高,有利于抵抗支座截面较大的剪力。

连续刚构桥是梁墩固结体系,梁墩整体受力。悬臂施工的同等跨径的连续刚构与连续梁在自重作用下,两者的结构内力与变形基本相同。在活载作用下,连续刚构桥主梁跨中截面正弯矩及支点截面负弯矩都小于相同跨径的连续梁,因此连续梁刚构桥的梁高一般略小于连续梁。连续刚构由于温度变化、混凝土收缩等因素,使桥梁产生较大的纵向变形及墩顶产生较大的水平推力等结构附加内力,为减小结构附加内力,设计中在确保桥墩抗压与抗弯刚度的前提下,应尽量减小桥墩的水平抗推刚度。

本 章 习 题

2-1 简述连续梁桥的主要受力特点。
2-2 简述连续刚构桥的主要受力特点。
2-3 为什么连续刚构桥一般采用水平抗推刚度小的柔性墩?
2-4 连续梁桥有哪几种主要施工方法?试绘出相应的纵向预应力筋配筋方式。
2-5 阐述等截面连续梁桥的适用范围及其跨径与梁高布置的一般原则。
2-6 阐述变截面连续梁桥的适用范围及其跨径与梁高布置的一般原则。
2-7 混凝土连续梁桥有哪几种基本的截面形式?试阐述其各自的受力特点及适用范围。
2-8 在混凝土连续梁桥箱形截面的设计中,一般应如何确定箱梁的顶板、底板及腹板的厚度?
2-9 连续刚构桥桥墩主要有哪几种基本形式?
2-10 为什么双薄壁墩的水平抗推刚度小?

第3章 大跨径混凝土梁桥的计算

教学目标

本章主要介绍大跨混凝土梁桥在各种荷载工况下的内力计算。通过本章的学习,应达到以下目标:

(1) 掌握大跨混凝土梁桥的结构恒载内力计算;
(2) 掌握大跨混凝土梁桥的活载内力计算;
(3) 掌握大跨混凝土梁桥的预应力内力计算的等效荷载法;
(4) 了解大跨混凝土梁桥的混凝土徐变内力计算;
(5) 了解大跨混凝土梁桥的混凝土收缩内力计算;
(6) 了解大跨混凝土梁桥的基础沉降内力计算;
(7) 了解大跨混凝土梁桥的温度内力计算;
(8) 了解大跨混凝土梁桥的挠度、预拱度计算及施工控制。

教学要求

知识要点	能力要求	相关知识
结构恒载内力计算	(1) 掌握恒载内力计算特点 (2) 掌握悬臂浇筑法施工的连续梁恒载内力计算 (3) 掌握顶推施工的连续梁恒载内力计算	(1) 按施工过程进行内力计算 (2) 采用不同的施工方法,结构恒载内力不同
活载内力计算	(1) 掌握横向分布计算的等代简支梁法 (2) 掌握荷载增大系数 η 的计算方法	(1) 等代简支梁法 (2) 修正偏压法 (3) 荷载横向分布系数
预应力内力计算的等效荷载法	(1) 掌握预应力内力的概念 (2) 掌握等效荷载法的基本原理 (3) 掌握等效荷载法的应用 (4) 了解吻合束的概念	(1) 初始力矩、次内力或二次内力 (2) 曲线预应力索的等效荷载、折线形预应力索的等效荷载、锚固截面的等效荷载 (3) 按实际荷载下弯矩图线形作为束曲线的线形为吻合束线形
混凝土徐变内力计算	(1) 掌握徐变的概念 (2) 掌握静定结构在恒定荷载作用下的徐变变形计算 (3) 了解超静定结构的徐变内力及变形计算	(1) 徐变变形、徐变应变、瞬时应变、徐变系数 (2) 换算弹性模量法

(续)

知识要点	能力要求	相关知识
混凝土收缩内力计算	(1) 了解混凝土收缩应变的概念 (2) 了解混凝土收缩变形的概念 (3) 了解收缩内力计算	(1) 收缩应变、徐变应变、瞬时应变、徐变系数 (2) 简支梁、连续梁可自由收缩,不产生内力;连续刚构桥等超静定结构混凝土收缩不仅产生收缩变形,还在结构内产生收缩内力 (3) 力法
基础沉降内力计算	了解基础沉降内力计算	超静定结构基础沉降在结构中产生基础沉降内力
温度内力计算	(1) 了解混凝土温度内力的基本概念 (2) 掌握简支梁温度自应力计算 (3) 了解连续梁温度次应力计算	(1) 温度分布、温度梯度或温度场 (2) 均匀温度分布、线性温度分布、非线性温度分布 (3) 静定结构在非线性温差作用只产生温度自应力,温度自应力满足自平衡条件 (4) 超静定结构在非线性温差作用下不仅产生温度自应力,还有温度次内力,计算一般采用有限单元法
挠度、预拱度计算及施工控制	(1) 了解挠度计算 (2) 了解预拱度计算 (3) 了解施工控制意义	(1) 挠度计算用有限单元法 (2) 立模标高 (3) 成桥状态线形

基本概念

恒载;活载;预应力;混凝土徐变及收缩;基础沉降;温度内力;挠度、预拱度;等代简支梁法;修正偏压法;荷载横向分布系数;次内力;等效荷载法;吻合束。

3.1 结构恒载内力计算

3.1.1 恒载内力计算特点

简支梁桥恒载内力计算,是按照成桥以后的结构图式进行的。而对于超静定连续梁桥与刚构桥的恒载内力计算,必须按施工过程来进行分析,根据各施工阶段内力计算结果,累积叠加得成桥状态的恒载内力。

如图 3-1 所示,单跨固定梁分别采用整体现浇和分段现浇施工方法,其自重内力图是完全不同的。对于整体浇注、一次落架施工的情况[图 3-1(a)],跨中自重弯矩 $M_{中} = ql^2/24$[图 3-1(b)];对于分段浇注施工情况[图 3-1(c)],若忽略焊接钢板的自重,则跨中自重弯矩 $M_{中} = 0$[图 3-1(f)]。

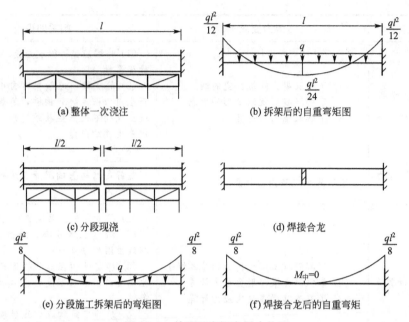

图 3-1 单跨固定梁自重内力图

因此,超静定桥梁结构恒载计算存在如下特点。

(1) 需按施工过程建立每一个施工阶段的结构受力计算图式,分析每阶段的结构内力与变形。

(2) 分别将全部施工阶段的内力与变形叠加,得最终的结构恒载内力与变形。

(3) 采用不同的施工方法,结构恒载内力不同。

连续梁桥主要有整体法、逐孔法、简支-连续法、悬臂法及顶推法等施工方法。整体施工法可按照成桥状态,一次建立结构计算图式,计算结构恒载内力;而其余 4 种施工方法,均需按施工过程,分阶段建立结构受力图式,计算各阶段内力,然后叠加得最终成桥状态的内力。下面主要介绍悬臂法和顶推法施工的连续梁桥恒载内力计算过程。

3.1.2 悬臂浇筑法施工时连续梁的恒载内力计算

以一座三跨等截面连续梁桥为例,阐明各主要施工阶段及其受力情况。该桥上部结构采用挂篮对称悬臂浇筑法施工,从整体上可分为 5 个阶段,现分述如下(图 3-2)。

1. 阶段 1:在主墩上悬臂浇筑箱梁

首先在主墩上采用托架现浇墩顶上面的梁段(称为 0 号块件),并用粗钢筋将梁与墩身临时固结;然后采用挂篮向桥墩两侧分节段对称平衡悬臂施工;边跨不对称部分梁段采用支架施工。

此时,桥梁边墩支座上暂不受力,结构的工作性能如 T 形结构,为静定体系。荷载为梁体自重 q 和挂篮重力 $P_{挂}$,其弯矩图与一般悬臂梁相同 [图 3-2(a)]。

2. 阶段 2:边跨合龙

边跨合龙阶段包括:①浇合龙段混凝土;②张拉合龙索(暂不考虑预应力计算);③拆

除中墩临时锚固，体系转换；④拆除支架和边跨挂篮。

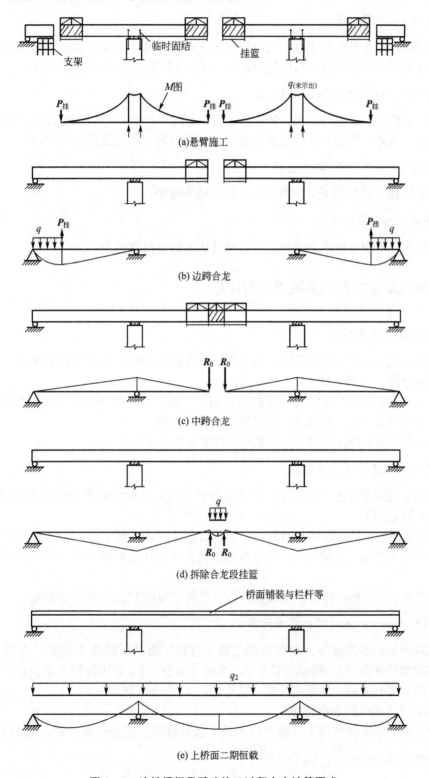

图3-2 连续梁桥悬臂法施工过程内力计算图式

此时，结构体系为一悬臂梁，承受的荷载为边段梁体重力 q 及拆除挂篮荷载($-P_{挂}$)。

3. 阶段3：中跨合龙

浇筑完中跨合龙段混凝土时，当混凝土强度未达到设计强度之前，结构体系仍视为悬臂梁，将合龙段混凝土自重 q 与挂篮荷载 $P_{挂}$ 的合力按集中力 R_0 作用在两端。

4. 阶段4：拆除中跨合龙段的挂篮

此时，全桥已形成整体结构。拆除挂篮后，原先由挂篮承担的合龙段自重转而作用在整体结构上。因此，作用在结构上的荷载为合龙段自重 q 和拆除荷载($-R_0$)。

5. 阶段5：施工桥面（二期恒载）

在二期恒载 q_2 的作用下，计算三跨连续梁的弯矩图。

6. 成桥状态恒载内力

将阶段1至阶段5的内力叠加，可得成桥状态的总恒载内力。

3.1.3 顶推法施工连续梁恒载内力计算

1. 顶推施工法的要点

(1) 预先在岸上预制部分梁段，采用顶推设备将其逐步向河对岸方向顶推，边顶推边预制后面的梁段，直到完成为止。

(2) 为了减小顶推过程中悬臂梁的负弯矩，一般设置长度为 0.6~0.7 倍桥梁跨径的钢导梁，钢导梁自重轻，刚度大，有时还需设置临时墩。

(3) 顶推法施工的连续梁桥一般采用等高度等跨径设计。

2. 顶推施工连续梁受力特点

顶推施工连续梁在施工过程中，由于梁是移动的，因此结构受力图式是不断变化的，其主要受力特点如下。

(1) 在顶推施工的过程中，梁的每一个截面位置都在不断变化，结构受力计算图式也在不断变化，因此每一个截面的内力也在不断变化中，从正弯矩→负弯矩→正弯矩等交替变化。

(2) 当整个梁顶推就位后，其恒载内力与整体支架施工法的连续梁相同。

3. 顶推法施工时连续梁的受力计算

以两跨等截面连续梁为例阐明顶推法施工过程中连续梁的受力情况。为便于阐述问题，设钢导梁长度为 $l/2$，桥梁跨径为 l，导梁自重为 $q/5$，q 为混凝土梁自重。现选择4个典型阶段来考察截面1和截面2的自重弯矩，如图3-3所示。

1) 阶段1：第一跨悬臂阶段

此时，钢导梁即将到达1号墩之前的最大悬臂阶段。按悬臂梁分析，截面1、截面2的弯矩分别为 $M_1=-\dfrac{ql^2}{40}$，$M_2=-\dfrac{ql^2}{5}$。

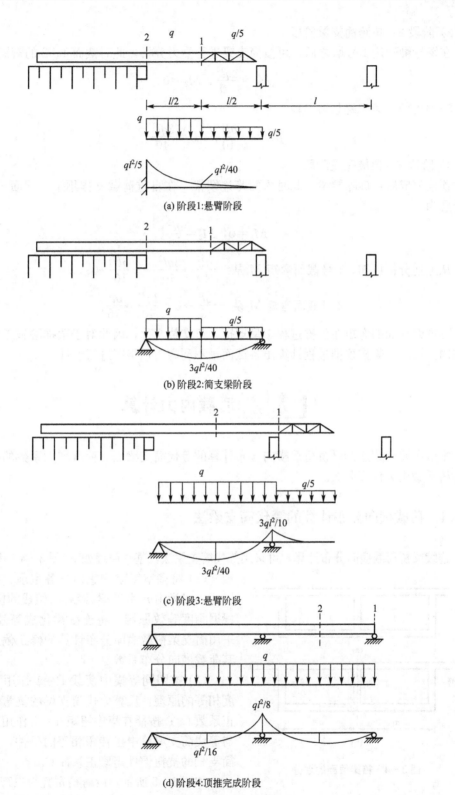

图3-3 顶推连续梁施工过程受力分析

2) 阶段2：单跨简支梁阶段

在钢导梁到达1号墩之后，可按简支梁进行受力分析，此时截面1、2的弯矩分别为

$$M_1=\frac{3ql^2}{40}，M_2=0。$$

3) 阶段3：第二跨悬臂阶段

$$M_1=-\frac{ql^2}{10}，M_2=\frac{3ql^2}{40}。$$

4) 阶段4：顶推完成阶段

顶推完成后，拆除导梁，此时为两跨连续梁，在自重荷载q作用下，截面1、2的弯矩分别为

$$M_1=0，M_2=\frac{ql^2}{16}。$$

从上述分析可知，1号截面弯矩M_1从 $-\frac{ql^2}{40} \rightarrow \frac{3ql^2}{40} \rightarrow -\frac{ql^2}{10} \rightarrow 0$；

2号截面弯矩M_2从 $-\frac{ql^2}{5} \rightarrow 0 \rightarrow \frac{3ql^2}{40} \rightarrow \frac{ql^2}{16}$。

可见梁截面的弯矩在顶推过程中呈现正、负交替变化，因此对于顶推法施工的连续梁恒载内力计算，需按顶推过程计算出各截面最不利内力包络图进行设计。

3.2 活载内力计算

本节主要介绍连续梁桥荷载横向分布计算的等代简支梁法、荷载增大系数的概念及连续梁桥活载内力计算公式。

3.2.1 荷载横向分布计算的等代简支梁法

连续梁桥荷载横向分布计算，可采用等代简支梁法，基本原理如下(图3-4、图3-5)。

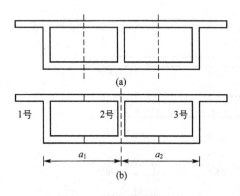

图3-4 箱梁截面的划分

(1) 将多室箱梁假想地从各室顶、底板中点切开，成为由n片T梁(I字梁)组成的桥跨结构；根据刚度等效原则，将连续梁化成等效简支梁，采用简支梁荷载横向分布计算的修正偏压法计算其荷载横向分布系数。

(2) 按照同等集中荷载$P=1$作用下跨中挠度相等的原理，反算等代简支梁的抗弯惯性矩修正系数C_w；按照在集中扭矩$T=1$作用下连续梁与等代简支梁跨中扭转角相等的条件，计算等代简支梁的抗扭惯性矩修正系数C_θ。

如图3-5所示，设跨径布置为三跨等截面连续梁，整个箱梁截面的抗弯惯性矩和抗扭惯性矩分别为I_c、I_{Tc}。设连续梁中跨跨中作用荷载$P=1$时，其跨中挠度为$W_连$；对于跨径l的简支梁，跨中荷载$P=1$作用下跨中挠度$W_简$为

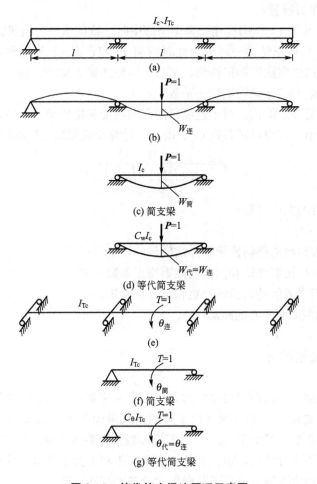

图 3-5 等代简支梁法原理示意图

$$W_{简} = \frac{Pl^3}{48EI_c} \tag{3-1}$$

对于跨径 l，抗弯刚度 C_wEI_c 的等代简支梁，则在 $P=1$ 作用下跨中挠度 $W_{代}$ 为

$$W_{代} = \frac{Pl^3}{48C_wEI_c} \tag{3-2}$$

比较式(3-1)及式(3-2)可知

$$C_w = \frac{W_{简}}{W_{代}} \tag{3-3}$$

再由 $W_{代}=W_{连}$，式(3-3)可写为

$$C_w = \frac{W_{简}}{W_{连}} \tag{3-4}$$

同理，可求得等代简支梁的抗扭惯性矩修正系数 C_θ

$$C_\theta = \frac{\theta_{简}}{\theta_{连}} \tag{3-5}$$

式中 $\theta_{简} = \dfrac{Tl}{4GI_{Tc}}$；

G——剪切模量；

$\theta_{连}$——当 $T=1$ 作用在连续梁中跨跨中时，该截面产生的扭转角。

对于边跨 C_w、C_θ 的求法是一样的，此时需将 $P=1$、$T=1$ 分别作用在连续梁边跨跨中，求得边跨跨中的竖向挠度和扭转角，并与相同跨的简支梁相比较，即可求得边跨等代简支梁的抗弯惯性矩和抗扭惯性矩修正系数 C_w、C_θ。

由于连续梁属超静定结构，对于连续梁的竖向挠度和扭转角，一般应采用计算机程序求解，手算比较麻烦。求得修正系数 C_w、C_θ 后，计算简支梁偏压法的抗扭修正系数 β 为

$$\beta = \dfrac{1}{1 + \dfrac{nl^2}{12} \dfrac{G}{E} \dfrac{C_\theta}{C_w} \dfrac{I_{Tc}}{I_c} \dfrac{1}{\sum a_i^2}} \tag{3-6}$$

式中　n——划分后的主梁片数；

　　　l——跨径(m)；

　　G、E——分别为材料的剪切模量和弹性模量(kN/m^2)；

　C_θ、C_w——分别为抗扭惯性矩和抗弯惯性矩修正系数；

　I_{Tc}、I_c——整个箱梁截面的抗扭惯性矩和抗弯惯性矩；

　　　a_i——i 片梁距截面中心的距离(m)。

3.2.2　荷载增大系数 η

对于箱形截面梁，将其假想地划分为开口的多片主梁(T字或I字梁)，计算每片主梁的荷载横向分布系数 m_i，一般情况下边主梁的荷载横向分布系数 m_i 大于中主梁，即边主梁的荷载横向分布系数为最大值 m_{max}。然而箱形截面为整体构造，若按分开求得的内力进行截面配筋设计既不十分合理，也较麻烦。因此，工程上为了计算的简化和安全起见，箱梁整体截面按荷载增大系数 η 来考虑荷载横向分布的问题，即

$$\eta = n m_{max} \tag{3-7}$$

式中　n——腹板数(划分肋梁的根数)；

　　m_{max}——按 n 根肋梁计算的最大荷载横向分布系数(一般为边主梁)。

为了简单见，一般可不考虑 η 沿桥梁纵向的变化，全桥可统一取相同的最大荷载增大系数 η。《公路桥涵设计通用规范》(JTG D60—2004)计算桥梁结构整体内力时，按车道荷载(集中荷载加均布荷载)考虑，同时考虑纵向折减，则桥梁活载内力公式为

$$S = (1+\mu)\xi_1 \xi_2 \eta (P_k y_k + q_k A_k) \tag{3-8}$$

式中　ξ_1、ξ_2——分别为车道荷载横向折减系数和纵向折减系数；

　　　η——荷载增大系数；

　P_k、q_k——分别为车道荷载的集中荷载标准值和均布荷载标准值；

　　　y_k——影响线中的最大竖标值；

　　　A_k——使结构产生最不利效应的同号影响线区域的面积；

　　　μ——汽车荷载冲击系数。

如图 3-6 所示，若计算连续梁中跨跨中汽车荷载最大弯矩，其弯矩影响线相应的 y_k 和 A_k 已示出。

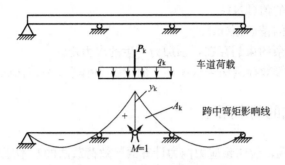

图 3-6 车道荷载加载示意图

3.3 预应力内力计算的等效荷载法

3.3.1 预应力内力的概念

预应力混凝土简支梁属于静定结构,在预加力作用下,只产生自由挠曲变形和预加力偏心力矩 M_0,也称为初始力矩[图 3-7(a)]。

对于连续梁和连续刚构等超静定结构,预应力作用下多余约束处产生附加反力,从而导致结构产生附加内力 M',统称为次内力或二次内力[图 3-7(b)]。

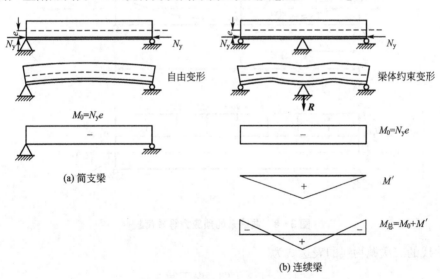

图 3-7 预应力引起的变形和内力

因此,由预加力产生的总内力(弯矩)为

$$M_总 = M_0 + M'$$
$$M_0 = N_y e \tag{3-9}$$

式中 M_0——初预矩;

N_y——预加力的值(kN);

e——预加力的偏心距(m);

M'——由于多余约束的存在,预加力产生的次力矩。

M'可采用力法或等效荷载法来求解,下面主要介绍等效荷载法的原理与应用。

3.3.2 等效荷载法的基本原理

下面以简支梁为例,说明预应力内力计算的等效荷载法的基本原理。

1. 计算等效荷载的原则及基本假定

根据内力等效原则,即预加力产生的结构内力与等效荷载产生的内力相等,来求预加力的等效荷载。为了简化分析,做如下基本假定:①预应力筋的摩阻损失忽略不计,考虑预加力 N_y 为常量;②预应力筋贯穿构件全长。

2. 曲线预应力索的等效荷载

如图 3-8 所示,预应力混凝土简支梁配置曲线索,设左端锚头倾角及偏心距分别为 $-\theta_A$、e_A;右端锚头倾角及偏心距分别为 θ_B、e_B;索曲线跨中垂度为 f。符号规定为索力偏心距 $e(x)$ 以向上为正,等效荷载 $q_{效}$ 以向上为正;反之为负。

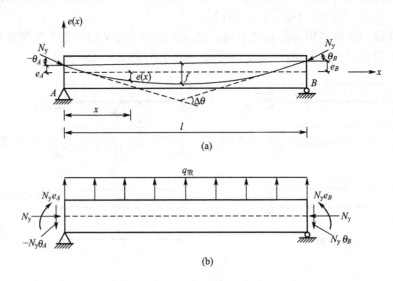

图 3-8 曲线索的预应力等效荷载

索曲线的二次抛物线的表达式为

$$e(x)=\frac{4f}{l^2}x^2+\frac{e_B-e_A-4f}{l}x+e_A \tag{3-10}$$

式中 x、$e(x)$——分别为距原点 O 的坐标 x 及索力距截面中心轴的偏心距。

预应力对中性轴产生的偏心力矩 $M(x)$ 为

$$M(x)=N_y e(x)$$
$$=N_y\left(\frac{4f}{l^2}x^2+\frac{e_B-e_A-4f}{l}x+e_A\right) \tag{3-11}$$

由材料力学中梁的弯矩与荷载的关系可知

$$q(x) = \frac{d^2 M(x)}{dx^2} = \frac{8f}{l^2} N_y = 常数 \quad (3-12)$$

由几何关系知

$$\theta(x) = e'(x) = \frac{8f}{l^2}x + \frac{e_B - e_A - 4f}{l} \quad (3-13)$$

$$\theta_A = e'(0) = \frac{e_B - e_A - 4f}{l} \quad (3-14)$$

$$\theta_B = e'(l) = \frac{e_B - e_A + 4f}{l} \quad (3-15)$$

$$\theta_B - \theta_A = \frac{8f}{l} \quad (3-16)$$

比较式(3-12)和式(3-16)，可知

$$q(x) = \frac{\theta_B - \theta_A}{l} N_y \quad (3-17)$$

令 $\Delta\theta = \theta_B - \theta_A$，则

$$q(x) = \frac{N_y \Delta\theta}{l} = q_{效} \quad (3-18)$$

$q(x)$ 就是所求的等效荷载 $q_{效}$，为一常数；$\Delta\theta$ 为索曲线倾角的改变量，均布荷载 $q_{效}$ 为正值，方向朝上，它沿全跨长的总荷载 $q_{效} l$ 与两端预加力的垂直向下分力之和 $N_y(\theta_B - \theta_A)$ 相平衡。

3. 折线形预应力索的等效荷载

折线形预应力索的等效荷载可由剪力等效求得。如图3-9所示，配置折线形索的索力线方程为

$$\left. \begin{array}{ll} AC \text{ 段} & e_1(x) = e_A - \left(\dfrac{e_A + d}{a}\right)x \\[6pt] CB \text{ 段} & e_2(x) = -d + \left(\dfrac{d + e_B}{b}\right)(x-a) \end{array} \right\} \quad (3-19)$$

由此得预应力产生的剪力。

AC 段：
$$\begin{aligned} Q_1(x) &= M_1'(x) = N_y e_1'(x) \\ &= -N_y \left(\frac{e_A + d}{a}\right) \\ &= -N_y \theta_A \end{aligned} \quad (3-20)$$

CB 段：
$$\begin{aligned} Q_2(x) &= M_2'(x) \\ &= N_y \left(\frac{e_B + d}{b}\right) \\ &= N_y \theta_B \end{aligned} \quad (3-21)$$

由式(3-20)和式(3-21)可绘出简支梁的剪力图[图3-9(b)]，而此剪力图与在梁截面 C 处作用一个向上的集中荷载 $P_{效}$ 的结果相符合，此 $P_{效}$ 为

$$P_{效} = N_y(\theta_B - \theta_A) \quad (3-22)$$

它就是折线形预加力的等效荷载。

由图 3-9(c)取左段平衡可验证其弯矩也是相等的。考察 C 截面弯矩

$$M_C = N_y e_A - N_y \theta_A a$$
$$= N_y (e_A - \theta_A a)$$
$$= N_y(-d) = -N_y d$$
$$= M_{预} \tag{3-23}$$

$M_{预}$ 为预加力在 C 截面产生的弯矩，故得到验证。

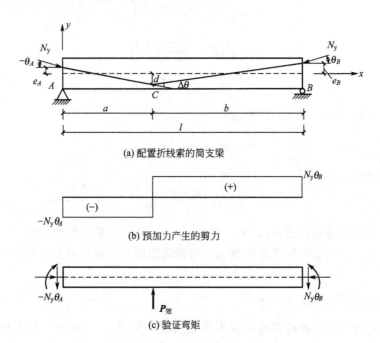

图 3-9　配置折线索的等效荷载

4. 锚固截面的等效荷载

预加力对锚固截面作用的等效荷载，即为锚固点预加力对锚固截面中性轴的等效荷载（图 3-10）：

$$\begin{cases} X_A = N_y \cos\theta_A \\ Y_A = -N_y \sin\theta_A \\ M_A = N_y e_A \cos\theta_A \end{cases} \tag{3-24}$$

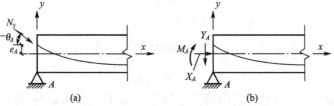

图 3-10

对于 θ 较小的情况，可取 $\sin\theta \approx \theta$，$\cos\theta \approx 1$，则式(3-24)成为

$$\begin{cases} X_A = N_y \\ Y_A = -N_y \theta_A \\ M_A = N_y e_A \end{cases} \qquad (3-25)$$

3.3.3 等效荷载法的应用

1. 计算步骤

现以图 3-11 所示的两跨连续梁为例说明等效荷载法计算预应力内力的基本步骤。

(1) 按预应力索曲线的偏心距 e_i 及预加力 N_y 绘出梁的初预距 $M_0 = N_y e_i$ 图,不考虑所有支座对梁体约束的影响[图 3-11(b)]。

(2) 根据索曲线形状分别按曲线形、折线形预应力索等效荷载公式(3-18)和式(3-22)计算等效荷载,且考虑锚固点等效荷载确定全部的预应力等效荷载。

(3) 用力法或有限单元法程序求解连续梁在等效荷载下的截面内力,称为总内力,得出的弯矩称为总弯矩 $M_总$。

(4) 用总弯矩减去初预矩得到次力矩为

$$M_次 = M_总 - M_0 \qquad (3-26)$$

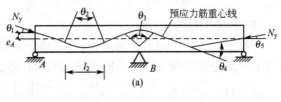
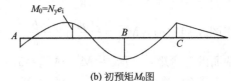
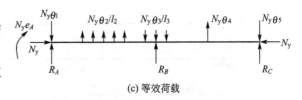

图 3-11 预应力筋对应的初预矩和等效荷载

2. 计算实例

例题 3-1 两跨等截面连续梁,预加力 $N_y = 1158 \text{kN}$,试求支点 B 截面由预应力产生的总弯矩和次弯矩。索曲线的布置如图 3-12(a)所示,各段索曲线偏心距方程如下。

$a-d$ 段:$e_1(x) = 0.0079x^2 - 0.093x$,坐标原点为 a。

$d-b$ 段:$e_2(x) = 0.18 + 0.12x - 0.03x^2$,坐标原点为 d。

解:由于结构及预应力筋布置均对称,可取一半结构进行分析,并视 B 截面为固定端。

(1) 绘制预加力初预距图,即 $M_0(x) = N_y e_i(x)$,如图 3-12(b)所示。

(2) 计算预加力等效荷载。

$a-d$ 段的端转角:

$$e'_1(x) = 2 \times 0.0079x - 0.093$$
$$e'_1(0) = \theta_a = -0.093 (\text{弧度})$$
$$e'_1(13.5) = \theta_d = 0.12 (\text{弧度})$$

a—d 段的等效荷载：
$$q_1 = N_y \frac{\theta_d - \theta_a}{l_1} = 1158 \times \frac{0.12 - (-0.0933)}{13.5} = 18.30 \text{kN/m}（向上）$$

d—b 段端转角：
$$e'_2(x) = 0.12 - 0.06x$$
$$e'_2(0) = \theta_d = 0.12（弧度）$$
$$e'_2(2) = \theta_b = 0（弧度）$$

d—b 段等效荷载：
$$q_2 = N_y \frac{\theta_b - \theta_d}{l_2} = 1158 \times \frac{0 - 0.12}{2} = -69.48 \text{kN/m}（向下）$$

(3) B 截面总弯矩 $M_总$。

计算图式如图 3-12(c)所示，它可分解为图 3-12(d)和图 3-12(e)两种工况叠加。单跨梁的计算公式可参考设计手册或结构力学，注意荷载的正负号。

对于图 3-12(d)：$M'_B = -\dfrac{ql^2}{8} = -\dfrac{(-18.3) \times 15.5^2}{8} = 549.57 \text{kN} \cdot \text{m}$

对于图 3-12(e)：$M''_B = -\dfrac{qb^2}{8}\left(2 - \dfrac{b}{l}\right)^2 = -\dfrac{87.78 \times 2^2}{8}\left(2 - \dfrac{2}{15.5}\right)^2 = -153.64 \text{kN} \cdot \text{m}$

B 截面的总弯矩：$M_总 = M'_B + M''_B = 549.57 - 153.64 = 395.93 \text{kN} \cdot \text{m}$

(4) B 截面的次力矩：$M_次 = M_总 - M_0 = 395.93 - 347.7 = 48.53 \text{kN} \cdot \text{m}$

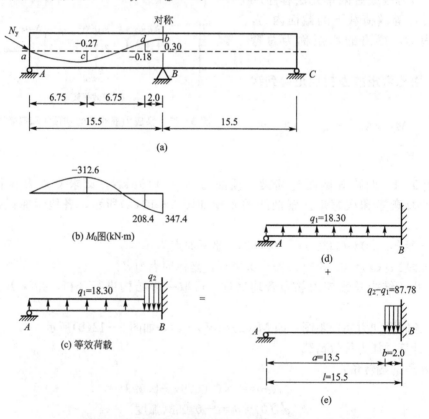

图 3-12 两跨连续梁预应力内力分析(单位：m)

3.3.4 吻合束的概念

1. 吻合束

按实际荷载下弯矩图线形作为束曲线的线形，则是吻合束的线形，此时预加力产生的总弯矩 $M_{总}$、初预距 M_0 及实际荷载下的弯矩 M_q 三者相等，预加力产生的次力矩 $M_{次}=0$。

2. 证明

以图 3-13 所示的两跨连续梁在均布荷载 q 作用下为示例来证明。

(1) 实际荷载 q 作用下的弯矩 M_q。

对于左跨弯矩计算公式为

$$M_q(x) = \frac{qlx}{8}\left(3 - 4\frac{x}{l}\right) \quad (3-27)$$

(2) 实际荷载弯矩 M_q 与初预距 M_0 相等，则

$$M_0 = N_y e(x) = \frac{qlx}{8}\left(3 - 4\frac{x}{l}\right) \quad (3-28)$$

故

$$e(x) = \left(\frac{q}{N_y}\right)\frac{lx}{8}\left(3 - 4\frac{x}{l}\right) \quad (3-29)$$

$$e'(x) = \frac{q}{N_y}\left(\frac{3l}{8} - x\right) \quad (3-30)$$

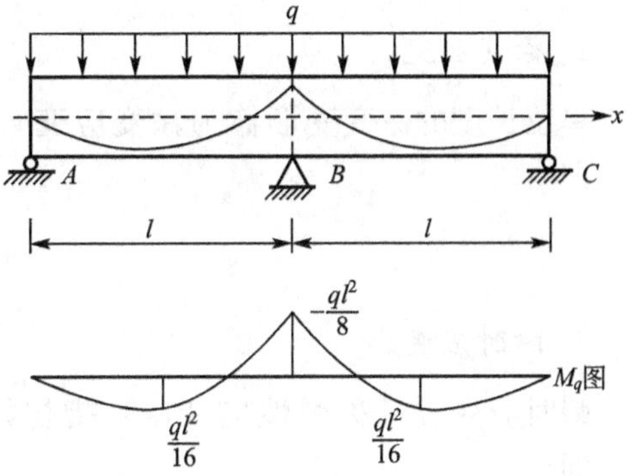

图 3-13 均布荷载下的束曲线线形

$$e'(0) = \theta_A = \frac{q}{N_y}\frac{3l}{8} \quad (3-31)$$

$$e'(l) = \theta_B = -\frac{q}{N_y}\frac{5l}{8} \quad (3-32)$$

等效荷载：$q_{效} = N_y \dfrac{\theta_B - \theta_A}{l} = N_y\left(-\dfrac{q}{N_y}\dfrac{5l}{8} - \dfrac{q}{N_y}\dfrac{3l}{8}\right)/l = -q \quad (3-33)$

可以看出，$q_{效}$ 与 q 大小相等、方向相反，梁上荷载被完全平衡，即初预距与荷载作用下弯矩完全平衡，预加力不产生次力矩，即为吻合束的线形。

3.4 混凝土徐变内力计算

3.4.1 基本概念

1. 徐变变形

在长期荷载作用下，结构在瞬时变形 Δe（弹性变形）以后，随时间 t 增长而持续产生的那一部分变形量 Δc，称为徐变变形（图 3-14）。

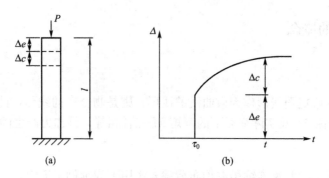

图 3-14 轴心受压构件的徐变变形

2. 徐变应变

单位长度的徐变变形称为徐变应变 ε_c,它可表示为徐变变形量 Δc 与构件长度 l 之比,即

$$\varepsilon_c = \frac{\Delta c}{l} \qquad (3-34)$$

3. 瞬时应变

瞬时应变 ε_e 又称弹性应变,是指初始加载瞬间所产生的变形 Δe 与构件长度 l 之比,即

$$\varepsilon_e = \frac{\Delta e}{l} \qquad (3-35)$$

4. 徐变系数

徐变系数是从加载龄期 τ_0 后至某个 t 时刻,徐变应变值与弹性应变值之比,即

$$\varphi(t, \tau_0) = \varepsilon_c / \varepsilon_e \qquad (3-36)$$

或

$$\varepsilon_c = \varepsilon_e \varphi(t, \tau_0) = \frac{\sigma}{E} \varphi(t, \tau_0) \qquad (3-37)$$

式中 $\varphi(t, \tau_0)$——徐变系数;

σ、E——分别为混凝土弹性应力和弹性模量。

徐变系数计算较复杂,不仅与加载龄期 τ_0 有关,还与材料性质、构件尺寸、环境湿度等有关,《公路钢筋混凝土及预应力混凝土桥涵设计规范》(JTG D62—2004)中列出了混凝土徐变系数和收缩应变的计算公式。

5. 徐变内力

对于静定结构,徐变仅使结构产生变形,不产生徐变内力;对于超静定结构,由于存在多余约束,当混凝土发生徐变变形时,变形受到约束,结构将产生附加内力,这个附加内力称为徐变内力(或称徐变次内力)。

现举一个简单的例子说明如下(图 3-15)。

1) 两根悬臂梁

设两根悬臂梁[图 3-15(a)]在均布荷载 q 作用下完成瞬时变形后,悬臂端处于水平位置,此时根部截面弯矩 $M_{根} = -ql^2/2$,悬臂端弯矩为零[图 3-15(b)]。

随着时间 t 的增长，由于混凝土徐变影响，该两个悬臂梁端部将发生向下的竖向挠度 Δt 和转角 θ_t；由于悬臂梁为静定结构，变形不受约束（可自由变形），因此徐变不产生内力，徐变完成后，其内力图不发生改变，最终弯矩图仍为结构瞬时变形下的弯矩图。

2）合龙后的固端梁

在两根悬臂梁瞬时变形完成后，即将合龙段的钢筋焊接并浇注混凝土，形成一根固端梁 [图 3-15(c)]。由于混凝土徐变，固端梁的中点仍将发生挠度 Δt，但由于结构的对称性，该截面转角 $\theta_t = 0$，这表明原两根悬臂梁端部的转角变形受到约束，从而使固端梁跨中截面产生了附加弯矩 M_t，因此固端截面弯矩也发生了改变（减小），徐变后梁的弯矩如图 3-15(d) 所示。

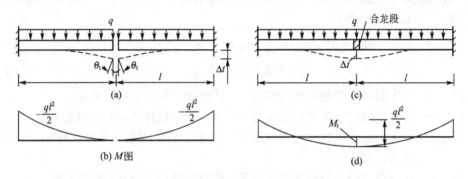

图 3-15 静定与超静定结构徐变后的弯矩比较

6. 内力重分布

超静定结构由于徐变产生徐变内力，使得徐变后结构内力与结构瞬时变形后的内力相比，发生了改变，这种现象称为内力重分布（或应力重分布）。

3.4.2 静定结构的徐变变形计算

根据徐变应变、瞬时应变及徐变系数的定义，即式(3-34)、式(3-35)和式(3-36)，可得到静定结构在恒定荷载作用下的徐变变形 Δc 的计算式为

$$\Delta c = \Delta e \times \varphi(t, \tau_0) \tag{3-38}$$

瞬时变形（弹性变形）Δe 可按结构力学的方法计算。

3.4.3 超静定结构的徐变内力与变形计算

徐变是与时间 t 有关的材料非线性问题，迄今为止关于超静定结构徐变内力的计算，各国学者提出了各种计算理论和方法，尚没有一种被广泛接受。这里主要介绍我国《公路钢筋混凝土及预应力混凝土桥涵设计规范》(JTG D62—2004)中的简化实用方法及换算弹性模量法。

1.《规范》方法

假定简支梁或悬臂梁（静定结构）在 τ_0 时间同时加载，在 τ 时转换为后期结构的连续

梁，由于混凝土徐变影响，后期结构上的弯矩可按式(3-39)和式(3-40)计算。

(1) 在先期结构上由结构自重产生弯矩，由于混凝土徐变引起内力重分配，后期结构中 t 时弯矩 M_{qt}，可按下式计算：

$$M_{qt}=M_{1q}+(M_{2q}-M_{1q})\{1-e^{-[\varphi(t,\tau_0)-\varphi(\tau,\tau_0)]}\} \quad (3-39)$$

式中 M_{1q}——在先期结构自重作用下，按先期结构体系计算的弯矩；

M_{2q}——在先期结构自重作用下，按后期结构体系计算的弯矩；

$\varphi(t,\tau_0)$——从先期结构加载龄期 τ_0 至后期结构计算时间 t 的徐变系数；

$\varphi(\tau,\tau_0)$——从先期结构加载龄期 τ_0 至后期结构计算时间 τ 的徐变系数。

(2) 在先期结构上由预加力产生的弯矩，经过混凝土徐变重分配，在后期结构中 t 时的弯矩 M_{pt}，可按下式计算：

$$M_{pt}=M_{1p}+(M'_{2p}-M'_{1p})\{1-e^{-[\varphi(t,\tau_0)-\varphi(\tau,\tau_0)]}\} \quad (3-40)$$

$$M_{1p}=M^0_{1p}+M'_{1p} \quad (3-41)$$

式中 M_{1p}——在先期结构中的预加力作用下，按先期结构计算的总弯矩；

M^0_{1p}——在先期结构中的预加力作用下，按先期结构计算的初始弯矩；

M'_{1p}——在先期结构中的预加力作用下，按先期结构体系计算的次弯矩，对于静定体系，$M'_{1p}=0$；

M'_{2p}——在先期结构中的预加力作用下，按后期结构体系计算的次弯矩。

如果先期结构加载时间 τ_0（如预应力张拉完成时间）与结构体系转换时间 τ 相同，则 $\varphi(\tau,\tau_0)=0$，上述计算可简单一些。其次，从式(3-39)和式(3-40)可以看出，若徐变系数 $\varphi(t,\tau_0)$、$\varphi(t,\tau)$ 均等于零，则 $M_{qt}=M_{1q}$，$M_{pt}=M_{1pt}$，表示没有徐变效应，结构内力不发生变化。

例题 3-2 如图 3-16 所示，先简支后连续施工的两跨等截面连续梁跨径 $l=40$m，梁高 $h=2$m；梁的自重为 q，配置直线预应力筋，预应力筋距截面中性轴最大偏心距（跨中截面）$e=0.8$m，有效预应力为 N_y，假定截面几何形心位于截面高度的 $h/2$ 处。先期结构简支梁的加载时间为 τ_0，体系转换时间为 τ。已知从时间 τ_0 到 $t=\infty$ 时，徐变系数 $\varphi(t,\tau_0)=1$，从时间 τ_0 到 τ 的徐变系数 $\varphi(\tau,\tau_0)=0.5$。试求经过混凝土徐变重分配后，$t=\infty$ 时的结构自重弯矩和预应力弯矩（因连接缝很短，忽略其尺寸影响）。

解： 计算步骤如下。

(1) 结构自重作用下混凝土徐变内力重分配计算。

① 先期结构为两跨简支梁，在自重 q 作用下的弯矩 M_{1q} 绘于图 3-16(c)。

② 计算 M_{2q}：后期结构为两跨连续梁，属一次超静定结构，结构自重 q 作用下的弯矩 M_{2q}，可用力法或其他方法求得[图 3-16(d)]。

③ 计算混凝土徐变重分配后的弯矩 M_{qt}。

由式(3-39)知 $M_{qt}=M_{1q}+(M_{2q}-M_{1q})\{1-e^{-[\varphi(t,\tau_0)-\varphi(\tau,\tau_0)]}\}$

B 支座截面： $M^{\text{支}}_{qt}=0+\left(-\dfrac{ql^2}{8}-0\right)[1-e^{-(1-0.5)}]=-0.0492ql^2$

跨中截面： $M^{\text{中}}_{qt}=\dfrac{ql^2}{8}+\left(\dfrac{ql^2}{16}-\dfrac{ql^2}{8}\right)[1-e^{-(1-0.5)}]=0.1004ql^2$

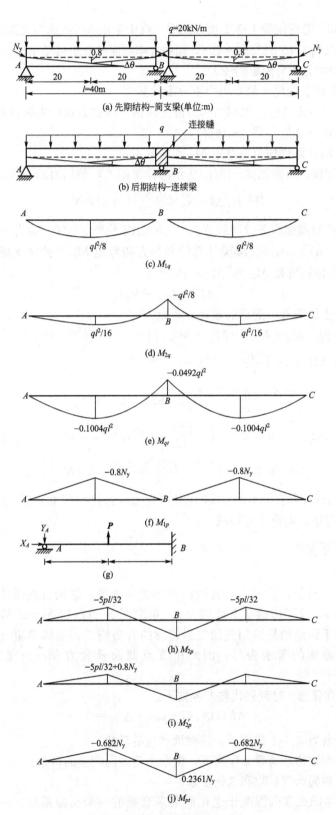

图 3-16 两跨等截面连续梁

由此分析可知，考虑混凝土徐变重分配后，跨中弯矩 $M_{qt}^{中}$ 与原简支梁跨中弯矩 $M_{1q}^{中}$ 相比为 $M_{qt}^{中}/M_{1q}^{中}=0.1004ql^2/(0.125ql^2)=0.8$，而中支座截面的弯矩由零增加到 $-0.04918ql^2$，这说明混凝土徐变对内力重分配影响较大。

(2) 预加力作用下混凝土徐变内力重分配计算

① 计算预加力弯矩 M_{1p}：先期结构为静定结构，预加力仅产生初预矩 M_{1p}^0，不产生次弯矩 ($M'_{1p}=0$)，$M_{1p}=M_{1p}^0$ [图 3-16(f)]。

② 按后期结构计算预加力总弯矩 M_{2p} 和次弯矩 M'_{2p}。

因结构的对称性，可取图 3-16(g) 所示的计算图式，预加力的等效荷载 P 为。

$$P=N_y\Delta\theta=N_y\times\frac{0.8\times 2}{20}=0.08N_y$$

梁端截面（锚固）预加力等效荷载 X_A、Y_A 对结构不产生弯矩。由此可求得预加力总弯矩 M_{2p} [图 3-16(h)]。因按连续梁计算的预加力初弯矩 M_{2p}^0 与按简支梁计算的预加力初弯矩 M_{1p}^0 相同，所以次弯矩 M'_{2p} 为 [图 3-16(i)]

$$M'_{2p}=M_{2p}-M_{1p}^0$$

③ 计算混凝土徐变重分配后的预加力弯矩 M_{pt}。

由式 (3-40) 得 $M_{pt}=M_{1p}+(M'_{2p}-M'_{1p})\{1-e^{-[\varphi(t,\tau_0)-\varphi(\tau,\tau_0)]}\}$

B 支座截面：$M_{pt}^{支}=0+\left(\frac{3Pl}{16}-0\right)[1-e^{-(1-0.5)}]$

$$=\frac{3\times 0.08N_y\times 40}{16}\times 0.3935=0.2361N_y$$

跨中截面：$M_{pt}^{中}=-0.8N_y+\left[\left(-\frac{5Pl}{32}+0.8N_y\right)-0\right][1-e^{-(1-0.5)}]$

$$=-0.8N_y+\left(\frac{-5\times 0.08N_y\times 40}{32}+0.8N_y\right)\times 0.3935=-0.682N_y$$

M_{pt} 如图 3-16(j) 所示。将 M_{pt} 与 M_{1p} 比较可知，经过徐变重分配，原来弯矩为零的 B 支座截面产生了弯矩，而跨中弯矩减小。

2. 换算弹性模量法

1) 基本原理

如图 3-17(a) 所示，先简支后连续的两等跨连续梁，结构自重荷载 q，弹性模量 E，截面抗弯惯性矩 I，设两跨徐变系数均为 φ。可取图 3-17(b) 所示的两跨简支梁为基本结构来分析，由于该结构是采用先简支后连续的方法施工，结构自重 q 作用下瞬时弹性变形完成后，B 截面的弯矩为零，因此中支点截面赘余力 $M_1(t)$ 完全是徐变产生的力矩。

按巴曾法，在任意 t 时刻列代数方程如下：

$$M_1(t)\delta_{11}(1+\rho\varphi)+\Delta_{1p}\varphi=0 \tag{3-42}$$

式中 δ_{11}——赘余力 $\overline{M}_1=1$ 作用下，该截面产生的转角；

Δ_{1p}——基本结构在荷载 q 作用下，赘余力矩方向产生的转角；

φ、ρ——分别为徐变系数和老化系数。

老化系数是考虑徐变因混凝土老化而逐渐衰减的一个折减系数，一般可用下式表示（具体推导从略）：

$$\rho(t,\tau)=\frac{1}{1-\mathrm{e}^{-\varphi}}-\frac{1}{\varphi} \quad (3-43)$$

引入与时间 t 有关的常变位 δ_{11t} 和载变位 Δ_{1pt}：

$$\left.\begin{array}{l}\delta_{11t}=\delta_{11}(1+\rho\varphi)\\ \Delta_{1pt}=\Delta_{1p}\varphi\end{array}\right\} \quad (3-44)$$

则式(3-42)可写成力法方程形式：

$$M_1(t)\delta_{11t}+\Delta_{1pt}=0 \quad (3-45)$$

由式(3-44)及图 3-17 可知：

$$\left.\begin{array}{l}\delta_{11t}=2\int_0^l\dfrac{\overline{M}_1^2\mathrm{d}x}{EI}(1+\rho\varphi)\\ \Delta_{1pt}=2\int_0^l\dfrac{\overline{M}_1 M_p}{EI}\mathrm{d}x\times\varphi\end{array}\right\} \quad (3-46)$$

引入两个换算弹性模量 $E_{\rho\varphi}$、E_φ：

$$\left.\begin{array}{l}E_{\rho\varphi}=\dfrac{E}{1+\rho\varphi}\\ E_\varphi=\dfrac{E}{\varphi}\end{array}\right\} \quad (3-47)$$

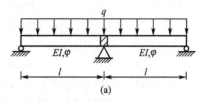

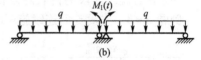

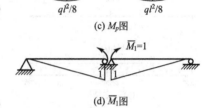

图 3-17 超静定结构徐变内力计算

则式(3-46)成为

$$\left.\begin{array}{l}\delta_{11t}=2\int_0^l\dfrac{\overline{M}_1^2}{E_{\rho\varphi}I}\mathrm{d}x\\ \Delta_{1pt}=2\int_0^l\dfrac{\overline{M}_1 M_p}{E_\varphi I}\mathrm{d}x\end{array}\right\} \quad (3-48)$$

这样，只需通过式(3-47)求得换算弹性模量，然后可按照结构力学中的力法计算超静定结构的徐变内力。

2) 计算步骤

采用换算弹性模量法与力法相结合，计算超静定结构在恒定荷载下的徐变内力与变形的基本步骤如下。

(1) 选取基本结构的计算图式。

(2) 按不同施工阶段计算恒载内力图 M_p。

(3) 在赘余力处分别施加各单位赘余力 $\overline{X}_i=1$，得到 $\overline{M}_i$ 图。

(4) 计算各梁段的老化系数 $\rho(t,\tau)$ 及换算弹性模量 E_φ 和 $E_{\rho\varphi}$。

(5) 采用图乘法或积分法计算恒定荷载及徐变赘余力在赘余约束处产生的变位，即

$$\left.\begin{array}{l}\delta_{iit}=\sum\int_{l_i}\dfrac{\overline{M}_i^2}{E_{\rho\varphi}I}\mathrm{d}x\\ \delta_{ijt}=\sum\int_{l_i}\dfrac{\overline{M}_i\overline{M}_j}{E_{\rho\varphi}I}\mathrm{d}x\\ \Delta_{ipt}=\sum\int_{l_i}\dfrac{\overline{M}_i M_p}{E_\varphi I}\mathrm{d}x\end{array}\right\} \quad (3-49)$$

(6) 解力法方程求各徐变赘余力 X_{it}：

$$\left.\begin{array}{c}\delta_{11t}X_{1t}+\delta_{12t}X_{2t}+\cdots+\Delta_{1pt}=0\\ \delta_{21t}X_{1t}+\delta_{22t}X_{2t}+\cdots+\Delta_{2pt}=0\\ \cdots\\ \delta_{n1t}X_{1t}+\delta_{n2t}X_{2t}+\cdots+\Delta_{npt}=0\end{array}\right\} \qquad (3-50)$$

(7) 根据求得的徐变赘余力 X_{it} 计算结构的徐变内力。

(8) 将各施工阶段的恒载内力和徐变内力结果叠加，得结构总的内力。

例题 3-3 先简支后连续施工的两等跨等截面连续梁(图 3-18)跨径 $l=48$m，左、右两跨的徐变系数分别为 $\varphi_1(\infty,\tau)=1$，$\varphi_2(\infty,\tau)=2$；恒载(自重)$q=10$kN/m，E、I 分别为材料弹性模量和截面抗弯惯性矩。试求 $t=\infty$ 时中支点截面徐变力矩。

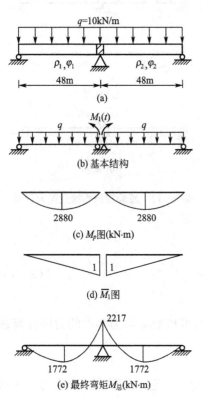

图 3-18 例题 3-3 图

解：(1) 选取两跨简支梁作为基本结构[图 3-18(b)]。因采用先简支后连续法施工，在恒载作用下中支点截面的弯矩为零；赘余力 $M_1(t)$ 为徐变弯矩。

(2) 绘出 M_p、$\overline{M}_1$ 图[图 3-18(c)、(d)]。

(3) 计算老化系数和换算弹性模量。

$$\rho_1(\infty,\tau)=\frac{1}{1-e^{-\varphi_1}}-\frac{1}{\varphi_1}=\frac{1}{1-e^{-1}}-\frac{1}{1}=0.582$$

$$\rho_2(\infty,\tau)=\frac{1}{1-e^{-\varphi_2}}-\frac{1}{\varphi_2}=\frac{1}{1-e^{-2}}-\frac{1}{2}=0.657$$

$$E_{\varphi 1}=\frac{E}{\varphi_1}=E$$

$$E_{\varphi 2}=\frac{E}{\varphi_2}=\frac{E}{2}=0.5E$$

$$E_{\rho\varphi 1}=\frac{E}{1+\rho_1\varphi_1}=\frac{E}{1+0.582\times 1}=0.632E$$

$$E_{\rho\varphi 2}=\frac{E}{1+\rho_2\varphi_2}=\frac{E}{1+0.657\times 2}=0.432E$$

(4) 计算柔度系数 δ_{11t} 和荷载变位 Δ_{1pt}。

按图乘法：

$$\delta_{11t}=\frac{1}{E_{\rho\varphi 1}I}\times\left(\frac{1}{2}\times 1\times 48\times\frac{2}{3}\right)+\frac{1}{E_{\rho\varphi 2}I}\times\left(\frac{1}{2}\times 1\times 48\times\frac{2}{3}\right)=\frac{62.35}{EI}$$

$$\Delta_{1pt}=\frac{1}{E_{\varphi 1}I}\times\left(\frac{2}{3}\times 48\times 2880\times\frac{1}{2}\right)+\frac{1}{E_{\varphi 2}I}\times\left(\frac{2}{3}\times 48\times 2880\times\frac{1}{2}\right)=\frac{138240}{EI}$$

(5) 解力法方程 $\delta_{11t}M_1(t)+\Delta_{1pt}=0$，得

$$M_1(t)=-\Delta_{1pt}/\delta_{11t}=-138240/62.35=-2217 \text{kN}\cdot\text{m}$$

(6) 总弯矩为 $M_\text{总}=M_p+M_1(t)\cdot\overline{M}_1$

$M_\text{总}$ 如图 3-18(e)所示，可知徐变后，中支点截面产生较大负弯矩，而跨中截面正弯矩减小了，相当于卸载。

例题 3-4 结构截面尺寸及荷载同例题 3-3，跨径 $l=20\mathrm{m}$，采用在支架上一次整体浇筑法施工，徐变系数 $\varphi(\infty,\tau)=2$（两跨相同）（图 3-19），试求在 $t=\infty$ 时中支点截面徐变力矩。

解：(1) 仍取两跨简支梁为基本结构，其换算弹性模量同例 3-3，即

$$E_{\rho\varphi}=0.432E, \quad E_{\varphi}=0.5E$$

(2) 因采用整体施工法，其恒载下的结构弯矩如图 3-19(b) 所示，中支点截面的初始弯矩 M_p 为

$$M_p=-ql^2/8=-500\mathrm{kN\cdot m}$$

(3) 计算柔度系数 δ_{11t} 及荷载变位 Δ_{1pt}。

$$\delta_{11t}=\frac{1}{E_{\rho\varphi}I}\times2\times\left(\frac{1}{2}\times20\times1\times\frac{2}{3}\right)=\frac{30.864}{EI}$$

为方便计算 Δ_{1pt}，将 M_p 图分解为 M_q 和 M_0 图，则

$$\Delta_{1qt}=\frac{1}{E_{\varphi}I}\times\left(\frac{2}{3}\times500\times20\times\frac{1}{2}\right)\times2=\frac{13333.3}{EI}$$

$$\Delta_{1M_0t}=-\frac{1}{E_{\varphi}I}\times\left(\frac{1}{2}\times500\times20\times\frac{2}{3}\right)\times2=-\frac{13333.3}{EI}$$

$$\Delta_{1pt}=\Delta_{1qt}+\Delta_{1M_0t}=(13333.3-13333.3)\times\frac{1}{EI}=0$$

(4) 解力法方程 $\delta_{11t}X_{1t}+\Delta_{1pt}=0$，得 $X_{1t}=0$。

此例表明，采用整体浇注法施工的两跨连续梁，其徐变内力等于零。

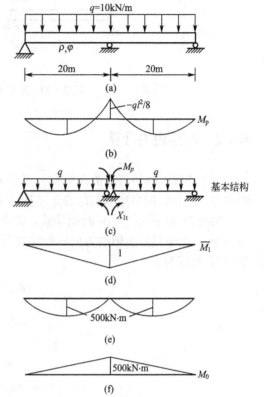

图 3-19 例题 3-4 图

3.5 混凝土收缩内力计算

3.5.1 收缩应变

混凝土收缩是材料本身的特性，严格来讲混凝土构件的收缩产生在空间 3 个方向，但桥梁一般为杆系结构，主要考虑沿杆件轴线方向的收缩。一般用收缩应变 $\varepsilon_s(t)$ 来表示收缩变化，它与时间 t、混凝土强度等级、环境湿度、水泥种类及构件尺寸等有关，具体计算公式见《公路钢筋混凝土及预应力混凝土桥涵设计规范》（JTG D62—2004）。

3.5.2 收缩变形

对于简支梁、连续梁可自由收缩，因此收缩仅使结构发生变形，但不产生内力（图 3-20）。收缩变形 Δ_s 等于收缩应变 ε_s 与杆长 l 的乘积，即

$$\Delta_s=\varepsilon_s\cdot l \tag{3-51}$$

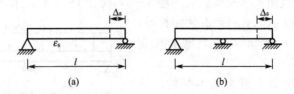

图 3-20 简支梁与连续梁的收缩变形

3.5.3 收缩内力计算

对于连续刚构桥等超静定结构，混凝土收缩不仅产生收缩变形，还将在结构中产生收缩内力。现介绍用力法求解超静定结构收缩内力。

如图 3-21 所示，一单跨固端梁，在计算时刻 t 其收缩应变为 ε_s。取基本结构如图 3-21(b)所示，由于只发生轴线方向的收缩变形 Δ_s，故赘余力只有轴力 N_1，力法方程为（假定轴力 N_1 受压为正）

$$\delta_{11} N_1 + \Delta_s = 0 \tag{3-52}$$

而

$$\delta_{11} = \int_0^l \frac{\overline{N}_1^2}{EA} \mathrm{d}x = \frac{l}{EA} \tag{3-53}$$

$$\Delta_s = \varepsilon_s \cdot l \tag{3-54}$$

所以

$$N_1 = -\Delta_s / \delta_{11} = -EA \cdot \varepsilon_s \quad (\text{受拉}) \tag{3-55}$$

由此可知，收缩使单跨固端梁产生拉力。

对于一般连续刚构桥（图 3-22），用力法求解混凝土收缩内力的基本步骤如下。

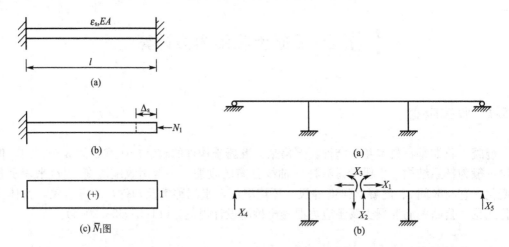

图 3-21 固端梁收缩内力计算   图 3-22 连续刚构桥收缩内力计算图式

(1) 选取基本结构，确定赘余力 $X_1, X_2, \cdots, X_n$。

(2) 在赘余力处分别施加各单位赘余力 $\overline{X}_i = 1$，得到 $\overline{M}_i$、$\overline{N}_i$、$\overline{Q}_i$ 图。

(3) 计算柔度系数和收缩在各赘余力约束处产生的变位。

$$\left.\begin{aligned}\delta_{ii}&=\sum\int_{l_i}\frac{\overline{M}_i^2}{EI}\mathrm{d}x\\ \delta_{ij}&=\sum\int_{l_i}\frac{\overline{M}_i\overline{M}_j}{EI}\mathrm{d}x\\ \Delta_{is}&=\sum\int_{l_i}\overline{N}_i\cdot\varepsilon_s\mathrm{d}x\end{aligned}\right\} \tag{3-56}$$

(4) 解力法方程组求各收缩赘余力 X_i。

$$\left.\begin{aligned}\delta_{11}X_1+\delta_{12}X_2+\cdots+\Delta_{1s}=0\\ \delta_{21}X_1+\delta_{22}X_2+\cdots+\Delta_{2s}=0\\ \cdots\\ \delta_{n1}X_1+\delta_{n2}X_2+\cdots+\delta_{ns}\Delta_{ns}=0\end{aligned}\right\} \tag{3-57}$$

(5) 求收缩内力。

对于基本结构，收缩变形不产生内力，故超静定结构收缩内力计算式为

$$\left.\begin{aligned}M&=\overline{M}_iX_i\\ N&=\overline{N}_iX_i\\ Q&=\overline{Q}_iX_i\end{aligned}\right\} \tag{3-58}$$

例题 3-5 某三跨等截面连续刚构桥，在边跨合龙后、中跨尚未合龙时，梁、墩均发生相同的收缩应变 ε_s，梁的抗弯刚度为 EI_1，墩的抗弯刚度为 EI_2，墩高为 h（图 3-23）。试求此时收缩引起的边支座反力。

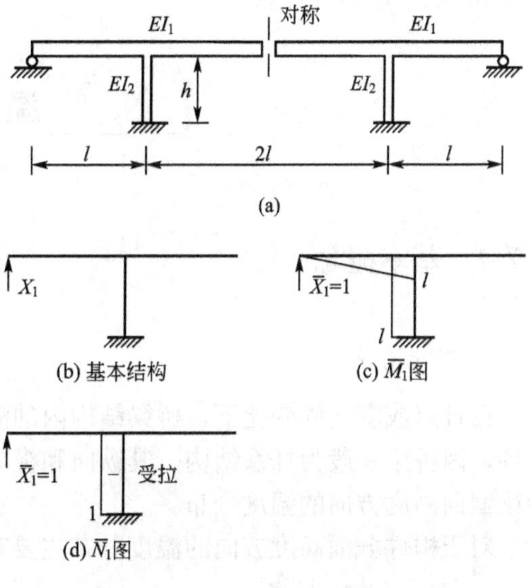

解：计算步骤如下。

(1) 因结构对称，可取图 3-23(b) 所示的基本结构分析，赘余力为 X_1。

(2) 计算柔度系数和收缩在赘余力 X_1 方向的位移。

$$\delta_{11}=\frac{1}{EI_1}\times\left(\frac{1}{2}\times l\times l\times\frac{2}{3}\times l\right)+\frac{1}{EI_2}$$
$$\times(h\times l\times l)=\frac{l^3}{3EI_1}+\frac{hl^2}{EI_2}$$

$$\Delta_{1s}=\sum\int_{l_i}\overline{N}_s\varepsilon_s\mathrm{d}x=-1\times\varepsilon_s\times h=-\varepsilon_s h$$

图 3-23 例题 3-5 图

(3) 解力法方程 $\delta_{11}X_1+\Delta_{1s}=0$，得

$$X_1=-\Delta_{1s}/\delta_{11}=\varepsilon_s h/\left(\frac{l^3}{3EI_1}+\frac{hl^2}{EI_2}\right)$$

所求 X_1 为正，表示收缩引起的边支座反力与假定方向相同（受压）。

3.6 基础沉降内力计算

关于超静定连续梁、连续刚构桥等结构等因基础沉降产生的结构内力计算在结构力学课程中已作了介绍。图 3-24 所示的三跨连续梁，当中墩基础分别产生不等的地基沉降 $\Delta_{1\Delta}$ 和 $\Delta_{2\Delta}$ 时，可取图 3-24(b) 所示的基本结构，其力法方程为

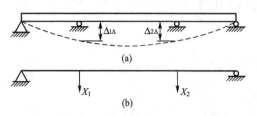

图 3-24 连续梁因基础沉降的计算图式

$$\left.\begin{array}{l}\delta_{11}X_1+\delta_{12}X_2+\Delta_{1\Delta}=0\\ \delta_{21}X_1+\delta_{22}X_2+\Delta_{2\Delta}=0\end{array}\right\} \quad (3-59)$$

一般来讲，连续梁与连续刚构桥的桥墩应支承在坚硬的岩石上（使用桩基础等方案）。但有时覆盖层太厚，对于非支承在岩石地基上的桥墩，需要考虑基础沉降引起的结构内力。考虑到大跨连续梁桥、刚构桥一般采用悬臂施工法，且恒载占的比例较大，基础的沉降大部分在施工阶段完成，因此基础沉降的计算主要考虑后期的沉降影响。有关地基沉降量的具体计算方法，可参照《公路桥涵地基与基础设计规范》（JTG D63—2007），一般为：①墩台均匀总沉降为 $2.0\sqrt{l}$（取 cm 值，不包括施工中的沉降）；②相邻墩台均匀总沉降为 $1.0\sqrt{l}$（取 cm 值，不包括施工中的沉降）。其中，l 为相邻墩台间最小跨径，以 m 计。$l<25\mathrm{m}$ 时仍按 25m 计算。

3.7 温度内力计算

3.7.1 基本概念

1. 温度分布

在日照或者气候变化下，桥梁结构内的温度变化称为温度分布，又称为温度梯度或温度场。因桥梁一般为杆系结构，其纵向和横向的温度分布可视为均匀的，工程中主要考虑沿梁截面高度方向的温度分布。

对于构件截面高度方向的温度分布主要有如下几种形式（图 3-25）。

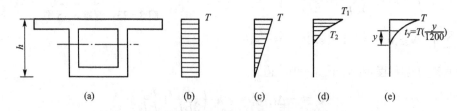

图 3-25 构件截面高度方向的各种温度分布

1) 均匀温度分布

均匀温度分布[图3-25(b)]指结构整体均匀升温或降温，主要由气候变化所引起，即年温差或季节性温差。

2) 线性温度分布

线性温度分布[图3-25(c)]指截面高度方向的温度按线性变化。

3) 非线性温度分布

非线性温度分布包括双直线分布[图3-25(d)]及指数函数分布[图3-25(e)]等形式，一般由日照温差引起。

各国桥梁设计规范关于日照引起的温度分布规律不尽一致，目前我国《公路桥涵设计通用规范》(JTG D60—2004)采用双直线温度分布形式来计算桥梁的温度作用效应。

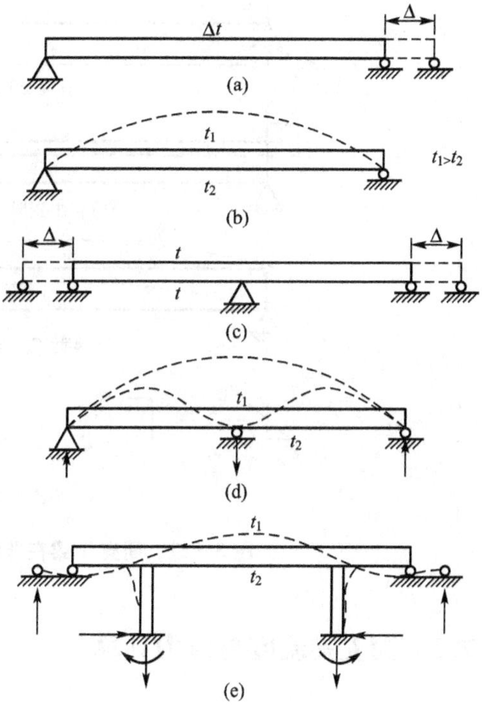

2. 约束

当结构产生温度变形时，不同结构之间、结构内部各质点之间，都可能产生相互影响，相互牵制，这就是约束。约束可分为外约束与内约束两种。

图3-26 温度变化与约束

1) 外约束

物体或构件的变形受到其他物体或构件的约束就是外约束。静定结构一般属于无外约束结构[图3-26(a)、图3-26(b)]；对于连续梁(超静定结构)在均匀温度变化下，梁可自由地伸长或缩短，因此无外约束[图3-26(c)]；连续梁与连续刚构桥等超静定结构在非均匀温度作用下，其变形受到支座的约束，属于外约束[图3-26(d)、图3-26(e)]。

2) 内约束(自约束)

一个构件本身各质点之间的相互约束作用称为内约束或自约束。

图3-27(a)所示的简支T梁，假定桥面板升温 t，而腹板温度不变，若截面上各点在温度影响下能自由地变形，则其温度变形如图3-27(b)所示；实际上梁为一个整体，顶板变形将受到腹板的约束，梁整体发生向上挠曲，截面变形符合平截面假定[图3-27(c)]；这两者之差就是自约束所产生的变形，自约束应变如图3-27(d)所示，顶板、底板受压，而腹板局部受拉。

3. 温度应力

当结构温度变形受到约束而产生的应力称为温度应力。根据约束的不同分为温度自应力和温度次应力，即：①温度自应力，由自约束引起的温度应力；②温度次应力，由外约束引起的温度应力；③总应力，由温度自应力与温度次应力叠加得到温度变化引起的总应力。

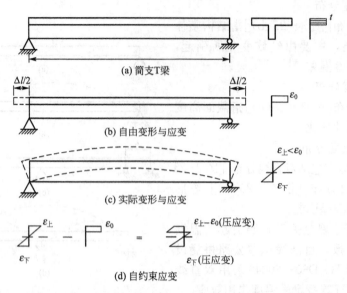

图3-27 简支T梁在非线性温度影响下的自约束应变

3.7.2 简支梁温度自应力计算

简支梁、悬臂梁等静定结构无外约束,在非线性温差作用下只产生温度自应力,且截面上的温度自应力满足自平衡条件。

如图3-28所示,任意截面的简支梁,受梁高方向非线性温度$T(y)$影响。假定纵向纤维之间不受约束时,温度引起的自由应变$\varepsilon_T(y)$为

$$\varepsilon_T(y)=\alpha T(y) \tag{3-60}$$

式中 α——材料的线膨胀系数。

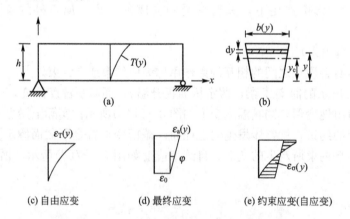

图3-28 简支梁温度自应变和自应力计算图式

由于纵向纤维之间相互约束,梁截面应变符合平截面假定,梁截面上的最终应变$\varepsilon_a(y)$应为直线分布。

$$\varepsilon_a(y)=\varepsilon_0+\varphi y \tag{3-61}$$

式中 ε_0——$y=0$ 处的应变值；

φ——梁单元挠曲变形后的曲率。

自由应变与最终应变之差，即图 3-28(e)中的阴影部分，即为约束产生的温度自应变 $\varepsilon_\sigma(y)$。

$$\varepsilon_\sigma(y)=\varepsilon_T(y)-\varepsilon_a(y)=\alpha T(y)-(\varepsilon+\varphi y) \tag{3-62}$$

因此，温度自应力 $\sigma(y)$（压应力为正，拉应力为负）为

$$\sigma(y)=E\varepsilon_\sigma(y)=E[\alpha T(y)-(\varepsilon_0+\varphi y)] \tag{3-63}$$

式中 E——材料弹性模量。

温度自应力是自平衡应力，全截面上由自应力形成的合力（轴向力）及对截面中性轴的合力矩 M 等于零，根据这两个平衡条件可求得式(3-63)中的 ε_0 和 φ。

由 $N=0$，有

$$N=E\int_h \varepsilon_\sigma(y)b(y)\mathrm{d}y = E\int_h [\alpha T(y)-(\varepsilon_0+\varphi y)]b(y)\mathrm{d}y$$

$$=E\left[\alpha\int_h T(y)b(y)\mathrm{d}y - \varepsilon_0\int_h b(y)\mathrm{d}y - \varphi\int_h yb(y)\mathrm{d}y\right]=0 \tag{3-64}$$

由 $M=0$，有

$$M=E\int_h \varepsilon_\sigma(y)b(y)(y-y_c)\mathrm{d}y = E\int_h [\alpha T(y)-\varepsilon_0-\varphi y]b(y)(y-y_c)\mathrm{d}y$$

$$=E\left[\alpha\int_h T(y)b(y)(y-y_c)\mathrm{d}y - \varepsilon_0\int_h b(y)(y-y_c)\mathrm{d}y - \varphi\int_h yb(y)(y-y_c)\mathrm{d}y\right]$$

$$=0 \tag{3-65}$$

在式(3-64)和式(3-65)中，存在下列等式。

$$\left.\begin{array}{l}\int_h b(y)\mathrm{d}y = A \\ \int_h yb(y)\mathrm{d}y = A\cdot y_c \\ \int_h b(y)(y-y_c)y\mathrm{d}y = I \\ \int_h b(y)(y-y_c)\mathrm{d}y = 0\end{array}\right\} \tag{3-66}$$

式中 y_c——截面形心轴距梁底的高度；

A——截面面积；

I——截面形心轴惯性矩。

将式(3-66)代入式(3-65)和式(3-64)，得

$$\left.\begin{array}{l}\alpha\int_h T(y)b(y)\mathrm{d}y - \varepsilon_0 A - \varphi A y_c = 0 \\ \alpha\int_h T(y)b(y)(y-y_c)\mathrm{d}y - \varphi I = 0\end{array}\right\} \tag{3-67}$$

由式(3-67)可得

$$\left.\begin{array}{l}\varepsilon_0 = \dfrac{\alpha}{A}\int_h T(y)b(y)\mathrm{d}y - \varphi y_c \\ \varphi = \dfrac{\alpha}{I}\int_h T(y)b(y)(y-y_c)\mathrm{d}y\end{array}\right\} \tag{3-68}$$

求得 ε_0、φ 后，代入式(3-63)可求得温度自应力 $\sigma(y)$。

例题 3-6 简支 T 梁截面几何尺寸如图 3-29 所示，$b=1\mathrm{m}$，$h=1\mathrm{m}$，$b_1=0.2\mathrm{m}$，$h_1=0.8\mathrm{m}$。混凝土弹性模量 $E=3.5\times10^4\mathrm{MPa}$，温度线膨胀系数 $\alpha=1\times10^{-5}$，受到图 3-29(b) 所示的温差作用。试求桥面板顶面和底面的温度自应力。

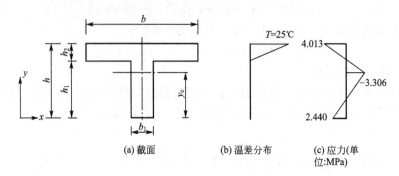

(a) 截面　　(b) 温差分布　　(c) 应力(单位:MPa)

图 3-29　例题 3-6 图

解：计算步骤如下。

(1) 求截面几何特性。

面积 $A=0.36\mathrm{m}^2$，惯性矩 $I=0.0314\mathrm{m}^4$，形心轴坐标 $y_c=0.678\mathrm{m}$。

(2) 计算温度作用下的应变 ε_0 和曲率 φ。

温差曲线函数分两段计算。

当 $y=0\sim h_1$ 时，$T(y)=0$；

当 $y=h_1\sim h$ 时，$T(y)=25\times(y-h_1)/h_2$。

由式(3-68)，分段积分如下：

$$\varphi = \frac{\alpha}{I}\int_0^{h_1} 0\cdot b_1(y-y_c)\mathrm{d}y + \frac{\alpha}{I}\int_{h_1}^{h}\frac{y-h_1}{h_2}\times 25\times b\times(y-y_c)\mathrm{d}y$$

$$= 0+\frac{25\alpha b}{h_2 I}\left[\frac{1}{3}y^3-\frac{1}{2}(h_1+y_c)y^2+h_1 y_c y\right]\Big|_{h_1}^{h}$$

$$=\frac{25\alpha b}{h_2}\left[\frac{1}{3}(h^3-h_1^3)-\frac{1}{2}(h_1+y_c)(h^2-h_1^2)+h_1 y_c(h-h_1)\right]$$

$$=2.0461\times 10^{-4}$$

$$\varepsilon_0 = \frac{\alpha}{A}\int_0^{h_1}0\cdot b_1\mathrm{d}y+\frac{\alpha}{A}\int_{h_1}^{h}\frac{y-h_1}{h_2}\times 25 b\mathrm{d}y - \varphi y_c$$

$$= 0+\frac{25\alpha b}{Ah_2}\left(\frac{1}{2}y^2-h_1 y\right)\Big|_{h_1}^{h}-\varphi y_c$$

$$=\frac{25\alpha b h_2}{2A}-\varphi y_c$$

$$=\frac{25\times 1\times 10^{-5}\times 1\times 0.2}{2\times 0.36}-2.0461\times 10^{-4}\times 0.678$$

$$=-6.9272\times 10^{-5}$$

(3) 计算温度自应力。

由式(3-63)得，截面上缘($y=h$)的温度自应力为

$$\sigma_{上}=3.5\times10^4[1\times10^{-5}\times25-(-6.9272\times10^{-5}+2.0461\times10^{-4}\times1)]$$
$$=4.013\text{MPa} \quad (压应力)$$

截面下缘($y=0$)的温度自应力为

$$\sigma_{下}=3.5\times10^4[1\times10^{-5}\times0-(-6.9272\times10^{-5}+0)]$$
$$=2.440\text{MPa} \quad(压应力)$$

顶板与腹板交接处($y=h_1$)的温度自应力为

$$\sigma_{腹}=3.5\times10^4[0-(-6.9272\times10^{-5}+2.0461\times10^{-4}\times0.8)]$$
$$=-3.3046\text{MPa} \quad (拉应力)$$

温度自应力沿截面高度方向的分布如图3-29(c)所示。

3.7.3 连续梁温度次应力计算

1. 温度次内力

对于变截面连续梁及其他复杂结构的温度次内力计算一般可采用有限单元法。这里介绍用力法求解等截面连续梁温度次内力的基本原理和步骤。如图3-30所示，两跨等截面连续梁受到非线性温度变化影响，求温度次内力的步骤如下。

(1) 取简支梁作为基本结构，赘余力为B支点截面弯矩X_1[图3-30(b)]，列出力法方程。

$$\delta_{11}X_1+\Delta_{1T}=0 \quad (3-69)$$

式中 δ_{11}——柔度系数，即当$\overline{X}_1=1$时在赘余力矩方向引起的相对转角；

Δ_{1T}——因温度变化在赘余力矩方向引起的相对转角。

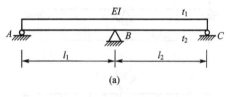

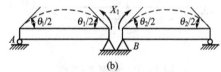

图 3-30 连续梁温度次内力计算

(2) 计算 δ_{11} 和 Δ_{1T}。

关于δ_{11}的计算在结构力学课程中已介绍。Δ_{1T}的计算如下。

由式(3-68)分别计算AB跨和BC跨简支梁的弯曲变形曲率φ_1和φ_2，由于为等截面梁且截面温差分布相同，则$\varphi_1=\varphi_2=\varphi$；按积分法求两跨简支梁各自截面总转角$\theta_1$和$\theta_2$。

$$\theta_1=\int_0^{l_1}\varphi\text{d}x=\varphi l_1$$

$$\theta_2=\int_0^{l_2}\varphi\text{d}x=\varphi l_2$$

因基本结构简支梁两端的转角对称，则B端截面转角分别为$\theta_1/2$和$\theta_2/2$，所以

$$\Delta_{1T}=-\frac{\theta_1+\theta_2}{2}=-\frac{\varphi}{2}(l_1+l_2) \quad (3-70)$$

式中Δ_{1T}取负值是因转角方向与所设赘余力矩X_1的方向相反。

(3) 解力法方程得赘余力 X_1。

$$X_1 = -\Delta_{1T}/\delta_{11} \quad (3-71)$$

(4) 计算温度次内力。

弯矩
$$M_T = X_1 \overline{M}_1 \quad (3-72)$$

2. 温度次应力

在求得温度次内力 M_T 后，由材料力学中的公式可以得到连续梁截面上的温度次应力为

$$\sigma_{\text{次}} = \frac{M_T y}{I} \quad (3-73)$$

式中　I——截面抗弯惯性矩；
　　　y——距截面中性轴的高度方向的坐标。

3. 温度总应力

由基本结构简支梁的温度自应力 $\sigma_{\text{自}}$ 和连续梁温度次应力 $\sigma_{\text{次}}$ 叠加，得到连续梁的温度总应力为

$$\sigma_{\text{总}} = \sigma_{\text{自}} + \sigma_{\text{次}} \quad (3-74)$$

例题 3-7　两等跨等截面连续梁（图 3-31），跨径 $l=16\text{m}$，材料特性、截面尺寸及温度分布同例题 3-6。试求支座 B 截面上、下缘的温度次应力和温度总应力。

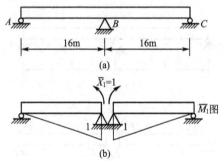

图 3-31　例题 3-7 图

解：计算步骤如下。

(1) 取简支梁为基本结构，列力法方程如下。

$$\delta_{11} X_1 + \Delta_{1T} = 0$$

(2) 计算 δ_{11} 和 Δ_{1T}。

由图乘法得

$$\delta_{11} = \frac{1}{EI} \times \left(\frac{1}{2} \times 1 \times 16 \times \frac{2}{3} \times 1 \right) \times 2 = \frac{10.67}{EI}$$

将 $E = 3.5 \times 10^4 \text{MPa} = 3.5 \times 10^7 \text{kN/m}^2$，$I = 0.0314 \text{m}^4$ 代入上式可得

$$\delta_{11} = 9.7088 \times 10^{-6}$$

由例题 3-6 知，简支梁挠曲率 $\varphi = 2.0461 \times 10^{-4}$，根据式 (3-70) 求解 Δ_{1T}。

$$\Delta_{1T} = -\frac{\varphi}{2}(l_1 + l_2) = -\frac{2.0461 \times 10^{-4}}{2} \times (16+16) = -3.2737 \times 10^{-3}$$

(3) 求赘余力矩 X_1。

$$X_1 = -\Delta_{1T}/\delta_{11} = -(-3.2737 \times 10^{-3})/(9.7088 \times 10^{-6}) = 337.18 \text{kN} \cdot \text{m}$$

(4) 温度次内力，B 截面弯矩为

$$M_T = X_1 \overline{M}_1 = 337.18 \text{kN} \cdot \text{m}$$

(5) 支座 B 截面的温度次应力计算如下。

$$\sigma_{\text{次}}^{\text{上}} = \frac{M_T y_{\text{上}}}{I} = \frac{337.18 \times 0.322}{0.0314} = 3457 \text{kN/m}^2 = 3.457 \text{MPa（压）}$$

$$\sigma_{\text{次}}^{\text{下}} = \frac{M_T y_{\text{下}}}{I} = \frac{337.18 \times (-0.678)}{0.0314} = -7280 \text{kN/m}^2 = -7.28 \text{MPa（拉）}$$

(6) 计算温度总应力。

将所求得的温度次应力与例题 3-6 中求得的温度自应力相加，可得温度总应力。

$$\sigma_{\text{总}}^{\text{上}} = \sigma_{\text{次}}^{\text{上}} + \sigma_{\text{自}}^{\text{上}} = 3.457 + 4.013 = 7.47 \text{MPa} \quad \text{（压）}$$

$$\sigma_{\text{总}}^{\text{下}} = \sigma_{\text{次}}^{\text{下}} + \sigma_{\text{自}}^{\text{下}} = -7.28 + 2.44 = -4.84 \text{MPa} \quad \text{（拉）}$$

由此可见，连续梁的温度应力是较大的，在设计中不可忽视。

3.8 挠度、预拱度计算及施工控制

1. 挠度计算

大跨径混凝土梁桥的挠度分析一般可采用有限单元法，特点如下。

(1) 需根据不同的施工方法，按施工过程来计算结构恒载挠度，因为在施工过程中不同的施工阶段，结构体系及作用在结构上的荷载均可能发生变化。

(2) 一般需考虑的荷载因素有结构自重、施工荷载、预加力及混凝土收缩与徐变作用。

(3) 计算连续梁与刚构桥活载挠度，主要考虑汽车荷载与人群荷载。

2. 预拱度计算

为了控制施工完成后成桥状态的几何线形，确保桥面标高平顺满足设计和规范要求，对于连续梁及刚构桥等大跨径桥梁，在施工过程中必须设置预拱度，以抵消施工中结构本身及挂篮或支架产生的变形。各种不同施工方法，梁段立模标高的计算式为

$$H_{1i} = H_{0i} + f_{1i} + f_{2i} \tag{3-75}$$

式中　H_{1i}——i 节段某具体位置的立模标高（对于悬臂施工法，一般为梁段前端位置）；

　　　H_{0i}——i 节段设计标高；

　　　f_{1i}——i 节段恒载挠度与 1/2 活载挠度的总和；

　　　f_{2i}——i 节段结构自重作用下的挂篮挠度或支架变形，由试验和分析确定。对于悬臂浇筑法施工时，表示挂篮挠度；对于逐孔支架现浇施工的桥梁，则为支架变形；对于顶推法施工，则为梁段预制台座的变形。

式（3-75）中的 f_{1i} 与 f_{2i} 两项之和称为大跨径桥梁的施工预拱度。

3. 施工控制

由于大跨超静定结构受力及施工过程复杂，计算模型及参数难以准确模拟实际结构及其施工状态，使得理论计算结果与桥梁结构实际状态往往存在一定的差别。若差别过大，则将导致成桥状态的线形偏离设计目标，甚至影响到桥梁结构受力状况。因此，在大跨径桥梁施工过程中，有必要对主梁标高及结构应力实施有效的监测与控制。在实测过程中，

如果发现主梁挠度与计算挠度相差较大，则需根据现场实测参数，重新进行结构分析，调整理论预拱度，控制主梁标高。

本 章 小 结

本章主要介绍了大跨混凝土梁桥在各种荷载工况下的内力计算，包括介绍大跨混凝土梁桥在结构恒载、活载、预应力、混凝土徐变及收缩、基础沉降、温度作用下的内力计算，大跨混凝土梁桥的挠度、预拱度计算及施工控制。

大跨混凝土梁桥在结构恒载作用下，其计算要考虑桥梁的施工过程，采用不同的施工方法，结构恒载内力不同。连续梁桥荷载横向分布计算采用等代简支梁法，工程上了为简化和安全起见，将箱梁整体截面按荷载增大系数来考虑荷载横向分布问题。

预应力混凝土简支梁属于静定结构，在预加力作用下，只产生自由挠曲变形和预加力偏心力矩即初始力矩 M_0。对于连续梁和连续刚构等超静定结构，预应力作用下多余约束处产生附加反力，从而导致结构产生附加内力 M'，统称为次内力或二次内力。超静定结构预应力内力计算采用等效荷载法，即预加力产生的结构内力与等效荷载产生的内力相等，来求预加力的等效荷载。

吻合束的线形是按实际荷载下弯矩图线形作为束曲线的线形，则此时预加力产生的总弯矩 $M_{总}$、初预距 M_0 及实际荷载下的弯矩 M_q 三者相等，预加力产生的次力矩 $M_{次}=0$。

对于静定结构，徐变仅使结构产生变形，不产生徐变内力。对于超静定结构，由于存在多余约束，当混凝土发生徐变变形时，变形受到约束，结构将产生徐变内力（或称徐变次内力）。超静定结构徐变内力计算采用的是我国《公路钢筋混凝土及预应力混凝土桥涵设计规范》(JTG D62—2004)中的简化实用方法及换算弹性模量法。

由于简支梁、连续梁可自由收缩，因此收缩仅使结构发生变形，而不产生内力。对于连续刚构桥等超静定结构，混凝土收缩不仅产生收缩变形，还将在结构中产生收缩内力。对于超静定结构收缩内力求解一般用力法。

超静定连续梁、连续刚构桥等结构因基础沉降产生的结构内力计算按照结构力学方法选取。

简支梁、悬臂梁等静定基本结构无外约束，非线性温差作用下只产生温度自应力，且截面上的温度自应力满足自平衡条件。对于变截面连续梁及其他复杂结构的温度次内力计算一般可采用有限单元法。

挠度的计算需根据不同的施工方法，按施工过程来计算结构恒载挠度。

对于连续梁桥及刚构桥等大跨径桥梁，为确保桥面标高平顺满足设计和规范要求，在施工过程中必须设置预拱度，以抵消施工中结构本身及挂篮或支架产生的变形。

在大跨径桥梁施工过程中，有必要对主梁标高及结构应力实施有效的监测与控制。

本 章 习 题

3-1 两跨等截面梁，预应力索采用折线形布置，如图 3-32 所示。预加力 $N_y=$

1200kN，试求中支点 B 截面预加力产生的总弯矩和次弯矩。

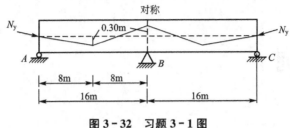

图 3-32 习题 3-1 图

3-2 大跨连续梁及连续刚构桥等结构的自重内力，为什么要按施工过程来分析？试举例说明。

3-3 简述等代简支梁法计算连续梁桥荷载横向分布系数的基本原理和步骤。

3-4 简述荷载增大系数 η 的概念及其对桥梁设计的作用。

3-5 简述等效荷载法计算预应力内力的基本原理和步骤。

3-6 简述徐变变形、徐变系数、徐变内力及内力重分布的概念。

3-7 简述换算弹性模量法计算徐变内力的基本步骤。

3-8 简述温度分布（温差分布）、自约束、外约束及温度应力的概念。

3-9 为什么温度自应力满足自平衡条件？温度总应力由哪些应力组成？

3-10 对于大跨桥梁的施工，为什么要进行施工监控？

第4章 梁桥实例

教学目标

本章主要介绍大跨径连续梁桥和连续刚构桥的工程实例。通过本章的学习，应达到以下目标：

(1) 熟悉大跨径连续梁桥的设计施工要点；
(2) 熟悉大跨径连续刚构桥的设计施工要点。

教学要求

知识要点	能力要求	相关知识
连续梁桥实例	熟悉泸溪沅水大桥的设计施工要点	(1) 上部结构、下部结构 (2) 三向预应力 (3) 悬臂施工法 (4) 支座临时固结
连续刚构桥实例	(1) 了解龙潭河大桥的设计施工要点 (2) 了解新寨河大桥的设计要点 (3) 了解挪威Stolma桥的设计要点 (4) 了解凉台河大桥的设计要点	(1) 上部结构、下部结构 (2) 三向预应力 (3) 高墩、双肢变截面矩形空心墩 (4) 合龙

基本概念

预应力混凝土连续梁桥；三向预应力；临时固结块；合龙；上部结构；下部结构；高墩。

4.1 湖南泸溪沅水大桥

泸溪沅水大桥位于湖南长沙至吉首高速公路上，主桥为68m+3×110m+68m预应力混凝土连续梁桥(图4-1)。本桥设有0.5%的纵坡和竖曲线，有部分平曲线进入大桥，横桥向设2%双向横坡。设计荷载：汽车—超20级，挂—120，人群荷载3.5kN/m²；桥面宽度：1.5m(人行道)+0.5m(防撞墙)+10.75m(行车道)+2m(分隔带)+10.75m(行车道)+0.5m(防撞墙)+1.5m(人行道)，桥面总宽27.5m。该桥于2008年建成通车。

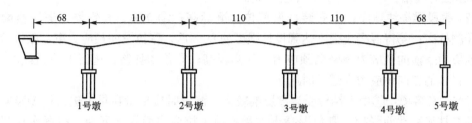

图 4-1 桥梁总体布置立面图（单位：m）

1. 上部结构

主桥设计为分离式单箱单室截面（图 4-2），箱梁根部高（箱梁中心线位置）6.2m，跨中梁高（箱梁中心线处）为 3.2m，箱梁高度及底板厚度均按二次抛物线变化。箱梁顶板全宽 13.5m，顶板厚 28cm，设有 2% 的横坡；箱梁底板宽 7.5m，底板跨中板厚 26cm，根部厚 80cm；腹板厚度从跨中至根部分别为 40cm、55cm、70cm；箱梁在 1~4 号桥墩墩顶处设 40cm 厚的横隔板。箱梁单 T 共分为 18 段悬臂浇筑，其中 0 号块长 5m，1~18 号梁段分段长为 9×2.5m+7×3m+2×4m，边跨及中跨合龙段长均为 2m。边跨支架现浇段长度为 12m；0 号、1 号块采用托架浇注，其余梁段均采用挂篮悬浇，悬

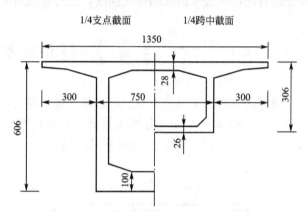

图 4-2 主梁横截面（单位：cm）

浇梁段最大自重为 1140kN。合龙顺序：先两个边跨合龙，然后两个次边跨合龙，最后中跨合龙。

箱梁采用三向预应力体系，纵、横向预应力采用高强低松弛钢绞线，配 OVM 型锚具，纵向预应力筋采用两端张拉，箱梁顶板横向预应力采用单端交错张拉；箱梁腹板内设竖向预应力精轧螺纹钢筋，直径 $\Phi 32mm$，纵向间距 50cm，配 YGM 锚具，单端张拉，上端为张拉端。

2. 下部结构

0 号桥台设计为重力式桥台，扩大基础；过渡墩（5 号墩）为双柱式墩，墩柱为两根 $D200cm$ 圆柱墩，墩顶设盖梁，该位置设悬梯，采用两根 $D220cm$ 钻孔灌注桩基础；主桥 1~4 号墩采用双柱式桥墩，墩柱为两根厚 3m 的六边形截面桥墩，墩顶设置横撑，承台厚 3.5m，基础为 4 根 $D250cm$ 钻孔灌注桩。主桥采用 GPZ 系列盆式橡胶支座。

3. 悬浇箱梁施工要点

（1）连续箱梁悬浇施工顺序：①安装墩顶盆式橡胶支座，浇注临时固结块；②安装托架，浇注 0、1 号梁段；③安装挂篮，悬浇 2~18 号梁段；④搭设支架，浇注边跨现浇段；⑤合龙两个边跨，拆除边跨的支架及 1、4 号墩顶临时固结；⑥合龙两个次边跨，拆除 2、

3号墩顶临时固结；⑦合龙中跨，全桥合龙。

(2) 每段梁浇注顺序：①安装挂篮就位，测标高；②立模、扎钢筋、浇注箱梁混凝土；③测标高；④待混凝土强度达到设计强度的80%后，张拉三向预应力束，张拉顺序为纵向预应力→横向预应力→竖向预应力；⑤测标高；⑥移动挂篮，进行下一梁段的施工；⑦对已张拉的三向预应力孔道及时压浆。

(3) 注意事项：①由于结构受温度影响较大，测量时应尽量在早上进行；②竖向预应力必须在挂篮移动前张拉，避免混凝土承受超前主拉应力而导致开裂；在每次挂篮移动后，应采取措施消除其非弹性变形；③箱梁混凝土数量较大，可以分次浇注，但应注意新老混凝土结合紧密，及时养护，防止混凝土出现收缩裂缝；④在每一个T构悬浇过程中，应均衡对称施工，两端允许不均衡重为200kN，挂篮重（包括模板、机具及人员等）按700kN控制设计；⑤各T构悬浇施工的工期应合理安排，最大悬臂阶段完成后，尽快合龙，防止悬臂端产生过大的收缩徐变挠度，使得合龙后的桥面标高不平顺。

4.2 湖北龙潭河大桥

龙潭河大桥位于湖北省宜昌至恩施高速公路上，主桥为五跨连续刚构桥，跨径布置为106m+3×200m+106m，分两幅设计，单幅桥宽12.5m，桥面总宽25m；主墩最大高度178m[图4-3(a)]。该桥于2009年建成通车。

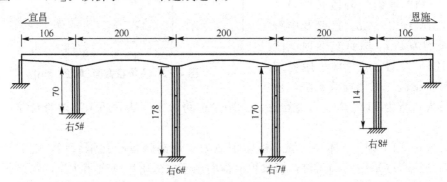

(a) 龙潭河大桥立面布置(单位：m)

(b) 箱梁悬臂施工阶段

图4-3 龙潭河大桥

1. 上部结构

上部结构采用预应力混凝土箱梁(图4-4)，箱梁根部梁高12m，跨中梁高3.5m，顶板厚28cm，底板厚从跨中至根部由32cm变化至110cm，腹板从跨中至根部3段采用40cm、55cm、70cm共3种厚度，箱梁高度和底板厚度按1.8次抛物线变化。箱梁0号节段长18m(包括墩两侧各外伸1m)，每个悬浇T纵向对称分为22个节段，梁段数及梁段长从根部至跨中分别为7×3.5m、4×4.0m、11×4.5m，节段悬浇总长91m。悬浇节段最大控制重力2409kN，挂篮设计自重1040kN。边、中跨合龙段长均为2m，边跨现浇段长5m。箱梁根部设置4道厚0.7m的横隔板，其位置与箱形薄壁墩的箱壁位置对齐，中跨跨中设一道厚0.4m的横隔板，边跨梁端设一道厚2m的横隔板，横隔板处均设置高1.8m、宽1.0m的过人洞。

箱梁按全预应力混凝土设计，布置三向预应力，纵、横向及部分竖向

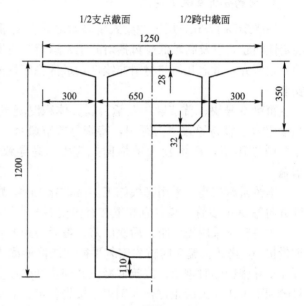

图4-4 主梁横截面(单位：cm)

预应力筋采用美国ASTMA416—97A标准270级高强度低松弛钢绞线(标准强度为1860MPa)。箱梁纵向钢束每股直径15.24mm，大墩位群锚体系；顶板横向钢束每股直径12.7mm，扁锚体系；竖向预应力在箱梁高度大于6m时采用钢绞线，箱梁高度小于6m时采用精轧螺纹钢筋。纵向预应力束管道采用预埋塑料波纹管成孔，真空辅助压浆工艺。箱梁混凝土采用C55级，桥面铺装为11cm厚沥青混凝土。

2. 下部结构

下部结构为钢筋混凝土结构，主墩墩身采用双肢变截面矩形空心墩，壁厚70cm，肢间净距9m(图4-5)，纵向每墩双肢外侧均按100∶1、60∶1和40∶1这3种坡率，在墩的顶部和底部各设2m厚的实心段。主墩承台厚4m，基础为2.4m直径的钻孔灌注桩。每个墩16根桩，纵、横向均按4排布置；边墩(右5号、右8号)每个墩12根桩，纵向4排、横向3排布置；主、引桥间过渡墩墩身采用等截面矩形空心墩，承台厚3m，基础为双排4根直径2.0m的钻孔灌注桩。墩身混凝土

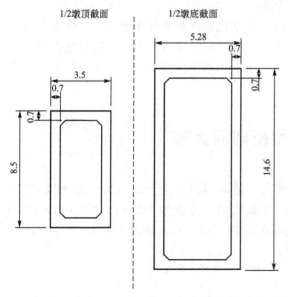

图4-5 178m高墩横截面(单位：m)

为 C50，承台和基础采用 C30 混凝土。

过渡墩处设 SSFB480 型伸缩缝，主桥箱梁下设 GPZ(Ⅱ)4DX 单向滑动盆式橡胶支座和 GPZ(Ⅱ)4SX 双向滑动盆式橡胶支座各一套。

3. 结构分析及施工要点

桥墩最高 178m，居国内梁式桥高墩之最，高墩带来整体屈曲稳定性和薄壁局部屈曲稳定性问题，以及高墩低频风振对施工、运营阶段安全性影响等问题。为此做了高墩稳定性专题研究，考虑几何与材料非线性，最低稳定性安全系数（施工阶段）为 3.7，表明结构安全。

箱梁 0 号块、首节墩身及承台属大体积混凝土，因水化热引起的混凝土内外温差及温度应力，容易导致结构开裂，特别是首节墩身，因受到承台的约束，在收缩及内外温差共同作用下，产生较大的横向拉应力，易导致竖向裂缝。因此在施工中需采取温控措施。

本桥桥墩较高，采用爬模施工。桥墩施工时，顺桥向双壁间设置临时支撑，临时撑高度方向每 30m 设置一道，宜布置在有内模隔的位置，临时撑可采用两根 Φ800mm 的钢管。

主桥箱梁采用先中跨、后次中跨、最后边跨的合龙顺序，合龙段采用吊架施工，吊架重量按 50t 考虑。施工时首先安装平衡现浇段混凝土自重的压重（如水箱），安装内、外刚性支承并张拉临时束，浇筑混凝土并同步卸除压重，得混凝土强度达到设计强度的 85% 且龄期不少于 4 天后张拉合龙钢束，按先长束、后短束的顺序对称张拉。合龙温度应控制在 (15±5)℃。

4. 设计施工特点

（1）龙潭河大桥主桥桥墩最高 178m，是目前世界第一高墩连续刚构桥梁，主墩墩身采用双肢变截面矩形空心墩，壁厚 70cm，肢间净距 9m，纵向每墩双肢外侧均按 100∶1、60∶1 和 40∶1 这 3 种坡率，在墩的顶部和底部各设 2m 厚的实心段。这些措施成功地解决了高墩稳定、抗风、施工控制等关键技术问题。

（2）本桥上构箱梁经计算分析选择合适的梁高变化曲线和细部构造尺寸，腹板内布置下弯钢束，加强竖向预应力，在梁高大于 6m 的区段竖向预应力采用更有效的钢绞线，设置足够的预拱度，通过这些措施可有效减小截面的剪力和主拉应力，预防腹板开裂和跨中下挠。

4.3 贵州新寨河大桥

新寨河大桥位于贵州省西南部晴隆县境内，是沪瑞国道主干线 GZ65（贵州境）镇宁至胜境关高速公路上响水河大峡谷的一座特大型桥梁。主桥为 120m+2×230m+120m 预应力混凝土连续刚构，分两幅设计，桥面总宽 24.5m，最高墩高 132m，主桥立面布置如图 4-6 所示。该桥于 2008 年建成通车。

1. 上部结构

上部结构横向为分离式双幅布置。每幅箱梁采用单箱单室直腹板箱形截面，设 2% 的单向横坡。各控制截面梁高分别为：箱梁端支座处梁高为 4.2m，9、10、11 号墩中心线处梁高为 14.2m，中跨跨中处梁高为 4.2m。梁底采用抛物线平滑过渡。中跨跨中范围有 2m 直线段，两边跨各有 6m 直线段。

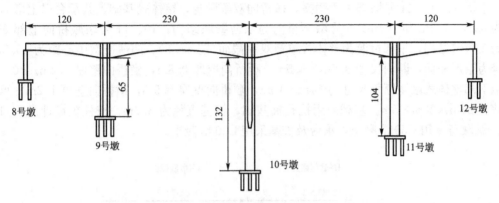

图 4-6 新寨河大桥立面布置(单位：m)

箱梁顶板宽 12m，两翼悬臂长为 2.813m。全桥顶板厚 0.28m，底板厚由箱梁根部的 1.3m 按抛物线变化至直线段的 0.32m。腹板厚从桥墩中心线向跨中 62m 为 0.7m 厚，中间 12m 过渡带变到 0.4m 厚，直至梁的直线段(图 4-7)。箱梁采用三向预应力体系。

1) 纵向预应力

箱梁纵向预应力钢束采用 ϕ_j15.24 高强度低松弛钢绞线，钢绞线的标准强度 R_y^b = 1860MPa；群锚体系，纵向预应力管道采用塑料波纹管成孔，真空压浆工艺进行管道压浆。锚具采用 OVM 群锚锚具，施加预应力时均采用两端同时张拉。

2) 横向预应力

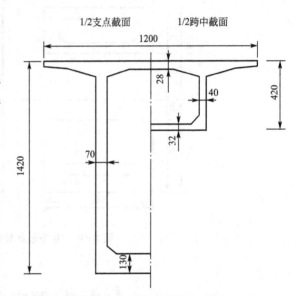

图 4-7 新寨河大桥横截面布置(单位：cm)

箱梁顶板横向预应力钢束采用 2-ϕ_j15.24 低松弛钢绞线，钢绞线标准同纵向束。扁锚体系，采用 50mm×19mm 的金属波纹管成孔。一端张拉，张拉端在外侧悬臂端。每一节段的纵向钢束张拉完成之后，应自节段根部开始顺序张拉横向钢束。每一节段靠近施工接头的最后一根顶板横向预应力束与下一节段预应力束一起张拉。

3) 竖向预应力束

箱梁腹板竖向预应力筋采用高强精轧螺纹钢筋，一端张拉，采用内径为 50mm 的金属波纹管成孔。竖向预应力钢筋张拉锚固后的损失较大，必要时应进行二次张拉。

2. 桥墩及基础

主桥 8、12 号桥墩为交界墩，采用框架墩形式。帽梁为适应主桥和引桥不同的梁高，采用 L 形断面。帽梁纵向宽 4.3m，横桥向宽 23.63m。墩身立柱采用箱形断面，断面尺寸为4.0m×5.0m，壁厚0.5m。承台尺寸为21.2m×8.2m×3.5m。基础采用挖孔桩基础，桩基直径2.0m。12号墩处基岩强度较低，桩基按摩擦桩设计。8号墩下基岩经过现场检测若无断裂带通过，可采用柱桩基础。8、12号墩身及基础均采用C30混凝土。

主桥9、10、11号墩与主梁固接，横桥向双幅墩身，整体式基础。其承台以上墩高分别为65m、132m和104m。9号墩顺桥向为双薄壁墩结构；10、11号墩顺桥向上部65m高为双薄壁结构，下部过渡为整体式单箱双室截面(图4-8)。两薄壁墩中心距为10.5m，墩身为箱形断面，断面尺寸8.5m×3.5m，顺桥向壁厚0.8m，横桥向壁厚1.2m。10、11号墩下部整体式墩身断面尺寸为14m×10m，顺桥向壁厚0.9m，横桥向壁厚1.2m。承台尺寸为25m×20m×5m。基础采用挖孔桩基础，桩基直径为3.0m，按柱桩设计。9、10、11号墩墩身采用C50混凝土，承台及桩基采用C30混凝土。

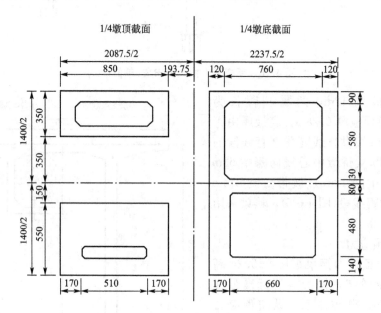

图4-8 10号墩身截面(单位：cm)

4.4 挪威Stolma桥

1998年11月，挪威Stolma桥建成，该桥为特大跨径混凝土连续刚构桥，跨径布置为94m+301m+72m的Stolma桥。该桥首次将混凝土梁式桥的跨径突破300m，居世界首位。该桥的设计特点是：①主跨中部采用轻质高强混凝土，重度仅为19.5kN/m³；②截面为单室箱，底板、腹板厚度较小；③边跨配重。该桥的跨径布置由地质条件所决定，边跨很小，边、主跨之比仅为0.239和0.312。为解决边主跨重力的不平衡，在94m边跨的37m和72m边跨53m范围内，箱梁填以砾卵石。

Stolma桥是连接挪威西岸Stolma岛和Selbjørn岛的一座重要桥梁。选用的方案是基于经济、景观、审美、历史和实际地质情况的考虑，最终采用301m的大跨径，两边跨均很小，且跨径不同，立面布置如图4-9所示。桥梁纵坡设计经过特殊的考虑，两个岛屿的不同高度导致不对称的桥梁曲线。

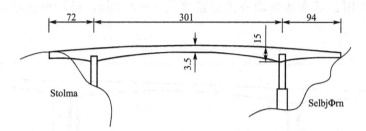

图 4-9　挪威 Stolma 桥立面布置(单位：m)

主梁在墩柱处高 15m，跨中高 3.5m，跨高比在主跨墩柱处为 20，跨中为 86，按抛物线变化。主梁顶板宽 9m，底板宽 7m。底板厚度从墩柱处的 105cm 变至跨中的 27cm。顶板的厚度则根据预应力索的数量来进行调整，其边跨为 70cm，主跨为 44cm。主跨的腹板从墩柱处的 45cm 变至跨中的 25cm。梁所有截面的边角都做成圆形，其半径顶板为 12.5cm，底板为 50cm。横断面布置如图 4-10 所示，其视觉较柔和，并减少了风载效应。在这种情况下，两浇注节段间的几何不对称也不显著。

墩柱处剪力的 90% 是由悬臂梁的自重产生的，因此优化自重是非常重要的，跨中的 182m 用轻质高强混凝土(LC60)，而桥梁的其他部分采用 C65 混凝土。由于永久荷载很大以及裂缝限制的需要，含筋量很高。

墩柱 Selbjørn 岸侧的墩柱为空心横截面，外形尺寸 5m×8.2m，纵、横向壁厚分别为 70cm 和 105cm，墩柱刚度较大。Stolma 侧的墩柱为了提供所需沿桥轴向的柔度，以适应温度、徐变和收缩引起的主跨轴向变位，同样采用空心截面，纵、横向壁厚分别为 30cm 和 70cm。为了审美，两岸墩柱的外形尺寸相同。

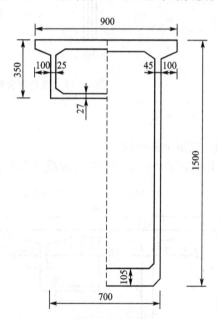

图 4-10　Stolma 桥主梁横截面布置(单位：cm)

4.5　湖北凉台河大桥

凉台河大桥位于湖北省宜昌至巴东高速公路上，主桥为三跨预应力混凝土连续刚构桥，其跨径布置为 70 m+130 m+70 m(图 4-11)。该桥于 2012 年建成。

1. 技术标准

(1) 设计速度：80 km/h。

(2) 荷载等级：公路Ⅰ级，无人群荷载。

(3) 桥宽：左右线桥宽布置为 0.5m+11m(行车道)+0.5m(防撞护栏)。

(4) 地震作用：基本地震动峰值加速度值 $a=0.05g$，设计地震动峰值加速度值 $a=0.10g$。

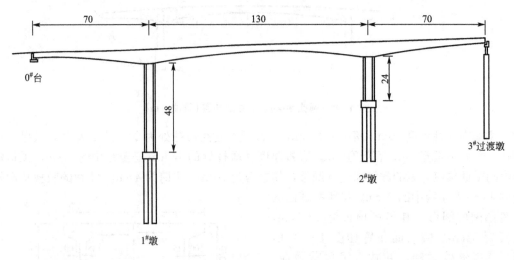

图 4-11 凉台河大桥桥型立面布置图(单位：m)

2. 设计要点

1) 主桥上部结构

主桥上部结构采用预应力混凝土箱梁，采用单箱单室截面，如图 4-12 所示，箱梁顶宽 12m，底宽 6.5m，顶板悬臂长度 2.75m。顶板悬臂端部厚 20cm，根部厚 70cm，箱梁根部梁高 7.8m，跨中梁高 2.7m，顶板厚 28cm，底板厚从跨中至根部由 30cm 变化为 90cm，腹板从跨中至根部分 3 段采用 40cm、55cm、70cm 共 3 种厚度，箱梁高度以及箱梁底板厚度按二次抛物线变化。按路中心线展开计算，箱梁 0 号节段长 9.8m，每个悬浇 T 构纵向对称划分为 16 个节段，梁段数及梁段长从根部至跨中分别为 7×3.3m，9×4.0m，节段悬浇总长 59.1m。边、中跨合龙段长均为 2m，边跨现浇段长 4m，箱梁根部设两道厚 1.4m 的横隔板，中跨跨中设一道厚 0.3m 的横隔板，边跨梁端设一道厚 1.16m 的横隔板。

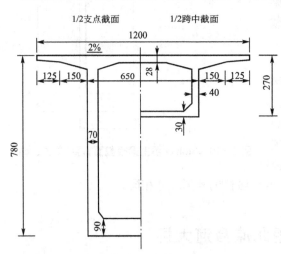

图 4-12 凉台河大桥横截面布置(单位：cm)

主桥上部构造按全预应力混凝土设计，采用三向预应力，纵、横向预应力采用国家标准《预应力混凝土用钢绞线》(GB/T 5224—2003)高强度低松弛钢绞线，其标准强度 $f_{pk}=1860\text{MPa}$，$E_p=1.95\times10^5\text{MPa}$，松弛率小于 0.035，设计锚下张拉控制应力为

1395MPa。箱梁纵向钢束每股直径15.2mm，大吨位群锚体系；顶板横向钢束每股直径12.7mm，扁锚体系；竖向预应力采用精轧螺纹钢筋。纵向预应力束管道采用预埋塑料波纹管成孔，真空辅助压浆工艺。横、竖向预应力管道采用预埋金属波纹管成孔。

2) 主桥下部构造

1号、2号桥墩采用双薄壁墩，壁厚1.4m，薄壁净距4m，横向与箱底同宽。主墩承台厚4.0m，基础采用桩径2.5m的钻（挖）孔灌注桩，每墩共4根桩（半桥宽）。

3号桥墩为主、引桥间过渡墩，墩身采用双柱式，柱净1.8m，桩径2.5m，基础为单排钻（挖）孔灌注桩。

3. 施工要点

上部构造采用挂篮悬浇逐段施工，箱梁0号块待桥墩施工完成后，在墩顶旁搭托架浇注，因0号块结构及受力均较为复杂，加之纵向及竖向预应力管道集中、钢筋密集、混凝土方量大，为了确保质量并防止有害裂缝出现，浇注时需采取必要措施控制混凝土水化热的影响。采用分层浇注时，应注意合理确定分层的位置，如采用分层浇注的施工方案，各层混凝土龄期差应尽可能的少，避免因各层混凝土收缩的差异导致混凝土的开裂。另外在顶板浇筑后，应切实注意0号块件内外的浇水养生，加强块件内的通风降温，避免内外温差过大造成混凝土的开裂。注意到0号节段浇筑养生的过程中，墩身在温度及风荷载作用下产生的墩顶转角变形对新浇混凝土产生极大危害，所以要求0号节段施工前，应在墩顶结合托架结构设置临时刚性连接，以尽量消除该项危害。

所有预应力施加都应在混凝土强度达到混凝土强度等级85%且混凝土龄期不少于7天后方能张拉钢束，张拉钢束应采用张拉力和伸长量双控措施。箱梁纵向预应力钢束在箱梁横截面应保持对称张拉，同一根纵向钢束张拉时两端应保持同步，每一截面的钢束按先T束、后W束的顺序对称张拉。

箱梁采用先边跨后中跨的合龙顺序，边、中跨合龙采用吊架施工，设计采用吊架重量为50t。施工时首先安装平衡现浇段混凝土自重的压重（如水箱），安装刚性支承，张拉临时束，浇注合龙段混凝土并同步卸除压重重力，待混凝土强度达到混凝土强度等级85%且混凝土龄期不少于7天后张拉合龙钢束。合龙钢束的张拉应按先长束、后短束的顺序对称张拉。合龙段混凝土浇注后永久钢束张拉前，应尽量减少箱梁悬臂的日照温差，合龙温度应控制在15～20℃。

本章小结

本章主要介绍了大跨径连续梁桥和连续刚构桥的工程实例，包括预应力混凝土连续梁桥泸溪沅水大桥的设计要点及连续刚构桥龙潭河大桥、新寨河大桥、挪威Stolma桥、凉台河大桥的设计要点。

对于连续箱梁悬浇施工，其施工顺序如下：①安装墩顶盆式橡胶支座，浇注临时固结块；②安装托架浇注0、1号梁段；③安装挂篮，悬浇2～18号梁段；④搭设支架浇筑边跨现浇段；⑤合龙两个边跨，拆除边跨的支架及1、4号墩顶临时固结；⑥合龙两个次边跨，拆除2、3号墩顶临时固结；⑦合龙中跨，全桥合龙。

龙潭河大桥位于湖北省宜昌至恩施高速公路上，主桥为五跨连续刚构，桥墩最高178m，居国内梁式桥高墩之最。对于高墩设计要考虑其整体屈曲稳定性和薄壁局部屈曲稳定性问题，以及高墩低频风振对施工、运营阶段安全性影响等问题。

新寨河大桥位于贵州省西南部晴隆县境内，主桥为120m+2×230m+120m预应力混凝土连续刚构桥，最高墩高132m。中间两个主墩顺桥向上部65m高为双薄壁结构，下部过渡为整体式单箱双室截面。

挪威特大跨径混凝土连续刚构桥跨径布置94m+301m+72m的Stolma桥，首次将混凝土梁式桥的跨径突破300m，居世界首位。

本 章 习 题

4-1 连续箱梁悬浇施工过程中，为什么支座处需设置临时固结？

4-2 简述龙潭河大桥、新寨河大桥的高墩设计特点。

4-3 挪威Stolma桥是目前世界上已建成的最大跨径混凝土梁桥，其结构设计有哪些特点？

第 5 章
大跨径拱桥的构造与设计

教学目标

本章主要介绍大跨径中、下承式拱桥的构造及设计要点。通过本章的学习，应达到以下目标：
(1) 掌握中、下承式混凝土拱桥的构造与设计特点；
(2) 了解拱式组合体系桥的构造。

教学要求

知识要点	能力要求	相关知识
中、下承式混凝土拱桥的构造与设计	(1) 熟悉中、下承式拱桥的总体布置与适用情况 (2) 了解中、下承式拱桥的基本组成和构造	(1) 水平推力 (2) 主拱肋 (3) 横向联系，敞口式拱桥 (4) 吊杆、刚性吊杆、柔性吊杆 (5) 横梁、固定横梁、普通横梁、刚架横梁 (6) 桥面系
拱式组合体系桥的构造	(1) 了解拱式组合体系桥的分类与特点 (2) 了解系杆拱桥的构造	(1) 有推力、无推力 (2) 简支梁拱组合式桥梁 (3) 连续梁拱组合式桥梁 (4) 单悬臂组合式桥梁 (5) 系杆

基本概念

水平推力；拱肋；横向联系；吊杆；桥面系；简支梁拱组合式桥；连续梁拱组合式桥；单悬臂组合式桥；系杆。

引例

拱桥在竖向荷载作用下，两端支承处除有竖向反力外，还产生水平推力。正是这个水平推力，使拱内产生轴向压力，并大大减小了跨中弯矩，使之成为偏心受压构件，截面上的应力分布与受弯梁的应力相比较为均匀，因而可以充分利用主拱截面的材料强度，使跨越能力增大。但由于拱是受压结构，拱桥在施工过程与使用阶段的稳定问题较为突出，因此，拱桥的跨越能力介于梁桥和索承桥（悬索桥与斜拉桥）之间，其最大跨径大于梁桥、小于索承桥。

重庆朝天门长江大桥位于重庆朝天门两江(长江与嘉陵江)交汇处下游1.71km。其主桥长932m,采用190m+552m+190m的三跨中承式连续钢桁系杆拱桥,该桥为已建成的世界第一大跨径的拱桥,2009年建成。

拱桥按照桥面的位置可以分为上承式拱、中承式拱和下承式拱3种形式,这3种形式均可以作为大跨径拱桥的结构形式。上承式拱桥的构造与设计在桥梁工程课程中已做了介绍,本章仅介绍大跨径中、下承式拱桥的构造与设计。

5.1 中、下承式混凝土拱桥的构造与设计

5.1.1 中、下承式拱桥的总体布置与适用情况

中承式拱桥的行车道位于拱肋的中部,桥面系(行车道、人行道、栏杆等)一部分用吊杆悬挂在拱肋下,一部分用刚架立柱支承在拱肋上,如图5-1所示。

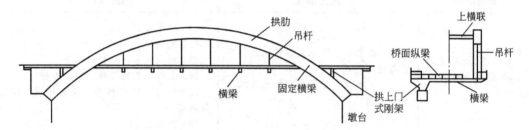

图5-1 中承式拱桥的总体布置

下承式拱桥桥面系通过吊杆悬挂在拱肋下,在吊杆下端设置横梁和纵梁,在纵、横梁系统上支承行车道板,组成桥面系,如图5-2所示。

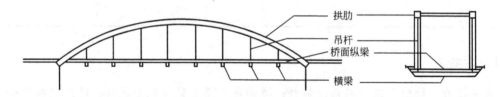

图5-2 下承式拱桥的总体布置

中、下承拱桥保持了上承式拱桥的基本力学特性,可以充分发挥拱圈混凝土材料的抗压性能,一般适用于以下情况。

(1)桥梁建筑高度受到严格限制时,如采用上承式拱桥则矢跨比过小,可采用中、下承式拱桥满足桥下净空要求;

(2)在不等跨拱桥中,为了平衡桥墩的水平力,将跨度较大的拱矢跨比加大,做成中承式拱桥,从而减小大跨的水平推力;

(3)在平坦地形的河流上,采用中、下承式拱桥可以降低桥面高度,有利于改善桥头

引道的纵断面线形，减少引道的工程数量；

（4）在城市景点或旅游区，为配合当地景观而采用中、下承式拱桥。

5.1.2 中、下承式拱桥的基本组成和构造

中、下承式拱桥的桥跨结构一般由拱肋、横向联系、吊杆和桥面系等组成。拱肋是主要的承重构件；横向联系设置在两片拱肋之间，以增加两片分离式拱肋的横向刚度和稳定性；吊杆和桥面系称为悬挂结构，桥面荷载通过它们将作用力传递到主结构拱肋上。

1. 拱肋

组成拱肋的材料可以是钢筋混凝土、钢管混凝土、劲性骨架混凝土或纯钢材，两片拱肋一般在两个相互平行的平面内。有时为了提高拱肋的横向稳定性和承载力，也可使两拱肋顶部互相内倾，称为提篮式拱。由于拱肋的恒载分布比较均匀，因此，拱轴线一般采用二次抛物线，也可以采用悬链线。中、下承式拱桥的拱肋一般采用无铰拱，以保证其刚度。通常，肋拱矢跨比的取值在 1/4～1/7 之间。

钢筋混凝土拱肋的截面形状根据跨径的大小、荷载等级和结构的总体尺寸，可以选用矩形、工字形、箱形或管形（即构成钢管混凝土拱肋）。截面沿拱轴线的变化规律可以为等截面或变截面。

矩形截面的拱肋施工简单，一般用于中小跨径的拱桥。拱肋的高度约为跨径的 1/40～1/70，肋宽约为肋高的 0.5～1.0 倍；工字形和箱形截面常用于大跨径的拱肋。其拱顶肋高 h_d 的拟定采用下列经验公式。

（1）跨径 $l_0 \leqslant 100$m 时，拱顶肋高为

$$h_d = \frac{1}{100} l_0 + \Delta \tag{5-1}$$

式中　l_0——拱的净跨径；

Δ——取 0.6～1.0m，跨径大时选用上限。

（2）当跨径 100m$<l_0 \leqslant 300$m 时，拱顶肋高为

$$h_d = \frac{1}{100} l_0 + \alpha\Delta \tag{5-2}$$

式中　l_0——拱的净跨径；

α——高度修正系数，取值范围为 0.6～1.0；

Δ——常数，取值范围 2.0～2.5m。

拱肋可以在拱架上立模现浇，也可以采用预制拼装。

2. 横向联系

为了保证两片拱肋的面外稳定，一般须在两片分离的拱肋间设置横向联系。横向联系可做成横撑[图 5-3(a)、(d)]、对角撑等形式[图 5-3(b)、(c)]。横撑的宽度不应小于其长度的 1/15。横向联系的设置往往受桥面净空高度的限制，横向联系构件只容许设置在桥面净空高度范围之外的拱段（对于中承式拱肋，还可以设置在桥面以下的肋段）。

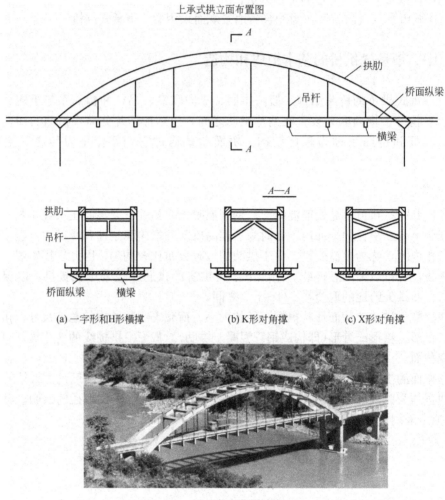

(a) 一字形和H形横撑　　(b) K形对角撑　　(c) X形对角撑

(d) 有横向联系的拱桥

(e) 无横向联系的敞口式拱桥

图 5-3　拱桥横向联系

有时为了满足规定的桥面净空高度要求，而不得不将拱肋矢高加大来设置横向构件。也有为满足桥面净空要求和改善桥上的视野而取消行车道以上的横向构件，做成敞口式拱桥[图5-3(e)]。为了保证敞口式拱桥的横向刚度和横向稳定，可以采取以下措施：采用刚性吊杆，使吊杆与横梁形成一个刚性半框架，给拱肋提供足够刚劲的侧向弹性支承，以承受拱肋上的横向水平力；加大拱肋的宽度，使其本身具有足够的横向刚度和稳定性；使拱脚具有牢固的刚性固结；对中承式拱桥，要加强桥面以下至拱脚区段的拱肋间固定横梁的刚度，并设置K撑或X撑。

3．吊杆

桥面系悬挂在吊杆上，受拉吊杆根据其构造分为刚性吊杆和柔性吊杆两类。

刚性吊杆(图5-4)是用钢筋混凝土或预应力混凝土制作。

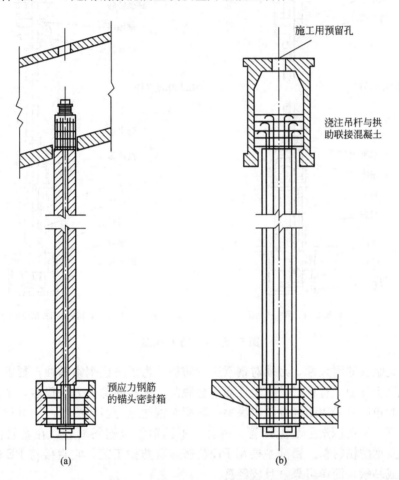

图5-4 预应力混凝土刚性吊杆的构造

使用刚性吊杆可以增强拱肋的横向刚度，但用钢量大，施工程序多、工艺复杂。刚性吊杆两端的钢筋应扣牢在拱肋与横梁中，它一般设计为矩形，刚性吊杆除了承担轴向拉力之外，还须抵抗上下节点处的局部弯曲。为了减小刚性吊杆承受的弯矩，其截面尺寸在顺桥向应设计得小一些，横桥方向应该设计得大一些，以增加横桥向拱肋的稳定性。

柔性吊杆(图5-5)一般用高强钢丝或冷扎钢筋制作，高强钢丝做的吊杆通常采用镦头锚，而粗钢筋则采用轧丝锚与拱肋、横梁相联。

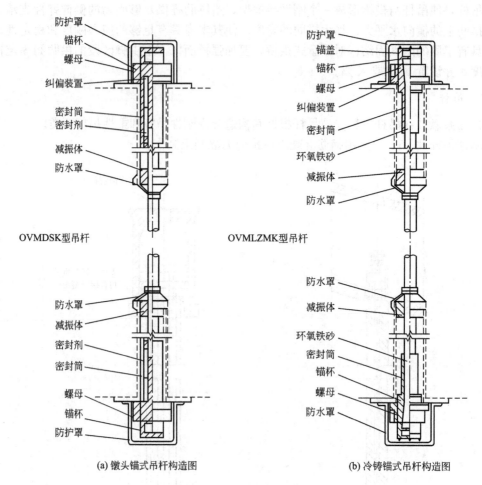

图 5-5 柔性吊杆构造

为了提高钢索的耐久性，必须对钢索进行防护，为了防止钢索锈蚀，要求防护层有足够强度而不至于开裂，有良好的附着性而不会脱落。钢索的防护方法很多，主要有缠包法和套管法。缠包法是采用耐候性防水涂料、树脂对钢丝进行多层涂覆，用玻璃丝布或聚酯带缠包。套管法是在钢索上套上钢管、铝套、不锈钢管或塑料套管，在套管内压注水泥浆、黄油或其他防锈材料。目前主要用 PE 热挤索套防护工艺，它直接将 PE 材料覆在钢束表面制成成品索，简单可靠，且较经济。

吊杆的间距一般根据构造要求和经济美观等因素决定。间距大时，吊杆的数目减少，但纵、横梁的用料增多；反之，吊杆数目增多，纵、横梁用料减少。一般吊杆的间距为 4~10m，通常吊杆取等间距。

4. 桥面系

桥面系由横梁、纵梁、桥面板组成。

1）横梁

中承式拱桥桥面横梁可分为固定横梁、普通横梁及刚架横梁 3 类。桥面系与拱肋相交处的横梁一般与拱肋刚性联结，其截面尺寸与刚度远比其他横梁大，通常称为固定横梁；

通过吊杆悬挂在拱肋下的横梁称为普通横梁;通过立柱支承在拱肋上的横梁称为刚架横梁。横梁的高度可取拱肋间距(横梁跨径)的 1/10~1/15。为了满足搁置和连续桥面板的需要,横梁上缘宽度不宜小于 60cm。

固定横梁(图 5-6)由于其位置的特殊,它既要传递水平横向荷载,有时还要传递纵向制动力,承担由拱肋和桥面传递到该处的弯矩、扭矩和剪力,受力情况复杂,因此必须与拱肋刚性连接,且其外形须与拱肋及桥面系相适应。在桥面与拱肋的交界处,主拱肋占去了一定宽度的桥面,为了保证人行道不在此处变窄,因此固定横梁一般比普通横梁要长,常用的截面形式有对称工字形、不对称工字形和三角形等。

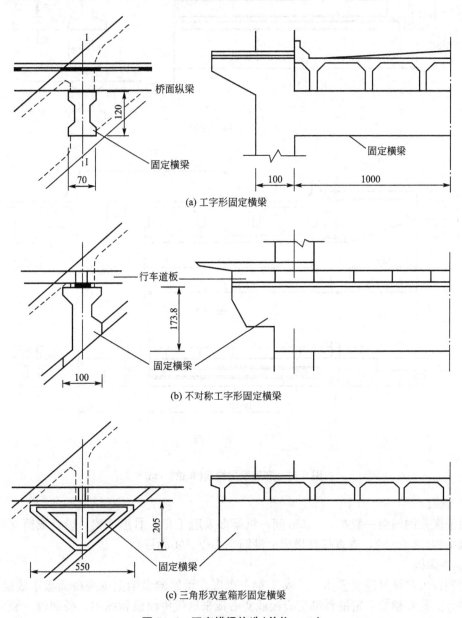

图 5-6 固定横梁构造(单位:cm)

普通横梁的截面形式常用矩形、工字形或土字形(图5-7),大型横梁也可采用箱形截面,其尺寸取决于横梁的跨度(拱肋中距)和承担桥面荷载的长度(吊杆间距),一般为钢筋混凝土构件,跨度较大时,也可采用预应力混凝土构件。

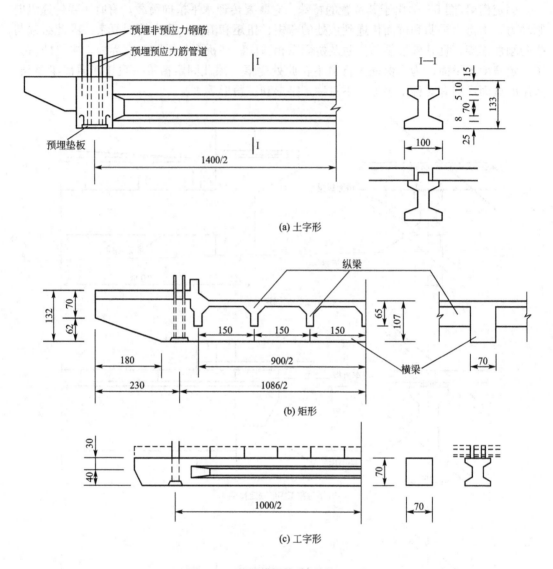

图5-7 普通横梁构造(单位:cm)

2) 纵梁

由于横梁的间距一般在4～10m间,纵梁多采用T形、Π形小梁,设计成简支梁结构或连续结构(图5-8),或直接在横梁上满铺空心板、实心板。

3) 桥面板

桥面板可与纵梁连成整体,形成T梁,也可在预制的纵梁上现浇桥面板形成组合梁。另一种方法是在横梁上密铺预制空心板或实心板来取代桥面板和纵梁。桥面板一般为钢筋混凝土结构,也可采用预应力或部分预应力混凝土结构。

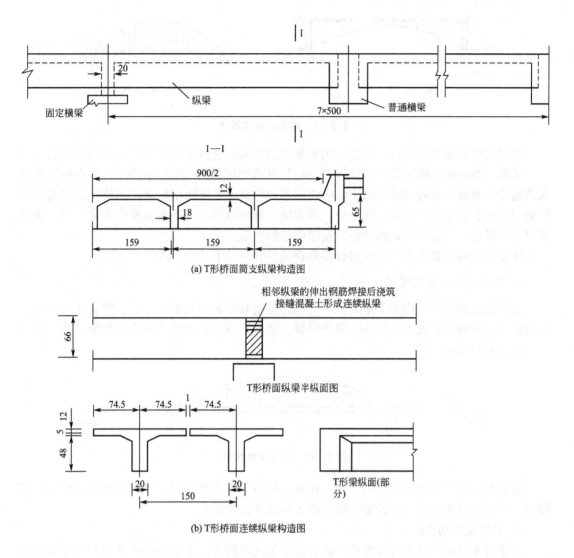

图 5-8 纵梁构造(单位：cm)

5.2 拱式组合体系桥的构造

5.2.1 拱式组合体系桥的分类与特点

拱式组合体系桥是将梁和拱两种基本构件组合起来共同承受荷载，充分发挥梁受弯、拱受压的结构特性及其组合作用，达到节省材料的目的。

按照拱脚是否产生推力，拱式组合体系桥一般可划分为有推力和无推力两种类型(图 5-9)。

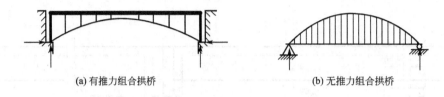

(a) 有推力组合拱桥　　　　　　　(b) 无推力组合拱桥

图 5-9　拱式组合体系桥

当建桥地质条件较好时，可以采用有推力的拱式组合体系桥，如图 5-9(a)所示。

无推力拱式组合体系桥(也称系杆拱桥)是外部静定结构[图 5-9(b)]，兼有拱桥的较大跨越能力和简支梁桥对地基适应能力强的两大特点，因而使用较多。当桥面高程受到严格限制而桥下又要求保证较大的净空，或当墩台基础地质条件不良易发生沉降，但又要保证较大跨径时，无推力拱式组合桥梁是较优越的桥型。

按照桥跨的布置方式，拱式组合体系桥又可分为以下几种形式。

1. 简支梁拱组合式桥梁

这种类型的桥梁只用于下承式，为无推力的组合体系拱(图 5-10)。拱肋结构一般为钢管混凝土和钢筋混凝土，桥面上常设风撑。简支梁拱组合式桥梁外部为静定结构，内部为高次超静定结构。

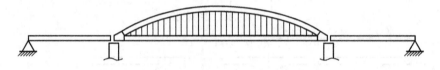

图 5-10　简支梁拱体系

根据拱肋和系杆相对刚度的大小，简支梁拱组合体系拱(系杆拱桥)可分为柔性系杆刚性拱、刚性系杆柔性拱、刚性系杆刚性拱 3 种基本组合体系。

1) 柔性系杆刚性拱

在柔性系杆刚性拱组合体系中，比普通下承式拱桥多设了承受拱肋推力的受拉柔性系杆，因而假设系杆和吊杆均为柔性杆件，只承受轴向拉力，不承受压力和弯矩。拱肋按普通拱桥的拱肋一样考虑，为偏心受压构件，严格地讲，该假定只有在拱肋和系杆刚度之比趋于无穷大时才成立，当$(EI)_{拱}/(EI)_{系}>80$时，可以忽略系杆承受的弯矩，认为组合体系中的弯矩均由拱肋承受，系杆只承受拉力，从而发挥材料的特性，节省钢材，减轻墩台负担，使这种体系能用于软土地基上。

2) 刚性系杆柔性拱

这种体系拱肋与系杆的刚度比相对小得多，即$(EI)_{拱}/(EI)_{系}<1/80$，拱肋分配到的弯矩远小于系杆，因而可以忽略拱肋中的弯矩，认为拱肋只承受轴向压力，系杆不仅承受拱的推力，还要承受弯矩，为拉弯组合梁式构件。该体系以梁(系杆)为主要承重结构，柔性拱肋对梁进行加劲，所以称为刚性系杆柔性拱。它的特点是内力分配均匀，刚性系杆与吊杆、横撑可以组成刚度较大的框架，拱肋不会发生面内 S 形变形，在适用的跨度下(100m以内)内拱的稳定性有充分保证。

3) 刚性系杆刚性拱

刚性系杆刚性拱的特点介于柔性系杆刚性拱和刚性系杆柔性拱之间，当$(EI)_拱/(EI)_系$在1/80~80之间时，拱肋和系杆都有一定的抗弯刚度，荷载引起的弯矩在拱肋和系杆之间按刚度分配，它们共同承受纵向力和弯矩，内力计算与实际情况比较接近。由于拱肋和系杆是刚性的，拱肋和系杆的端部是刚性连接。所以这种体系刚度较大，适用于设计荷载大的桥梁。

2. 连续梁拱组合式桥梁

此种体系(图5-11)可以是上承式、中承式及下承式，也可以是单肋拱、双肋拱或多肋拱与加劲梁组合。双肋拱及多肋拱的加劲梁的截面形式可类似于简支梁拱组合式桥梁布置，而单片拱肋必须配置有箱形加劲梁，以加劲梁强大的抗扭刚度抵消偏载影响。这种桥型造型美观，本身刚度大，跨越能力大。

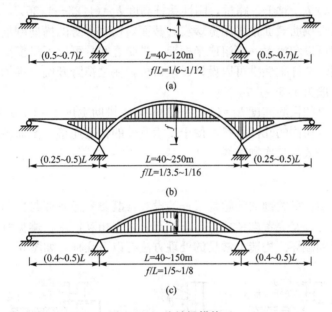

图5-11 连续梁拱体系

3. 单悬臂组合式桥梁

单悬臂组合式桥梁(图5-12)只适用于上承式，采用转体施工特别方便，但中间设置牛腿带有挂孔，桥梁整体刚度差，较少使用。单悬臂梁拱组合式桥梁实际上是将实腹梁挖空，用立柱代替梁腹板，原腹板的剪力主要由拱肋竖向分力及加劲梁剪力平衡。这样的结构加劲梁受拉弯作用，加劲梁采用预应力混凝土，拱肋采用钢筋混凝土。

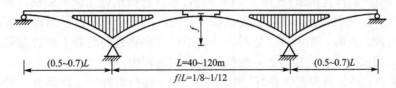

图5-12 悬臂梁拱体系

5.2.2 系杆拱桥的构造

1. 拱肋

对于柔性系杆刚性拱，拱肋的构造基本上可以参考普通的下承式拱桥，拱肋截面可根据跨径的大小和荷载等级选用矩形、工字形或箱形。对于公路桥拱肋高度 $h=(1/30\sim1/50)l$，l 为主拱跨径，拱肋宽约为肋高的 $0.4\sim0.5$ 倍。一般矩形截面用于较小跨径，当肋高超过 $1.5\sim3.0\mathrm{m}$ 时，采用工字形或箱形较为合理。柔性系杆刚性拱矢跨比一般在 $1/4\sim1/5$ 之间。

刚性系杆柔性拱以梁为受力主体，拱肋在保证一定强度和稳定性的条件下，拱肋高度多采用 $h=(1/100\sim1/120)l$，有时可以压缩到 $h=(1/140\sim1/160)l$。拱肋宽度一般采用 $b=(1.5\sim2.5)h$，对于公路桥，刚性系杆高度 $h=(1/25\sim1/35)l$，跨度较大时，还可做成变截面。柔性拱肋截面常采用宽矮实心截面，拱肋本身的横向刚度较大。若采用钢筋混凝土吊杆，就可以和横梁一起组成半框架，拱肋之间常可以不设横撑，就足以保证侧向稳定性，因此刚性系杆柔性拱可以设计成敞口桥，使之视野开阔。拱轴线通常采用二次抛物线，矢跨比一般为 $1/5\sim1/7$。

刚性系杆刚性拱的拱肋高度 $h=(1/50\sim1/60)l$，拱肋宽度 $b=(0.8\sim1.2)h$。拱肋与系杆的截面常设计成相同的几何形状，便于支承点处的构造连接，截面多采用工字形和箱形截面，拱肋轴线一般为二次抛物线。

2. 系杆

在系杆拱设计中，最关键的问题是系杆的设置：既要考虑系杆与拱肋的连接，保证系杆能与拱肋共同受力，又要考虑系杆与行车道部分之间相互作用，避免桥面行车道部分阻碍系杆的受拉而遭到破坏。构造上常见的处理方法有以下几种，如图 5-13 所示。

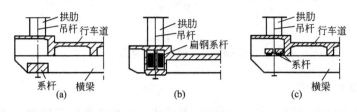

图 5-13 系杆布置

(1) 在行车道中设横向断缝，使行车道与系杆分离，不参与系杆的受力作用[图 5-13(a)]，行车道板简支在横梁上，这种形式受力明确，用得较多。

(2) 采用型钢制作金属系杆[图 5-13(b)]，系杆与行车道完全不接触。为了防止行车道参与系杆受力，一般在行车道内也要设横向断缝。由于金属系杆外露部分容易锈蚀，需要采取防锈处理。同时，当温度变化时，外露系杆与拱肋钢筋混凝土的表面吸温及线膨胀系数有差别，因而会产生附加内力，故使用这种构造较少。

(3) 采用独立的钢筋混凝土系杆[图 5-13(c)]，每根系杆分为两部分，沿吊杆两边穿过，自由地搁置在横梁上。由于吊杆与横梁重叠搁置，建筑高度可能受到影响，一般尽量把系杆做得又宽又矮以增加柔性，常用于柔性系杆刚性拱中。

(4) 采用预应力混凝土系杆。这种系杆截面形式应与拱肋截面形式一致，以便于连接。行车道可设横向断缝，亦可不设，考虑行车条件，不设为宜。这种系杆较为合理，由于预加压力可避免混凝土出现拉力，而使混凝土不出现裂缝，维修费用比钢系杆低。

刚性系杆是偏心受拉构件，一般设计为工字形或箱形截面。由于截面正负弯矩的绝对值一般相差不大，所以钢筋宜靠上、下缘对称或接近对称布置。同时，沿截面高度应布置适当数量的分布钢筋，防止裂缝扩展。

3. 吊杆

吊杆一般是长而细的构件，设计时通常将其作为轴向受力构件考虑。所以吊杆构造设计时必须兼顾到它不承受弯矩的特点，即顺桥向尺寸应设计得较小，使之具有柔性，而在横桥向为了增加拱肋的稳定性，其尺寸应设计得较大。吊杆以前多采用钢筋混凝土或预应力混凝土构件，由于钢筋混凝土吊杆易产生裂缝，预应力混凝土吊杆施工麻烦，现在吊杆的发展趋势是采用高强钢丝或粗钢筋。

吊杆与拱肋的连接通常有以下几种形式，如图 5-14 所示。

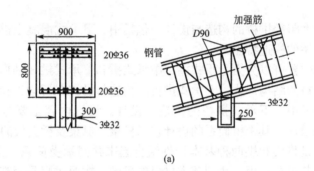

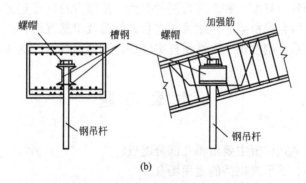

图 5-14 吊杆与拱肋的联结(单位：mm)

(1) 当采用钢筋混凝土吊杆时，吊杆内的受力钢筋环绕拱肋混凝土中的钢管，并将钢筋末端锚固，如图 5-14(a)所示。钢管直径应满足吊杆主筋的弯转规定，或将吊杆钢筋末端环绕拱肋内的粗钢筋弯转，然后焊牢，以形成环扣。

(2) 当采用钢吊杆时，可在拱肋中预埋槽钢或其他劲性钢筋，把钢吊杆直接悬挂在预埋槽钢或其他劲性钢筋上[图 5-14(b)]。

(3) 当采用高强钢丝时，可在拱肋中预埋管道，将钢丝末端锚固在拱肋上，通常锚头处要设置垫板，垫板下设置局部钢筋网，以分散作用在锚头处混凝土上的应力。

当采用柔性系杆时，为了避免系杆出现较大弯矩，同时克服系杆截面高度较小而造成的构造上的困难，通常将吊杆与横梁相连接。当采用刚性系杆时，由于系杆截面高度较大有可能允许把吊杆钢筋末端伸入系杆混凝土足够长，形成扣结，因此可将吊杆与系杆相连接。

4. 横向联结系

为保证拱肋的横向稳定，一般需在两拱肋间设置横向联系。横向联结构件截面可设计成矩形、T形或箱形，平面上可布置成X形、K形或纵向垂直。顺桥方向可布置成单数或双数，通常以单数布置较多，即拱顶布置一根，两侧对称布置，其特点是可以改变纵向波形，缩短波长，提高结构稳定性。由于横向连接构件主要是防止拱肋横向失稳，从受力形式上看是以轴向压力和自身恒载为主，配筋原则上照此进行。拱肋与横向构件交接部位设横隔板或浇筑成实心段，使横向连接构件的钢筋末端有足够的锚固长度。

本 章 小 结

本章主要介绍了大跨径拱桥的构造与设计，包括中、下承式混凝土拱桥的构造与设计特点及拱式组合体系桥的构造特点。

拱桥按照桥面的位置可以分为上承式拱、中承式拱和下承式拱3种形式，这3种形式均可以作为大跨径拱桥的结构形式。上承式拱桥的构造与设计在桥梁工程课程中已做了介绍，本章仅介绍大跨径中、下承式拱桥的构造与设计。设计内容主要包括拱肋、横向联系、吊杆及桥面系的设计，其中桥面系的设计包括横梁、纵梁及桥面板的设计。

拱式组合体系桥是将梁和拱两种基本构件组合起来共同承受荷载，充分发挥梁受弯、拱受压的结构特性及其组合作用，达到节省材料的目的。按照拱脚是否产生推力，拱式组合体系桥一般可划分为有推力和无推力两种类型。按照桥跨的布置方式，拱式组合体系桥又可分为简支梁拱组合式桥梁、连续梁拱组合式桥梁及单悬臂组合式桥梁，其中简支梁拱组合式拱桥有柔性系杆刚性拱、刚性系杆柔性拱、刚性系杆刚性拱3种基本体系。

本 章 习 题

5-1　中、下承式拱桥主要由哪几部分组成？
5-2　简述中、下承式拱桥的适用场合。
5-3　主拱肋之间横向联系主要起什么作用？
5-4　为了保证敞口式拱桥的横向刚度和横向稳定，一般可采取哪些措施？
5-5　阐述刚性吊杆和柔性吊杆的区别。
5-6　固定横梁的构造与受力有何特点？
5-7　拱式组合体系桥可分为哪几种形式？
5-8　简述柔性系杆刚性拱桥的受力特点。
5-9　阐述系杆的受力与构造特点。

第6章 拱桥实例

教学目标

本章主要介绍大跨径拱桥的工程实例。通过本章的学习,应达到以下目标:
(1) 了解湖南益阳茅草街大桥的设计、施工要点;
(2) 了解四川万县长江大桥的设计、施工要点;
(3) 了解重庆朝天门大桥的设计、施工要点;
(4) 了解湖北张家湾大桥的设计、施工要点。

教学要求

知识要点	能力要求	相关知识
湖南益阳茅草街大桥	(1) 了解其工程概况 (2) 了解其主要技术指标 (3) 了解其设计施工要点	(1) 结构体系 (2) 主拱、边拱、吊杆、系杆、桥面构造
四川万县长江大桥	(1) 了解其主要技术指标 (2) 了解其主拱构造 (3) 了解其劲性骨架构造 (4) 了解其特殊部位混凝土浇筑	(1) 劲性骨架 (2) 上弦杆、下弦杆、斜腹杆 (3) 钢管内混凝土灌注和拱箱外包混凝土浇注
重庆朝天门大桥	(1) 了解其总体布置 (2) 了解其设计施工要点 (3) 了解拱桁、系杆的设计	(1) 三跨连续中承式钢桁系杆拱桥 (2) 双层桥面 (3) 斜拉扣挂法
湖北张家湾大桥	(1) 了解其总体布置 (2) 了解其拱肋施工	(1) 混凝土箱形拱 (2) 满堂支架法 (3) 拱肋分段浇注

基本概念

钢管混凝土;劲性骨架;桁架;上承式混凝土箱形拱桥;中承式系杆拱桥;缆索吊装法;斜拉扣挂法;满堂支架法。

6.1 湖南益阳茅草街大桥

1. 工程概况

茅草街大桥位于湖南益阳沅江茅草街轮渡口,是省道1831线跨越淞澧洪道、藕池河西支、南茅运河及沱江的一座特大型桥梁，桥梁全长11.216km，其中桥梁部分长3.009km。跨淞澧洪道的主桥为三跨连续自锚中承式钢管混凝土系杆拱桥。大桥于2000年10月动工建设，2006年12月26日建成通车。

2. 主要技术指标

(1) 荷载等级：汽车—20，挂车—100。

(2) 桥面宽度：净15.0m+2×0.5m防撞护栏，全宽16.0m。

(3) 地震烈度：基本烈度6度，主桥按7度设防。

(4) 通航标准：Ⅳ—(1)级航道，通航净空8m×60m。

(5) 桥型布置：淞澧洪道主桥桥型布置为4×45m(简支T梁)、80m+368m+80m(中承式钢管混凝土系杆拱)、6×45m(简支T梁)，全桥长982.96m。

3. 设计要点

1) 结构体系

根据通航设计的要求，大桥主桥型采用80m+368m+80m的三跨连续自锚中承式钢管混凝土系杆拱桥(飞鸟式拱桥)。大桥主、边跨拱脚均固结于拱座，边跨曲梁与边墩之间设置轴向活动盆式支座，在两边跨端部之间设置钢绞线系杆，通过张拉系杆由边拱肋平衡主拱拱肋所产生的水平推力，如图6-1所示。

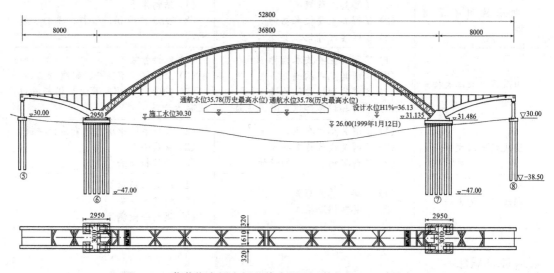

图6-1 茅草街大桥主桥总体布置图（单位：cm；高程：m）

2) 主拱设计

茅草街大桥的主拱采用中承式悬链线无铰拱，拱轴系数$m=1.543$，矢跨比$f/L=1/5$，主跨计算跨径$L=356$m，计算矢高$f=71.2$m。主拱拱肋采用桁式断面，如图6-2所示，每根拱肋由4根ϕ100cm钢管组成，钢管内填C50混凝土，形成钢管混凝土组合桁式截面。截面高度由拱脚的8m高变化至拱顶的4m高，肋宽3.2m，其中弦杆钢管外径为1000mm，壁厚20~28mm，腹杆钢管外径为550mm，壁厚10~12mm。

钢管拱节段采用缆索吊拼装，全桥共设4套主索吊装系统。吊装索塔安置于扣塔顶部，与扣塔铰接。吊塔高30m，每柱截面2m×4m，纵向宽4m，横向宽2m(塔顶)；扣塔高 100m，截面 6m×8m；吊扣塔总高为 130m，投入钢材约 4000t。拱肋钢管桁架顺桥向半跨分为 11 个节段，中间一个合龙段；横桥向分为上、下游两肋；全桥两条拱肋分为 46 个节段。拱肋肋间由 K 形和米形撑相连，全桥横撑共计 14 道，吊装时为单肋单节段吊安，因此全桥共计 60 个吊装节段，最大节段吊装重量为 70t。

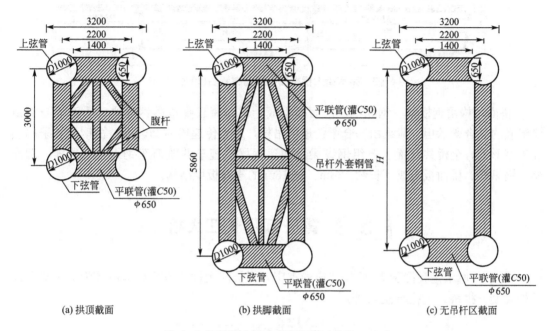

图 6-2 茅草街大桥主拱断面图（单位：mm）

3）边拱设计

边跨拱轴线也采用悬链线，即上承式双肋悬链线半拱，拱轴系数 $m=1.543$，矢跨比 $f/L=1/8.5$，计算跨径 $L=148$m，计算矢高 $f=17.412$m。每肋由高 4.5m、宽 3.45m 的 C50 钢筋混凝土箱梁组成，两肋间设有一组 K 字和一组米字钢管桁架式横撑，它们与边拱端部固结的预应力混凝土端横梁一起，组成一个稳定的空间梁系结构。为了便于传递水平力，将主拱拱肋、边拱拱肋的轴线置于同一直线上，且拱肋宽度相等。

4）吊杆

吊杆采用 PES7-73 型聚乙烯高强低松弛预应力镀锌钢丝束，其抗拉标准强度 $R_y^b=1670$MPa，松弛值 1000h 应力损失小于 2.5%。钢丝束呈正六边形，外涂防锈脂，缠绕纤维增强聚酯带，然后直接热挤高密度 HDPE 护套，配 OVM-LZM(K)7-73 型冷铸镦头锚。

5）系杆

茅草街大桥系杆采用 OVMXGT15-31 型钢绞线拉索体系，其抗拉标准强度 $R_y^b=1670$MPa，张拉控制应力 $[\sigma]=0.47R_y^b$，张拉控制力为 3794kN。在全部施工过程中每索只需张拉一次，成桥后再集中调整一次索力。为保护系杆，在 31 股钢丝束外包纤维增强聚酯带及两层 HDPE 护套。为了快捷施工、方便换索、可靠运营，设计带有简易滑动轴承的系杆支承架。

6）桥面构造

桥面板由预制 Ⅱ 形 C50 钢筋混凝土板和现浇桥面铺装层构成，如图 6-3 所示，板厚

12cm，肋高18cm，肋宽15～20cm，翼板厚6cm，边板宽185cm，中板宽210cm。预制板间纵向接缝宽30cm，横向接缝宽50cm，接缝混凝土采用C40补偿收缩混凝土。桥面铺装厚13cm，其中钢纤维混凝土厚8cm，沥青混凝土桥面铺装厚4cm。

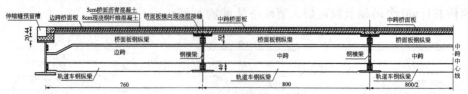

图6-3　茅草街大桥桥面板纵向布置图(单位：cm)

桥面结构由钢横梁、钢纵梁、桥面板组成，桥面荷载直接由钢纵梁、桥面板与钢横梁组成的联合梁承担。荷载由联合梁传递给吊杆，最后传递给拱肋。纵、横钢梁均采用热轧工字形钢，全桥共设置了3组钢纵梁及两道钢梁检查车的轨道车钢纵梁。这样，钢横梁、钢纵梁、桥面板组成了长约528m、宽16m的连续板梁结构。

6.2　重庆万州长江大桥

图6-4所示是我国于1997年建成的重庆万州长江大桥，该桥结构体系为上承式劲性骨架混凝土拱桥，主孔跨径420m。

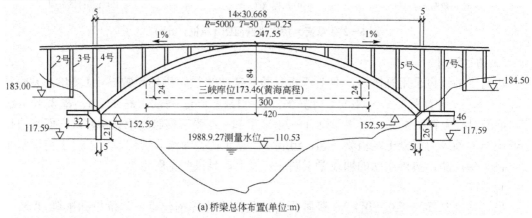

(a) 桥梁总体布置(单位:m)

(b) 实桥照片

图6-4　重庆万州长江大桥

1. 主要技术指标

(1) 荷载等级：汽车—超 20，挂车—120，人群 3.5kN/m²。

(2) 桥宽：净 2×7.5m 行车道＋2×3.0m 人行道，总宽 24m。

(3) 地震烈度：基本烈度 6 度，按 7 度验算。

(4) 通航等级：在三峡水库正常蓄水位 175m 以上通航净空为 24m×300m，双向可通行三峡库区规划的万吨级驳船队。

(5) 桥孔布置：自南向北为 5×30.668m＋420m＋8×30.668m，全长 856.12m。

2. 主拱构造

主桥为劲性骨架钢筋混凝土拱桥，净跨 420m，拱圈宽 16m，高 7m，净矢高 84m，矢跨比 1/5，横向为单箱三室，细部尺寸如图 6-5 所示。

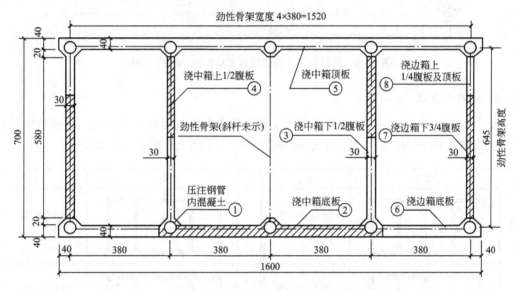

图 6-5 万州长江大桥拱圈截面形式及形成步骤（单位：cm）
注：圆圈内数字表示施工顺序。

主拱圈拱轴系数经优化设计，并考虑到拱顶截面应有稍大的潜力，以满足施工阶段及后期徐变应力增量的受力需要，最后选定为 $m=1.6$。

3. 劲性骨架构造

钢骨拱桁架由上弦杆、下弦杆、斜腹杆等组成。上弦杆和下弦杆根据材料的不同，可以采用型钢，也可以采用钢管。当钢管内填充混凝土后即成为钢管混凝土拱桁架。钢管混凝土桁架具有刚度大、用钢量省的特点。上弦杆和下弦杆是钢管拱桁架的主要受力构件，其截面尺寸应根据受力大小确定。竖杆和斜腹杆可以采用钢筋、钢管混凝土或型钢。钢管或钢管混凝土刚度大，但需要浇注管内混凝土，给施工带来困难；采用型钢，节点容易处理，可以省去向腹杆内浇注混凝土的工序，而且混凝土的包裹效果好。

该桥劲性骨架采用 5 个桁片组成，间距 3.8m，每个桁片上下弦为 $D420mm\times16mm$ 无缝钢管，腹杆与连接系杆为 4⌐75×10 角钢组合杆件，骨架沿拱轴分为 36 节桁段，每个节段长约13m、高6.8m、宽15.6m。每个桁段横向由5个桁片组成,间距3.8m,每个节段质量约60t。节段间采用法兰盘螺栓连接。因此在拼装过程中,高空除栓接外不再焊接,如图6-6所示。

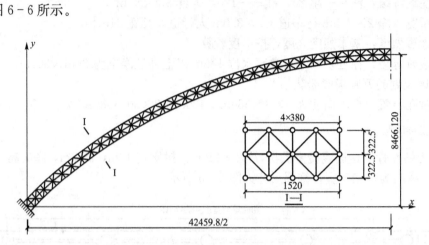

图6-6 万州长江大桥劲性骨架构造图(单位:cm)

4. 混凝土浇注

劲性骨架混凝土浇注包括钢管内混凝土灌注和拱箱外包混凝土的浇注。该桥劲性骨架混凝土的施工顺序如图6-7所示,也可参考图6-5中的主拱圈截面形成步骤。

序号	示意图	内容	序号	示意图	内容
1	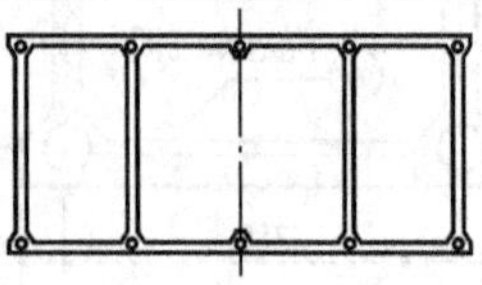	(1)安装劲性骨架 (2)灌注钢管混凝土	5	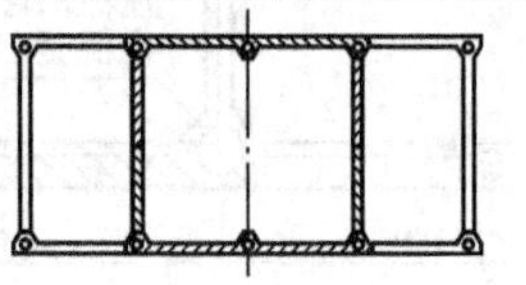	浇注中室顶板混凝土
2	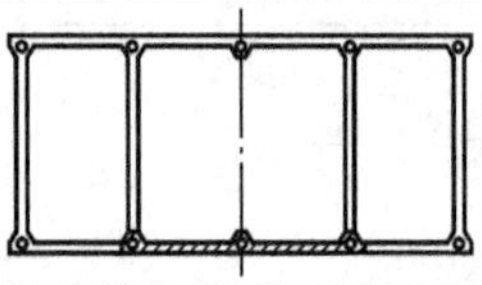	浇注中室底板混凝土	6	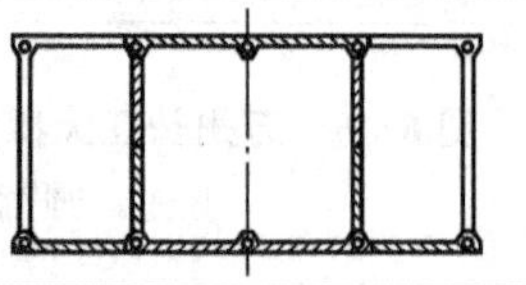	浇注边室底板混凝土
3	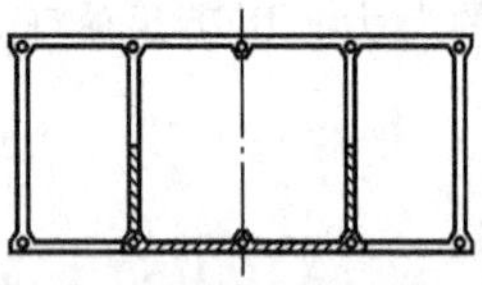	浇注中室1/2高腹板混凝土	7	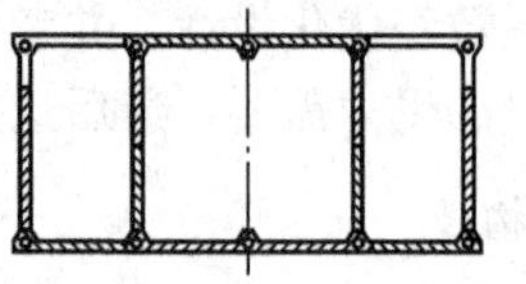	浇注边室3/4高腹板混凝土
4	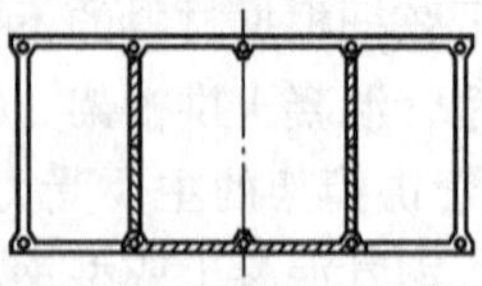	浇注腹板混凝土至全高	8	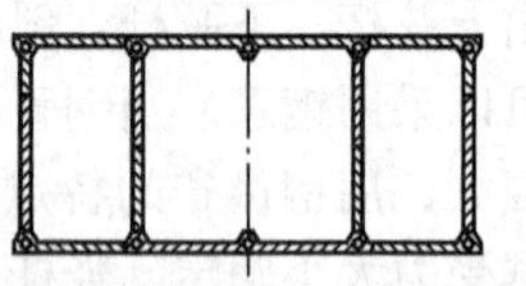	完成全截面混凝土浇注

图6-7 主拱圈施工顺序图

钢管内混凝土灌注是在钢管骨架合龙以后开始进行的,待达到70%的设计强度后,再按先中箱后边箱及底板、腹板、顶板的顺序,分7环依次浇完全箱,两环之间设一个等待龄期，使先期浇筑的混凝土能参与结构受力，共同承担下环新浇混凝土重力。在纵向采用"六工作面法"，对称、均衡、同步浇注纵向每环混凝土，即将每拱环等分为6个区段，每段长约80m，以6个工作面在各个区段的起点上连续向前浇注混凝土，直至完成全环。整个浇注过程中，骨架挠度下降均匀，基本上无上下反复现象，骨架上下弦杆及混凝土断面始终处于受压状态，应力变化均匀，使拱圈在施工过程中的强度、稳定性得到保证。

6.3 重庆朝天门大桥

1. 工程概况

重庆朝天门长江大桥是连接重庆市南岸与江北两区的中央商务区、沟通长江两岸的重要通道之一，位于重庆朝天门两江（长江与嘉陵江）交汇处下游1.71km。大桥包括主桥和南北两侧引桥，全长1741m，其中主桥长932m，采用190m+552m+190m的三跨中承式连续钢桁系杆拱桥[图6-8(a)、(b)]；北引桥长314m，南引桥长495m，均为预应力混凝土连续箱梁桥。大桥采用双层交通布置，上层桥面为双向六车道和两侧人行道，桥面宽度36.5m；下层桥面中间为双线城市轻轨，两侧为双向两车道[图6-8(c)]。该桥为已建成的世界第一大跨径的拱桥，大桥于2004年开工，2009年建成。

2. 设计荷载

1) 永久荷载

上层桥面铺装为22kN/m，下层桥面铺装为12kN/m；上层桥面护栏为1.35kN/m，下层桥面护栏为2.7kN/m，人行道铺装为0.6kN/m；人行道栏杆为1.0kN/m；下层轨道交通桥面（含检查走道）为8.0kN/m。

2) 可变荷载

汽车荷载：计算荷载为公路Ⅰ级，并按照城-A荷载验算。轨道交通荷载：采用B型地铁车，5辆车编组，车辆最大轴重$P=140$kN。

人群荷载：总体计算时荷载集度采用2.5kN/m^2，人行道局部构件计算时荷载集度采用4.0kN/m^2。

风荷载：设计风速按照平均最大风速为26.7m/s。

温度荷载：设计为最高45℃，最低-5℃，体系温度按20℃计，温差按照±25℃考虑。

偶然荷载：地震基本烈度为6度，结构物按7度设防。

3. 主桥上部结构设计

1) 结构总体布置

考虑通航孔双向通航条件，主桥为190m+552m+190m的三跨连续钢桁系杆拱桥，中间主跨通航，两侧边跨不通航，钢梁全长934.1m（包括端纵梁），全宽36.5m，主梁采用两片主桁，桁宽29m，两侧边跨为变高度桁梁，中跨为钢桁系杆拱。拱顶至中间支点高度为142m，拱肋下弦线形采用二次抛物线，其矢高为128m，矢跨比为1/4.3125；拱肋上弦部分线形也采用二次抛物线，并与边跨上弦之间采用$R=700$m的圆曲线进行过渡。边跨节间布置为8×12m+1×14m+5×16m，中跨节间布置为5×16m+2×14m+28×12m+

(a) 实桥图

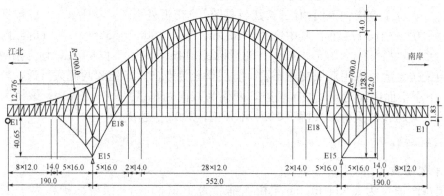

(b) 主桁布置图(单位：m)

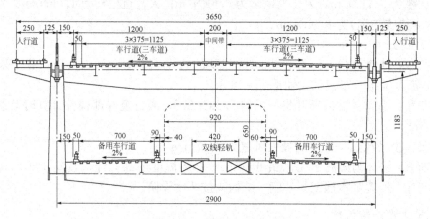

(c) 主断面及桥面系构造图(单位：cm)

图 6-8　重庆朝天门长江大桥

2×14m+5×16m，中跨布置有上下两层系杆，其中心间距为11.83m，上系杆不贯通主桁，仅与拱肋下弦相连接，下系杆与加劲腿处中弦及边跨下弦贯通。上层系杆采用H形断面，下层系杆采用王形断面+辅助系索的组合结构，钢结构系杆端部与拱肋下弦节点相连接，下层辅助系索锚固于系杆端节点处。设置辅助系索的目的在于降低下层钢结构系杆杆力，使杆件设计尺寸及板厚控制在适当的范围之内，减少用钢量，取得较好的经济技术指标。

2) 支承体系

朝天门长江大桥主桥边支点布置均采用纵向活动铰支座,中间支点一侧采用固定铰支座,另一侧采用活动铰支座,为典型的两铰拱结构支承体系。结构通过中跨上下层桥面设置的系杆来平衡拱的推力,使得两座主墩不承受水平推力,构成无推力中承式钢桁架系杆拱桥。纵向支承体系布置为江北侧中支点(P7 墩)设置固定铰支座,其余各墩均设置活动铰支座;横向支承体系布置为中支点均设置固定支座,边支点设置横向活动支座,边支点下横梁中心设置两个横向限位支座。采用两铰拱支承结构方案,具有上下部结构体系受力明确、对基础不产生推力、温度力对结构影响很小、施工期间可对结构进行位移调整而不影响结构受力等优点,但需要设置大吨位支座。主桥采用大吨位球形铸钢铰支座的支承体系,中间支座最大承载力为 145000kN,是目前国内所采用的承载力最大的支座。

3) 桥面桁式

朝天门长江大桥采用双层桥面布置,对于用吊杆吊挂在钢桁拱肋上的中跨桥面,其主桁采用上下平行弦系杆结构,依靠竖杆联结上下节点,不设置斜腹杆,与大桥主桁形成刚性拱柔性梁体系。这种结构形式具有系杆杆力均匀、利于结构设计与制造、下层桥面行车遮挡少、景观效果好、较设置斜腹杆方案节省材料的优点。对于上述之外的主桁加劲弦及其外侧边跨范围的桥面,设计上将桥面通过桥面横梁直接与主拱桁梁连接。

4) 主桁节点

当前国内桁架节点构造主要有两种:拼装式和整体式。钢桁拱桥的结构特点使主桁各节点均存在特殊性,为降低制造难度、节省工程投资,设计上优先考虑采用拼装式节点。但由于中间支承节点受力集中,相邻杆件尺寸与板厚均较大,采用整体节点可大大减小节点板尺寸,因此,主桁节点除中间支承节点采用整体节点外,其余均采用拼装式节点。

5) 桁拱系杆

在钢桁拱 552m 主跨设置上、下两层系杆,其立面位置分别在上下桥面行车系的范围内。上系杆采用钢板组成的钢制系杆,其结构构造与桁拱杆件相同,焊接成 H 形截面,高 1500mm,宽 1200mm,板厚 50mm;下系杆采用钢板焊接为王形截面,截面高 1700mm,宽 1600mm,板厚 50mm。但下系杆内力值较大,为降低钢制系杆的设计难度,减少设计内力值,利用体外预应力技术在每侧下系杆的钢结构断面内设置了 4 束高强度钢绞线,通过每束预先张拉 5000kN 的有效预应力以减小钢制断面的最大设计内力。

6) 联结系

主桥钢桁拱桥设计中,在不影响上下层桥面的车辆通行净空范围,设置有桁拱上、下纵向平面联结系,下层桥面纵向平面联结系,主跨桁拱段每两个阶段设置一副桁架式横联,加劲腿区段每个节段均设置一副桁架式横联,在边、中支点处竖向桥门架,在上下层桥面与桁拱下弦杆相交处的桁拱下弦杆平面内设置有斜桥门架。

7) 桥面系

上层行车道和下层两侧行车道桥面采用正交异性钢桥面板,桥面板厚 16mm,采用 U 形闭口肋。沿纵桥向设置横隔板,其间距不大于 3m;沿横桥向上层行车道布置 6 道纵梁,下层两侧行车道每侧布置两道纵梁;在主桁节点处设置一道横梁。下层桥面中间轻轨双向通行区段采用纵、横梁体系,其横梁与两侧钢桥面板横梁共为一体,共设置两组轻轨纵梁,其中心间距为 4.2m,每组轻轨纵梁由两片纵梁组成,两片纵梁通过平联和横联连为一体,纵梁端部通过鱼形板和连接角钢与横梁连接。上层桥面在主桁节点外侧设置人行道托架，上置Ⅱ形正交异性钢人行道板[图6-8(c)]。公路桥面板及其全部纵肋的工地连接采用焊接，其他部位的工地连接采用高强螺栓。

8) 主桥的结构用钢

考虑到采用不同强度级别的钢材对桁拱结构各杆件的受力与桁拱结构的用钢量有较大的影响。主桥的桁拱结构采用3种钢材：Q420q、Q345q、Q370q。

9) 结构预拱度的设置

主桁预拱度按照恒载+1/2净活载挠度曲线反向设置，并适当修正。根据计算结果，边跨不需设置预拱度，中跨预拱度的设置采用如下方法：加劲腿各节点采取将上、下层横梁顶面抬高的方法；上、下层系杆区域各节点采用调整杆件系统纵、横梁顶面加高和缩短吊杆的方法。

4. 钢梁的安装架设

边跨采用部分膺架结合临时墩的悬臂法架设，悬臂架设时在锚跨适当压重，以保证抗倾覆安全系数大于1.3。

中跨主拱采用斜拉扣挂法安装，在跨中合龙(图6-9)。斜拉扣挂系统实质上是一座临时的斜拉桥，扣索就是临时的斜拉索，扣塔和主桥采用铰接，扣塔上、下游塔柱之间用贝雷架连接。扣塔塔架在安装时，两侧通过两对风缆来保证稳定。风缆及扣索、临时系杆、永久系杆均采用平行钢绞线拉索体系，该体系以高强度、低松弛钢绞线作为拉索材料，以夹片群锚作为锚固体系，采用单根穿挂、单根张拉工艺。扣索只分为内、外两层，每层扣索采用大孔位拉索，主跨达61孔。边跨内、外扣索均采用4束37ϕ_j15.24的钢绞线，主跨内、外扣索均采用2束61ϕ_j15.24的钢绞线。最长扣索长度为213m，扣塔塔架总高98.314m。扣索上端锚固于塔架顶部的锚固箱梁内，下端锚固在主桁上的弦节点上。

(a) 斜拉扣挂法安装中跨拱肋桁架

(b) 拱肋跨中合龙

图6-9 中跨主拱施工

中跨安装步骤如下。

（1）钢梁先整体安装至 108m，随后仅架设拱肋桁架及吊杆直至跨中合龙，拱肋桁架合龙时先合龙下弦再合龙上弦。

（2）桁拱合龙后，在下层系杆之下的一个钢桁节段安装高强度钢丝临时系杆并张拉，使全桥结构体系由三跨连续梁转变为三跨连续系杆拱。

（3）逆序逐根拆除拉索，并拆除吊索塔架，架梁吊机同时后撤。

（4）利用桥面吊机在上层桥面行走，逐节安装其余上、下层系杆和上层桥面横梁直至跨中合龙，系杆合龙时先合龙上系杆后合龙下系杆。

（5）拆除临时系杆。

（6）桥面吊机由跨中后撤并逐节吊装下层桥面横梁、平联、轻轨纵梁和上、下层桥面板。

为部分消除钢桥面板与主桁的共同作用影响，此前所安装的钢桥面板与横梁之间均采用临时连接，全部主构件安装完成后再进行钢桥面板与横梁之间的正式连接。主结构安装完成后安装并张拉辅助系索；全桥附属结构、桥面铺装全部完成后，对辅助系索和吊杆进行全面调整索力以达到设计要求。

5. 设计施工特点

重庆朝天门长江大桥在设计施工上具有明显的特点。首次推出主跨 552m 的公轨两用飞燕式多肋钢桁中层式拱桥，跨径居世界同类桥梁之最，并成功研制应用了世界上最大吨位(145000kN)的抗震支座。该桥采用钢结构系杆和预应力系杆相结合的方式，钢结构系杆构造上同时作为钢桁梁的一部分，其平面与主桁平面重合，系杆与主桁拱间的连接构造简单，受力明确。此外，本桥采用架梁吊机、斜拉扣挂技术，结合抬高梁体标高使主桥转动的思路，实现先拱后梁零应力合龙模式，为世界首例，成桥线形易于保证。

6.4 湖北张家湾大桥

张家湾大桥是湖北省宜昌至巴东高速公路的一座大型桥梁，主桥为上承式现浇钢筋混凝土箱形拱桥，净跨径 113m，其左线桥桥型布置如图 6-10 所示。该桥将于 2013 年建成。

1. 设计标准

（1）设计速度：80km/h。

（2）桥面宽度：本桥位于分离式路基段，桥面宽度为 12m。

（3）设计荷载：公路 I 级。

（4）设计洪水频率：1/100。

（5）地震动峰值加速度：$a=0.05g$，地震动反应谱特征周期 0.35s。

（6）场地类别：I 类。

2. 设计要点

1）主拱箱

张家湾拱桥左、右线桥的主桥采用上承式现浇钢筋混凝土箱形板拱桥，其左线桥净跨

径 $l_0=113\text{m}$，净矢高 $f_0=22.6\text{m}$，拱轴系数 $m=1.8$，净矢跨比 $f_0/l_0=1/5$；右线桥净跨径 $l_0=93\text{m}$，净矢高 $f_0=18.6\text{m}$，拱轴系数 $m=2.0$，净矢跨比 $f_0/l_0=1/5$。主拱箱拱轴系数按恒载压力线与拱轴线五点重合法计算，并使所选定的拱轴线在各种荷载组合条件下满足设计要求。

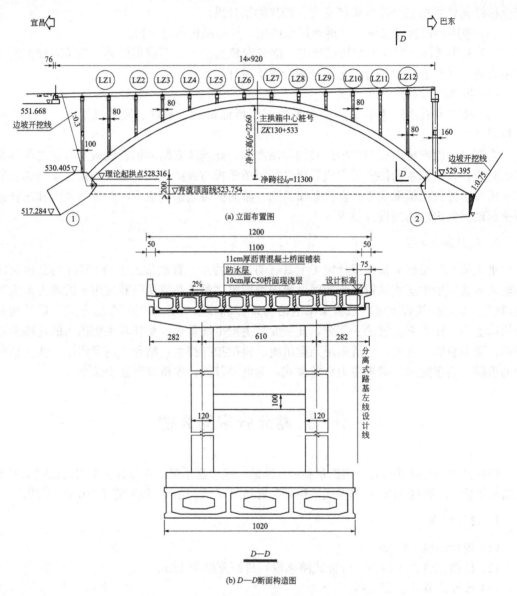

图 6-10 张家湾左线桥桥型布置(单位：cm)

主拱箱采用单箱三室截面(图 6-11)，拱箱截面高：左线桥为 200cm，右线桥为 180cm；顶、底面宽 1020cm；外侧腹板宽 30cm，中腹板宽 25cm；拱箱顶、底板厚度均为 25cm。

2) 拱座

由于拱座处的地形变化很大，水平向距离最大相差约 12m，竖向高差最大约 30m，且

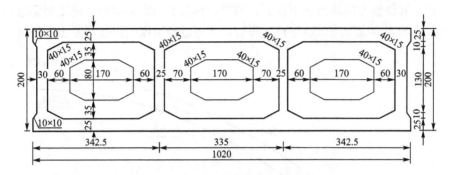

图 6-11 主拱箱截面构造图(单位：cm)

两岸的地质情况也有差异。受此较大起伏地形的影响，若按常规方式开挖边坡，拟定拱座结构尺寸，势必造成巨大的土石方开挖量，既增加了施工难度，增大了边坡稳定的安全隐患，且大开挖还威胁到桥台的结构安全。因此结合本条线上多处高边坡的施工经验，并综合考虑地形、地质情况、结构等方面的因素，左线桥1号拱座和右线桥1、2号拱座采用隧道式掘进施工法嵌入式弧形截面扩大基础，左线桥2号拱座采用常规的埋入式扩大基础。

两岸拱座均设置在新鲜的中风化岩体上。拱座采用钢筋混凝土实体结构，在迎拱脚面处设计成与主拱箱垂直的斜面；背面设计成与岩体密合，且与拱轴线起拱角度相差约12°的平面。为方便隧道式掘进施工及拱座开挖时洞体的稳定，将拱座截面设计为弧形截面的扩大基础。嵌入式拱座长约15m，宽13m，高8.8m；埋入式拱座长16.64m，宽12m，高14.14m。主拱箱结构嵌入拱座迎拱斜面体内60cm，该部分混凝土待主拱箱混凝土浇筑完毕且混凝土强度达到强度等级值的90%后，与主拱箱拱脚现浇段一并浇筑，形成无铰拱结构。

3) 桥面系

拱上桥面系采用9.2m预应力混凝土空心板、先简支后桥面的连续结构。预制板高60cm，梁距125cm，边板悬臂长38cm。

4) 拱上立柱

拱上立柱采用矩形截面双柱式墩，截面尺寸为80cm×120cm，当立柱高度大于10m时设置柱间系梁，截面尺寸为60cm×100cm。在立柱底、拱箱全宽范围内设置100cm厚的底梁。

5) 交界墩

左线桥1号和右线桥1、2号拱座处的交界墩采用矩形截面双柱式墩，截面尺寸为100cm×140cm；设置柱间系梁，截面尺寸为80cm×120cm。左线桥2号拱座处的交界墩采用圆形截面双柱式墩，截面尺寸为φ160cm；设置柱间系梁，截面尺寸为120cm×140cm。

3. 主拱箱混凝土施工要点

主拱箱采用满堂支架现浇法施工，混凝土的浇筑应按纵向分段的方式，并遵循纵横向对称、均衡的原则进行施工。

为了使拱架能够全断面充分、均匀地受力，主拱箱混凝土浇筑时纵向分为长度相当的五大段，分别为拱脚段(两段)、拱顶段(一段)、中间段(两段)。这5个大段混凝土的浇筑应基本同步，其浇筑方向均为从下往上、两岸对称进行(图 6-12)。施工时需注意，分段结合面混凝土的表面应按施工缝进行处理后，才可进行节段间连接混凝土的浇筑。

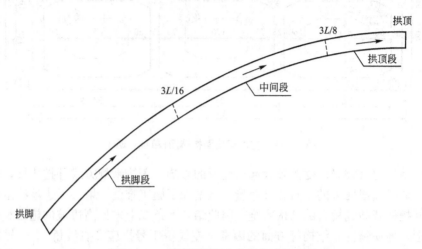

图 6-12　主拱箱混凝土分段浇注示意图

为增强截面横向抗扭和主拱箱整体受力的能力，设计采用主拱箱与底梁混凝土整体现浇的方式。底梁混凝土应对称均衡浇筑；施工时还需注意设置立柱预埋钢筋，其伸出底梁的长度不得小于100cm。待主拱箱混凝土立方体强度达到强度等级值的90%时，采用补偿收缩混凝土进行拱脚现浇段混凝土的浇筑，形成无铰拱。拱脚现浇段混凝土浇筑时的温度应控制在±15℃。

本 章 小 结

本章主要介绍了大跨径拱桥的工程实例，包括湖南益阳茅草街大桥、重庆万州长江大桥、重庆朝天门大桥和湖北张家湾大桥的构造、设计与施工特点。

自锚中承式钢管混凝土系杆拱桥是在两边跨端部之间设置钢绞线系杆，通过张拉系杆由边拱肋平衡主拱拱肋所产生的水平推力的拱桥形式。其主体设计包括结构体系、主拱、边拱、吊杆、系杆及桥面构造设计，其中桥面结构由横梁、纵梁和桥面板组成。

上承式劲性骨架混凝土拱桥的钢骨架桁架由上弦杆、下弦杆和斜腹杆等组成。上弦杆和下弦杆根据材料的不同，可以采用型钢，也可以采用钢管。当钢管内填充混凝土后即成为钢管混凝土拱桁架。钢管混凝土桁架具有刚度大、用钢量省的特点。钢管内混凝土灌注是在钢管骨架合龙以后开始进行的，待达到70%的设计强度后，再按先中箱后边箱及底板、腹板、顶板的顺序浇注；纵向采用对称、均衡、同步浇注纵向混凝土。

重庆朝天门长江大桥为已建成的世界第一大跨径的拱桥，主桥采用190m＋552m＋190m 的三跨中承式连续钢桁系杆拱，大桥采用双层桥面布置。本章介绍了主桥上部结构总体布置、支承体系、桥面桁式、桁拱系杆、桥面系等设计情况，并且详细地介绍了采用斜拉扣挂法架设钢梁的施工步骤。

张家湾大桥主桥为上承式现浇钢筋混凝土箱形拱桥，由于拱座处的地形、地质变化较大，若按常规方式开挖边坡，将造成巨大的土石方开挖量，并且增大了边坡稳定的安全隐患。因此，拱座采用隧道式掘进施工法嵌入扩大基础，拱座采用钢筋混凝土实体结构；主拱箱采用满堂支架现浇法施工，混凝土的浇注按纵向分段的方式，并遵循纵横向对称、均衡的原则进行施工。

本 章 习 题

6-1　在三跨连续自锚中承式系杆拱桥中，系杆主要起什么作用？

6-2　简述劲性骨架钢筋混凝土拱桥的施工过程。

6-3　主拱箱混凝土的浇筑一般应按纵向分段的方式，并且浇筑方向为从拱脚往拱顶、两岸对称进行，为什么？

6-4　简述朝天门长江大桥主桥的支座布置。

6-5　结合朝天门长江大桥，简述斜拉扣挂法架设钢桁拱桥的步骤。

第7章
悬索桥的构造与设计

教学目标

本章主要介绍悬索桥的构造与设计特点。通过本章的学习，应达到以下目标：
(1) 熟悉悬索桥的组成与分类；
(2) 熟悉悬索桥的总体布置；
(3) 熟悉主缆、桥塔、锚碇及加劲梁的构造。

教学要求

知识要点	能力要求	相关知识
悬索桥的组成与分类	(1) 熟悉悬索桥的组成与受力特点 (2) 熟悉悬索桥的分类	(1) 桥塔、主缆、吊索、加劲梁、锚碇及鞍座 (2) 几何可变体系、重力刚度、自由振动特性、风动力特性 (3) 单跨两铰加劲梁悬索桥、三跨两铰加劲梁悬索桥、三跨连续加劲梁悬索桥 (4) 地锚式悬索桥、自锚式悬索桥
悬索桥的总体布置	(1) 熟悉悬索桥跨径布置的特点 (2) 熟悉主缆的垂跨比 (3) 熟悉吊索间距 (4) 熟悉加劲梁的尺寸	(1) 边中跨比 (2) 垂跨比 (3) 抗风理论和风动试验
主缆的构造	(1) 熟悉主缆的布置形式 (2) 熟悉主缆的截面组成 (3) 熟悉主缆的线形和最大拉力 (4) 熟悉鞍座的构造设计 (5) 熟悉吊索与索夹的构造设计 (6) 了解主缆的防锈措施	(1) 钢丝绳主缆、平行钢丝束主缆 (2) 几何线形计算 (3) 塔顶主鞍座、支架副鞍座和散索鞍座 (4) 骑跨式和销接式
桥塔的构造	(1) 熟悉桥塔的组成 (2) 熟悉桥塔的基本形式	(1) 圬工桥塔、钢桥塔和钢筋混凝土桥塔 (2) 刚构式、桁架式和组合式桥塔 (3) 刚性塔、柔性塔和摇柱塔
锚碇的构造	(1) 熟悉重力式锚碇的构造 (2) 了解隧道式锚碇的构造	(1) 锚块基础、锚块、主缆的锚碇架及固定装置、遮棚等 (2) 后锚式和前锚式 (3) 隧道锚
加劲梁的构造	(1) 熟悉钢箱梁的构造 (2) 熟悉钢桁梁的构造	(1) 主桁架、纵向水平联结和横向联结以及桥面系组成的空间结构 (2) 上翼缘板、纵肋、横隔板、底板及腹板

基本概念

桥塔；主缆；吊索；加劲梁；锚碇；鞍座；重力刚度；地锚式悬索桥；自锚式悬索桥；钢丝绳主缆；平行钢丝束主缆；支架副鞍座；散索鞍座；刚性塔；柔性塔；摇柱塔；后锚式；前锚式；岩孔锚；钢箱梁；钢桁梁。

引例

悬索桥的主要承重构件主缆受拉，主缆截面的拉应力较均匀，受拉构件不存在失稳问题，可充分发挥材料的抗拉强度。因此，采用现代高强钢材建造的悬索桥是跨越能力最大的桥型。我国已建成的最大跨径悬索桥是浙江西堠门大桥（主跨1650m，2009年）；日本明石海峡大桥（1998年）为三跨两铰加劲桁梁式悬索桥，主跨1991m，是目前世界上已建成的跨径最大的悬索桥。

7.1 悬索桥的组成与分类

7.1.1 悬索桥的组成与受力特点

1. 悬索桥的主要组成

悬索桥，又称为吊桥，是一种古老的桥型。现代悬索桥通常由桥塔、主缆、吊索、加劲梁、锚碇及鞍座等主要部分组成，如图7-1所示。

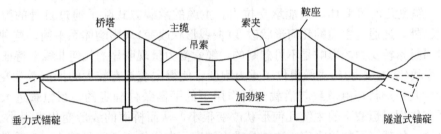

图7-1 悬索桥的主要组成部分

(1) 桥塔：桥塔是支承主缆的重要构件，悬索桥全部活载和恒载（包括桥面、加劲梁、吊索、主缆及其附属结构等重力）以及加劲梁支承在塔身上的反力，都将通过桥塔传递到下部的塔墩和基础至地基。桥塔的高度主要由主缆的垂跨比确定。已建的大跨度悬索桥中大多数桥塔采用钢结构。

随着预应力混凝土和爬模施工技术的发展，造价经济且刚度大的混凝土桥塔采用得越来越多。

(2) 主缆：主缆是悬索桥的主要承重构件，除承受自身恒载外，主缆本身又通过索夹和吊索承受作用在桥面的活载和加劲梁（包括桥面）的恒载。除此之外，主缆还要承担横向风载,并将它直接传递到桥塔顶部。主缆有钢丝绳钢缆和平行线钢缆等,由于平行线钢缆具有弹性模量高、空隙率低、抗锈性能好等优点,因此大跨度悬索桥的主缆常采用这种形式。

(3) 吊索:也称为吊杆,是将活载和加劲梁的恒载传递到主缆的构件。吊索的布置形式有垂直式和倾斜式等,吊索上端与索夹相连,下端与加劲梁连接。吊索一般用有绳芯的钢丝绳制成,其组成可以是一根、两根或4根一组,这要视吊索所承受的荷载大小而定。

(4) 加劲梁:主要提供桥面行车、行人等和防止桥面发生过大的挠曲变形和扭转变形。加劲梁是承受桥面活荷载、风荷载和其他横向水平力的主要构件。大跨度悬索桥的加劲梁均为钢结构,一般采用桁架或箱梁等形式。也有用预应力混凝土作为加劲梁的,但因其自重大、变形能力差等,一般仅适用于跨径在500m以下的悬索桥。

(5) 锚碇:用来锚固主缆的重要结构。锚碇将主缆中的拉力传递给地基,通常采用的有重力式锚碇和隧道式锚碇。重力式锚碇依靠巨大的自重来抵抗主缆的垂直分力,水平分力则由锚碇与地基之间的摩阻力或嵌固阻力来承担。隧道式锚碇则是将主缆中的拉力直接传递给周围的岩石。

(6) 鞍座:支承主缆的重要构件。通过它可以使主缆中的拉力以垂直力和不平衡水平力的方式均匀地传到塔顶或锚碇支架处。鞍座分为塔顶鞍座和锚固鞍座,塔顶鞍座设置在桥塔顶部,将主缆荷载传到塔上;锚固鞍座(也称为扩展鞍座)设置在锚碇支架处,主要目的是改变主缆索的方向,把主缆的钢丝绳股在水平方向和竖直方向分散开来,并把它们引入各自的锚固位置。

2. 悬索桥的主要受力特点

1) 静力特性

悬索桥是由主缆和加劲梁构成的一种柔性悬挂组合体系,兼有索和梁的受力特点。在外荷载作用下,主缆与加劲梁共同受力,主缆是这个组合体系的主要承重构件,其在荷载作用下的变形直接影响整个组合体系的受力分配和变形,静力特性可表述如下。

(1) 主缆是几何可变体,只能承受拉力。主缆的承载方式除了通过自身的弹性变形(受力伸长)外,还通过主缆的几何形状改变(曲线形状改变)来影响体系平衡,这种几何形状的改变对悬索桥受力的影响是不可忽略的,缆索受力呈现明显的几何非线性特征。

(2) 恒载(结构重力)给主缆提供了重力刚度,使得主缆具有较大的抵抗活载变形的能力。主缆的几何形状是由恒载与活载共同作用下的平衡条件确定的,当恒载远大于活载时,则活载作用对恒载下的主缆几何形状改变很小,从而桥面的线形变化也很小。于是,对活载来说,桥就有了初始刚度,这就是重力刚度。古代悬索桥跨径较小,自重较轻,重力刚度很小,活载作用下桥面位移较大,结构具有明显的柔性特征。

(3) 改变主缆的垂跨比将影响结构的内力,结构体系的刚度也将随之改变。一般来说,减小垂跨比,主缆的拉力将增大,从而起到减小挠度的作用,即增大体系的刚度。

(4) 随着跨径的增大,从构造上来说,加劲梁的高跨比应越来越小,事实上增大加劲梁的抗弯刚度,对减少吊桥竖向变形的作用并不大,这是因为竖向变形是吊桥整体变形的结果。加劲梁的挠度是随着主缆的变形产生的,跨径的增大使加劲梁在承受竖向活载方面的功能逐渐减少到只是将活载传递给主缆,其本身刚度的作用已没什么影响,这与其他桥型中的主要构件截面积总是随着桥梁跨径的增加而显著增加不同。

(5) 边跨的不同形式对吊桥受力有很大的影响。通常吊桥边跨与中跨之比对吊桥的挠度和内力有影响，当边跨与中跨比减小时，其中跨跨中及 $L/4$ 处的挠度和弯矩值减小，塔根弯矩也减小，而主缆拉力有所增加。此外，边跨若不悬吊对中跨挠度和弯矩有相同的影响。

2) 动力特性

与其他桥型相比，悬索桥的刚度小，固有频率低，而固有频率是影响抗风稳定性及动力特性方面的一个重要因素，直接关系到结构的安全，因而对于悬索桥进行动力分析是十分重要的。

(1) 大跨度悬索桥的自由振动特性。

对于吊桥这种柔性悬索组合结构体系，其结构的自由振动可以分为竖直平面的纵向挠曲振动和竖向、水平方向、扭转振动组合的耦合挠曲扭转振动。提高结构体系挠曲振动的固有频率，有利于抵抗挠曲振动，而提高挠曲振动和扭转振动的固有频率，并尽可能拉开两者的差距，则有利于避免复杂的耦合振动。

悬索组合结构体系与固有频率存在以下定性关系：

① 提高吊桥自身的抗挠刚度和抗扭刚度，可以有效地提高其自振固有频率。需提出的是，通过增加恒载集度可以提高结构体系的刚度，但却会降低结构体系的固有频率。

② 增加加劲梁的抗弯刚度，对提高挠曲振动的固有频率影响不大；而增加其抗扭刚度则可显著地提高扭转振动的固有频率。对于桁架加劲梁，增加其抗扭刚度的最有效措施是增加梁的高度。

③ 缩短边跨跨径，可以提高挠曲振动的固有频率，并能够改变结构体系的振型。

④ 主缆垂跨比加大后，挠曲振动固有频率将有所降低，相反扭转振动固有频率却有所增加，从避免出现复杂的耦合弯扭振动的观点出发，增大垂跨比和减小垂跨比都是有利的。但从总的效果来说，还应根据其他有关因素一起来选定合适的垂跨比。

(2) 风动力特性。

在悬索桥设计中，风荷载所起的作用往往成为控制设计的关键因素。这不仅仅是指在单纯的均匀静风荷载作用下桥梁结构反应（变形、应力）的增大，也包含着在风速、风向随时间、空间变化的风荷载作用下桥梁结构的稳定问题。19 世纪以来，由于风害而产生的垮桥事故有记载的就有 10 多起。特别是 1940 年竣工的美国塔科玛海峡桥，虽然是根据当时最先进的吊桥设计理论——挠度理论设计的，但通车仅 4 个月后，就在 19m/s 的风荷载作用下由于扭转自激振动而垮桥。此后桥梁结构的风动特性研究迅速开展，并已卓有成效。

桥梁结构对风的动态反应是十分复杂的，这种反应是若干种基本现象的复合，可以分为抖振、涡激振、跳跃驰振、扭转颤振和弯曲扭转耦合颤振等。

特大跨径悬索桥的风动特性是保证其结构体系稳定安全的一个非常重要的内容，往往只有通过正确的理论分析和必不可少的风洞试验，才能正确掌握悬索桥对风的动力反应，并正确地进行抗风设计。

7.1.2　悬索桥的分类

1. 按加劲梁的支承方式分

(1) 单跨两铰加劲梁悬索桥，如图 7-2 所示。

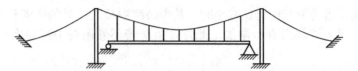

图 7-2 单跨两铰加劲梁悬索桥

（2）三跨两铰加劲梁悬索桥，如图 7-3 所示。

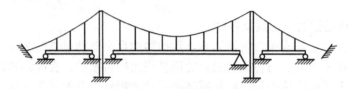

图 7-3 三跨两铰加劲梁悬索桥

（3）三跨连续加劲梁悬索桥，如图 7-4 所示。

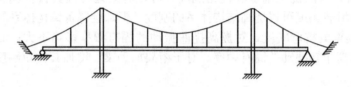

图 7-4 三跨连续加劲梁悬索桥

以上 3 种加劲梁支承形的悬索桥是现代大跨度悬索桥常采用的主要形式。三跨以上的多跨悬索桥，由于结构柔性大、固有振动频率低以及在活荷载作用下桥塔和加劲梁都将产生较大的变位等原因，是悬索桥忌用的形式，目前在世界上尚无先例。单跨两铰和三跨两铰支承的加劲梁一般为钢桁架，该种加劲梁最早用在美国建造的悬索桥上，因此，被称为"美国式"悬索桥。三跨连续的加劲梁一般采用流线型扁平翼状钢箱梁，该种加劲梁最早在英国采用，有人称之为"英国式"悬索桥。

2. 按主缆的锚固形式分

1）地锚式悬索桥

地锚式悬索桥主缆锚固在主跨两端的地基上（图 7-1）。地锚式悬索桥是传统的、常用的悬索桥形式，它受力明确，主缆和吊索受拉，加劲梁以受弯为主。地锚式悬索桥是目前所有桥型中跨越能力最大的桥型。

2）自锚式悬索桥

自锚式悬索桥的主缆是锚固在加劲梁的两端，如图 7-5(a)所示，自锚式悬索桥是近几十年出现的一种悬索桥。与地锚式悬索桥相比，其最大特点是取消了两端庞大的地锚。该种悬索桥加劲梁受到主缆传来的巨大轴压力，加劲梁是一种受压为主的压弯构件，使得自锚式悬索桥受力复杂，加劲梁需要有足够的刚度来满足稳定性的要求；另外，自锚式悬索桥与地锚式悬索桥的施工顺序完全不同，它是要利用支架先架设加劲梁，然后再安装主缆，将主缆锚固加劲梁的两端，安装吊索将加劲梁吊起，再拆去支架。在有通航或通车的情况下，会导致施工不便或影响通行，且施工过程复杂和难度大，因此，自锚式悬索桥跨径不宜太大。

广东佛山平胜大桥是一座主跨为350m的自锚式悬索桥[图7-5(b)]，于2006年建成通车。该桥跨径布置为5×39.64m+40m+30m（预应力混凝土加劲梁及锚跨）+350m（钢箱加劲梁）+30m+29.6m（锚跨），全长680.20m。主桥采用独塔单跨四索面自锚式悬索桥，采用钢箱和混凝土箱梁作为加劲梁，其中主跨采用钢加劲梁，其他采用混凝土加劲梁。

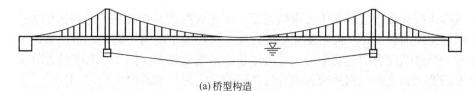

(a) 桥型构造

(b) 自锚式悬索桥实例——广东佛山平胜大桥(2006年)

图7-5 自锚式悬索桥

7.2 悬索桥的总体布置

悬索桥的总体布置首先应研究地形、地质、水文及接线等条件限制，从而决定采用何种形式的悬索桥进行总体布置，然后针对选定的桥型进一步确定悬索桥的边中跨比、垂跨比、吊索间距、加劲梁高宽尺寸等要素。

1. 跨径布置

悬索桥总体结构分跨布置应根据桥址处地形、地质、水文、河势、通航等条件及结构受力合理性综合确定，同时应充分重视桥梁美学设计及与周围环境的协调。一般而言，悬索桥的跨径宜控制在500~2000m之间，目前在建的最大跨径的悬索桥是跨径3300m的墨西拿海峡大桥。

悬索桥在跨径布置时的一个主要控制指标是边中跨比，即边孔跨度L_1与中孔跨度L的比值。从总体受力角度要求边跨与中跨的主缆水平分力在塔顶处相互平衡，这要通过边跨与中跨的主缆在塔顶两侧的夹角尽量相近来保证，但在实际设计中边中跨比往往受具体桥址处的地形、地质条件限制。此外，当边中跨比较小时，悬索桥刚度增加，中跨竖向挠度减小，但此时边跨主缆拉力加大，主缆会因长度及缆力变化而引起用钢量的增减，在采用钢塔的情况下，悬索桥单位桥长的用钢量随边中跨比减小而增加。因此，边中跨比的确定除了受地形、地质条件制约外，还要有经济比较。根据统计，目前世界上已建悬索桥的边中跨比多在 0.2～0.5 之间。

2. 主缆的垂跨比

主缆的垂跨比是指主缆在主孔内的垂度 f 与主孔跨度 L 的比值，垂跨比的大小一方面直接影响着主缆的拉力，从而也就在很大程度上决定了主缆的用钢量。另一方面垂跨比还对悬索桥的整体刚度有明显的影响，垂跨比越小，刚度越大。因此，在实桥设计中，应结合对刚度的要求和主缆用钢量来选取合适的垂跨比，通常取值为 1/9～1/12。

3. 吊索间距

吊索间距因桥梁的规模及架设条件而异，应进行具体分析。吊索间距决定了吊杆的截面、加劲板梁的横肋间距、加劲箱梁的横隔板间距、钢桁架梁的弦杆长度与桥面横梁的布置等，并直接影响索夹设计。此外，还必须考虑梁段分块运输及吊装能力。通常情况下，跨径在 80～200m 范围的悬索桥，吊索间距一般取 5～8m。跨径增大，吊索间距也增大，有时达 20m 左右。

4. 加劲梁的尺寸

加劲梁的尺寸主要是确定加劲梁的宽度和高度，设计中主要根据抗风理论分析和风洞试验来验证所取的加劲梁高度和宽度是否具备优良的动力特性。通常，桁式加劲梁的高跨比(加劲梁高 h 与主孔跨度 L 的比值)取 1/70～1/180，梁高一般为 8～14m；箱形加劲梁的高跨比取 1/300～1/400，梁高一般为 2.5～4.5m。

箱形加劲梁在桥面宽度确定以后，梁高小一些，断面的流线型可以好一些，有利于风稳定。但高度太小会导致加劲梁的抗扭刚度削弱太多，容易导致涡振和抖振的产生，产生结构疲劳，使人感到不适及行车不安全。为此还要控制高宽比，一般控制在 1/7～1/11。

7.3 主缆的构造

7.3.1 主缆的布置形式

悬索桥主缆的布置形式一般是采用两根平行的主缆，分别布置在加劲梁两侧吊点之上。但因主缆太粗、架设困难或工期限制等原因，也有少数大跨度悬索桥采用 4 根主缆的布置形式，即每侧并排布置两根主缆，共用一个吊点。如果将主缆与其下面的吊索视为悬索桥的索面，而 4 根主缆虽有 4 个索面，但其外观与功能仍为双索面悬索桥。

7.3.2 主缆的截面组成

悬索桥主缆主要有钢丝绳主缆和平行钢丝束主缆两种类型。

1. 钢丝绳主缆

钢丝绳由钢丝捻成股,然后再由股捻成绳。作为主缆的钢丝绳一般采用7股绳。每股的丝数可分为7、9、37和61等,丝捻成股的捻向与由股捻成绳的捻向相反,如图7-6(a)所示,捻角在18°左右。闭合型钢丝绳的截面呈梯形、Z形,如图7-6(b)所示,绳面光滑,不进水,截面密实,但价格较贵。

用钢丝绳制作成主缆时,受吊运能力的限制,绳的截面不能太大,而且将若干绳制作成缆时,密实度不高,弹性模量低。因此钢丝绳一般只能作为小跨度悬索桥的主缆。

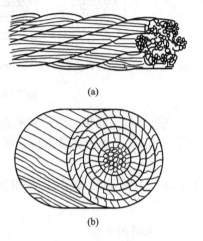

图7-6 钢丝绳截面

2. 平行钢丝束主缆

悬索桥的跨度越大,主缆所需要的索力越大,所要求的钢丝数量越多,为便于施工安装和锚固,工程中常采用φ5左右的镀锌钢丝组成钢丝束股,再由若干钢丝束股构成密实的主缆。这样的主缆中各束股之间能保证受力较为均匀,并且能架设成密实和理想的截面。主缆截面大小由主缆拉力大小确定,一旦钢丝直径选定,主缆中所需钢丝总数n随之确定。而具有n根钢丝的主缆应有多少股钢束n_1和每根钢束含多少根钢丝n_2,则需根据主缆的编制方法确定。

主缆通常采用空中编丝法(简称AS法)和预制钢丝束股法(简称PPWS法)成缆。AS法是通过牵引索来回走动的编丝轮,每次将两根钢丝在高空从桥的一端拉向另一端,待所拉钢丝达到一定数量后,即可编扎成一根束股。采用AS法束股较大,每股所含丝数n_2多达300~500根,每缆所含总股数n_1较少,约30~90束。因而其单股锚固吨位大,锚固空间相对集中。PPWS法的预制钢丝束股是平行钢丝索,避免了由钢丝编成钢丝束股的作业从而加快主缆的施工进度,但要求大吨位的起重运输设备和拽拉设备来搬运钢丝束股。采用PPWS法的束股通常按正六边形平行排列定型,以保证束股在架设过程中能保持稳定和相对密实。由束股排列成主缆的截面外形有平顶型和尖顶型两种,然后用紧缆机将主缆挤成圆形,如图7-7所示。考虑到桥跨跨径及施工条件,每股所含丝数n_2通常取值61、91、127、169,组成形状稳定的正六边形,如图7-8所示。每缆所含总股数n_1多达100~300束,锚固空间相对较大。因其采用工厂预制,所以现场架缆施工时间相对较短,气候因素影响小,成缆工效高。

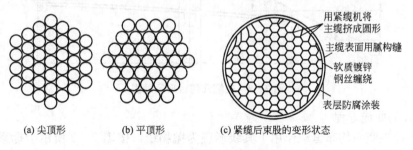

(a) 尖顶形　　(b) 平顶形　　(c) 紧缆后束股的变形状态

图7-7 主缆内束股的排列

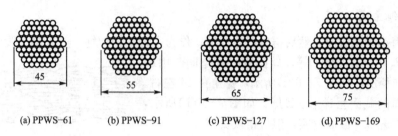

(a) PPWS-61 (b) PPWS-91 (c) PPWS-127 (d) PPWS-169

图 7-8 预制束股常用截面(单位：cm)

通过对以上两种主缆形式的施工及经济性进行比较，目前在工程中，钢丝绳主缆一般用于600m以下跨度的悬索桥，平行钢丝束主缆一般用于跨度在400m以上的悬索桥。

7.3.3 主缆的线形和最大拉力

1. 主缆的线形

悬索桥在成桥时主缆的线形是指在指定的气温条件下所确定的恒载平衡状态及其几何控制点的理论位置。

1) 基本设计参数取值

根据桥下通航净空要求及桥面纵坡设计标准，进行全桥总体布置，确定跨中路冠高程为TP_0，边墩中心处路冠高程为TP_1。考虑到主缆及吊索的构造空间要求，主缆中心以高出上述控制点2.5m布置，由此主缆中心的跨中高程为$TP_0+2.5$，边墩中心处高程为$TP_1+2.5$。

由主塔两侧中、边跨梁端的支点水平距离及吊索间距确定主缆在塔顶支承点两侧的直线段跨距分别为b和b_1，直线段竖直方向的投影高度分别为a和a_1，再由边跨端支点至散索鞍支点水平距离确定边跨主缆不承担梁部恒载的主缆跨距为b_2。中、边跨由主缆承担加劲梁恒载的主缆跨距分别为L和L_1(图7-9)。加劲梁中、边跨的恒载集度分别为g和g_1。

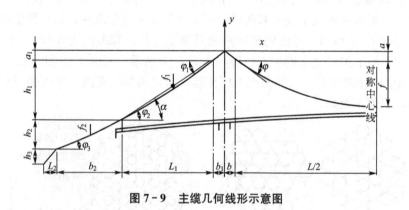

图 7-9 主缆几何线形示意图

2) 主缆的曲线方程

中跨主缆在竖向均布恒载作用下其线形应为抛物线，按图7-9所示坐标系，中跨主缆的曲线方程为

$$y = \frac{4(f+a)}{(L+2b)^2} x(x-L-2b) \quad (7-1)$$

由于 a、b 相对于中跨主缆垂度 f 与中跨跨度 L 来说数值很小，如不考虑桥塔宽度对主缆线形的影响，则中跨主缆曲线方程近似为

$$y = \frac{4f}{L^2} x(x-L) \quad (7-2)$$

3）几何线形计算

根据设计选定的中跨主缆垂跨比 k 和计算跨距 L 得中跨主缆矢高为

$$f = kL \quad (7-3)$$

由中跨主缆曲线方程可得：

$$\frac{d^2 y}{dx^2} = \frac{8f}{L^2} (常数) \quad (7-4)$$

取主缆一微段为自由体（图 7-10），在仅有恒载作用时，根据平衡条件 $\sum y = 0$ 得

$$H \frac{dy_1}{dx} - H \frac{dy_2}{dx} = g dx \quad (7-5)$$

$$dy_1 - dy_2 = d^2 y \quad (7-6)$$

故

$$\frac{d^2 y}{dx^2} = \frac{g}{H} = \frac{8f}{L^2} \quad (7-7)$$

$$H = \frac{gL^2}{8f} \quad (7-8)$$

同理，对于边跨主缆：

$$H_1 = \frac{g_1 L_1^2}{8 f_1} \quad (7-9)$$

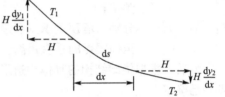

图 7-10 取主缆一微段为自由体

由主缆在塔顶两侧恒载拉力相等的原则得边跨的主缆矢高为

$$f_1 = \frac{g_1}{g} \times \frac{L_1^2}{L^2} \times f \quad (7-10)$$

塔顶主缆中心线理论高程计算如下。

$$\tan\varphi = \frac{4f}{L} \quad (7-11)$$

$$\varphi = \arctan^{-1}\left(\frac{4f}{L}\right) \quad (7-12)$$

$$a = b\tan\varphi = \frac{4bf}{L} \quad (7-13)$$

$$h = [(TP_0 + 2.5) + a + f] - (TP_1 + 2.5) = TP_0 - TP_1 + a + f \quad (7-14)$$

边跨主缆各线形控制点倾角计算如下。

$$a_1 = \frac{b_1}{L_1 + b_1}(h + 4f_1) \quad (7-15)$$

$$h_1 = h - a_1 \quad (7-16)$$

$$\tan\alpha = \frac{h_1}{L_1} \quad (7-17)$$

$$\tan\varphi_1 = \tan\alpha + \frac{4f_1}{L_1} = \frac{h_1}{L_1} + \frac{4f_1}{L_1} \quad (7-18)$$

$$\varphi_1 = \arctan\left(\frac{h_1}{L_1} + \frac{4f_1}{L_1}\right) \tag{7-19}$$

$$\tan\varphi_3 = \tan\alpha - \frac{4f_1}{L_1} = \frac{h_1}{L_1} - \frac{4f_1}{L_1} \tag{7-20}$$

$$\varphi_3 = \arctan\left(\frac{h_1}{L_1} - \frac{4f_1}{L_1}\right) \tag{7-21}$$

散索鞍座主缆中心高程为 $TP_1 + 2.5 - h_2$ (7-22)

根据主缆在边跨有索区和无索区之联结点应为连续圆滑曲线的几何条件，设计中需按下式进行必要的试算，调整有关散索支承点的设计参数。

$$f_2 = \frac{g_c b_2^2}{8H} \tag{7-23}$$

$$\varphi_2 = \arctan\left(\frac{h_2 - 4f_2}{b_2}\right) \tag{7-24}$$

$$\varphi_3 = \arctan\left(\frac{h_1}{L_1} - \frac{4f_1}{L_1}\right) = \arctan\left(\frac{h_2}{b_2} + \frac{4f_2}{b_2}\right) \tag{7-25}$$

式中　g_c——主缆自重恒载集度；

φ_1、φ_2、φ_3——分别为主缆在边跨一侧塔顶支承点处、边跨端支点处、散索鞍支点处的倾角；

h_1、h_2、h_3——分别为塔顶支承点至边跨端支点、边跨端支点至散索鞍支点、散索鞍支点至锚固点的垂直距离。

最后，根据锚碇结构的具体构造形式，确定 h_3 及 L_2。至此，主缆几何线形的各控制点均已确定。

2. 主缆的最大拉力

恒载作用下中跨主缆端部拉力水平分量为

$$H = \frac{gL^2}{8f} \tag{7-26}$$

恒载作用下中跨主缆端部拉力竖直分量为

$$V = \frac{gL}{2} \tag{7-27}$$

则恒载作用下中跨主缆的最大拉力为

$$T_{\max} = \sqrt{H^2 + V^2} = \sqrt{\left(\frac{gL^2}{8f}\right)^2 + \left(\frac{gL}{2}\right)^2} \tag{7-28}$$

7.3.4 鞍座

鞍座按其作用不同可分为塔顶主鞍座、支架副鞍座和散索鞍座。

1. 塔顶主鞍座

塔顶主鞍座置于塔顶用以支承主缆，并将主缆产生的巨大压力传给桥塔。其结构主要由鞍槽、座体和底板三部分组成，如图 7-11 所示。鞍槽用以直接容纳和支承主缆束股，纵向呈圆弧状，半径约为主缆直径的 8~12 倍；横向呈台阶状，台阶由中央向两侧渐次抬高,与主缆束股圆形排列相适应,台阶宽度与束股尺寸相近;座体是鞍座传递竖向压力的主体,上部直接与鞍槽底部连为一体,它由一道或两道纵主腹板和多道横肋构成,下部与底座板相联;支承底板是预置于塔顶用于支承鞍座座体的部分,它使鞍座反力均匀分布于塔顶。为满足悬索桥施工过程中鞍座预偏复位滑移的需要,支承底板与座体底板之间需设滑动装置,如辊轴、四氟滑板或其他减摩技术。鞍座一般由铸钢件构成,常采用全铸或铸焊结合方式制造,由于其结构尺寸及自重较大,通常在纵向分成两节或3节铸造及施工吊装,待拼合后再进行整体机械加工。

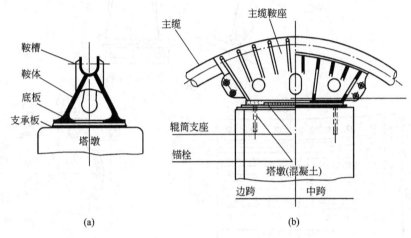

图 7-11 塔顶主鞍座

2. 支架副鞍座

支架副鞍座是设在边跨靠岸端的墩架或钢排架顶上的鞍座,其作用是改变主缆在垂直面内的方向,使主缆水平线倾角变陡,以便进入锚碇。支架副鞍座的构造与主鞍座基本相同。未设边墩支架的悬索桥没有支架副鞍座。支架副鞍座有两种形式:一种是鞍座固定在墩架或钢排架的顶部,鞍座与墩架或钢排架顶部不发生相对位移;另一种是鞍座下设有辊轴或摇杆,容许鞍座与墩支架或钢排架顶部做相对移动。

3. 散索鞍座

散索鞍座置于锚碇前,作用是改变主缆方向,并将主缆钢丝束股在水平和竖直方向分散开,引入各自的锚固位置,如图 7-12 所示。与塔顶鞍座不同的是,散索鞍座在主缆受力或温度变化时要随主缆同步移动,因而其结构形式上又有摇柱式和滑移式两种基本类型,也可分为全铸或铸焊结合两种制造方式。散索鞍座在主缆进口端应有圆槽,以便与主缆截面相适应,在束股出口处,应让外层各束股的上端交会于一点,下端指向锚块混凝土前锚面的指定束股位置。

如果主缆直径较小且在展索时不改变其总方向,则可用散索箍代替散索鞍起分散锚固作用。散索箍整体呈喇叭形,为两半拼合的铸钢结构,其间用螺杆连接,主缆从小口进入,在大口处散开。为防止散索箍沿主缆向未散开的方向滑移,需要在散索箍小口之外设置"挡圈",挡圈套住主缆后用高强螺杆拧紧,依靠由此产生的摩擦力阻挡散索箍滑移。

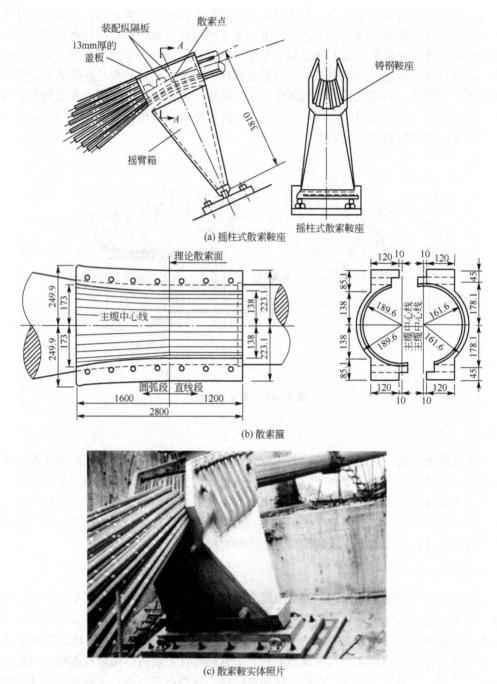

图 7-12 散索鞍座和散索箍(单位：mm)

7.3.5 吊索与索夹

悬索桥通过吊索将作用于加劲梁上的恒载及活载传给主缆，在主缆上安装索夹以保证传力途径安全可靠。

1. 吊索

吊索是将加劲梁竖向力向主缆传布的局部受力构件，其下端通过锚头与梁体两侧的吊索点联结，上端通过索夹与主缆联结。现代悬索桥一般采用柔性的钢丝绳或平行钢丝束作为吊索（图 7-13），少数小跨度悬索桥采用刚性吊杆。钢丝绳吊索采用优质钢芯钢丝绳作为索体，常用的有绳心式和股心式两种类型。平行钢丝束吊索截面组成一般为几十到百余根 $\phi 5 \sim 7$ 的镀锌钢丝，表面涂装油漆或包裹 HDPE 护套防腐。刚性吊杆是由圆钢或钢管制成，在它的两端加工螺纹，用螺帽与加劲梁上伸出的联结件相联，或是两端焊上联结块，联结块上留有螺栓孔，用螺栓与索夹的吊耳及加劲梁上联结杆相联。

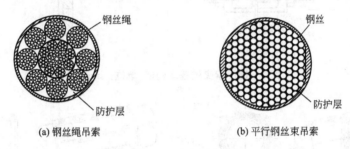

图 7-13 吊索断面示意

悬索桥吊索的立面布置一般有竖直布置和斜向布置两种形式（图 7-14）。将吊索设计成斜吊索的目的是为了增加大跨度悬索桥振动时的结构阻尼值，提高振动能量的衰减率，增大小跨度悬索桥的竖向刚度。但斜吊索在活载作用下，吊索索力变化幅度较大，存在严重的疲劳问题，并且斜吊索对吊索制作长度误差及索夹等安装误差较为敏感，因此目前国内外 1000m 以上的大跨度悬索桥均采用竖直吊索。吊索通常按等间距和等截面布置。

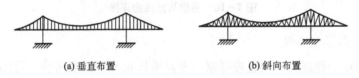

图 7-14 吊索布置形式

2. 索夹

索夹安装于主缆上，即对主缆和吊索之间起联结作用，又对主缆起紧固定型作用。索夹采用全铸钢制造，通常最小壁厚为 25mm。索夹的长度及紧固高强螺栓的个数依据索夹安装部位所受的下滑力大小而定。主塔两侧部位索夹受力最大，索夹最长；跨中索夹受力最小，索夹也最短。此外，在不设吊索的背索区或拉缆区段，为主缆紧固定型通常需要布设小型紧固索夹，同时借此附设缆上检修走道。

按夹紧方向的不同，索夹有左右对合型和上下对合型两种基本形式（图 7-15），安装后用高强螺杆将两半拉紧，在索夹内壁对主缆产生压力，防止索夹沿主缆向低处滑动。

3. 吊索与索夹的连接

吊索与索夹的连接方式有骑跨式和销接式两种，如图 7-16 所示。骑跨式构造简单可靠，吊索对上半部索夹的压紧作用增加了摩擦力，有利于索夹抗滑，缺点是必须采用钢丝绳吊索，钢丝绳弯折后产生弯曲应力，应力折减较多，不能充分利用材料强度。销接式不存在弯曲应力折减问题，因此可以降低吊索安全系数，比较经济。

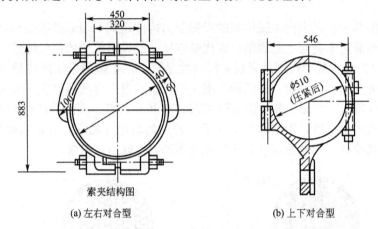

(a) 左右对合型　　(b) 上下对合型

图 7-15　索夹的基本构造（单位：mm）

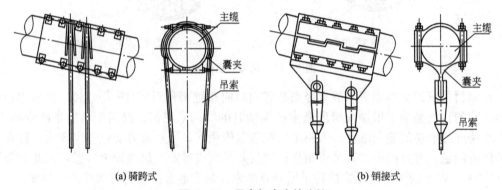

(a) 骑跨式　　(b) 销接式

图 7-16　吊索与索夹的连接

4. 吊索与加劲梁的连接

吊索与加劲梁的连接应传力直接可靠、方便检修和不易积水锈蚀，常用的形式有锚头承压式和销接式，如图 7-17 所示。锚头承压式结构简单，造价较低；销接式可简化加劲梁锚箱构造，方便加劲梁的安装与维护。

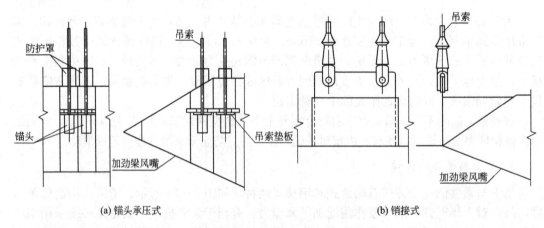

(a) 锚头承压式　　(b) 销接式

图 7-17　吊索与加劲梁的连接

7.3.6 主缆的防锈

主缆是悬索桥的主要受力构件,也是不可更换的构件。由于长期暴露在雨、湿气、污染空气的自然环境中,主缆钢丝特别容易受周围介质化学作用或电化学作用而腐蚀损坏,因此主缆防护的好坏直接关系到悬索桥的寿命。

1. 主缆锈蚀原因

主缆锈蚀的原因:一是主缆架设期间水分进入,二是防护完成后因主缆线形变化、温度变化引起伸缩而导致表面的油漆开裂和索夹上受损的密封部位开裂,水的渗入导致主缆湿度高而产生锈蚀。

2. 主缆的防锈措施

(1) 主缆在施工期间,镀锌钢丝外涂一道底漆(如铬酸盐、丙烯树脂和环氧树脂等)或不涂底漆而彻底清洗钢丝表面,然后手工涂抹防锈腻子,使它嵌入钢丝缝隙中,再用退火镀锌 $\phi 4$ 钢丝缠绕,最后涂几层漆,如图 7-18 所示。这种防护方式从 100 多年前的美国布鲁克林桥首次使用以来,一直沿用至今。

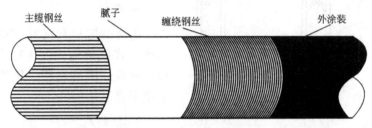

图 7-18 主缆缠丝涂装结构

(2) 限制主缆生锈的关键是不让水进入主缆,传统的主缆防护体系采用圆截面钢丝缠绕并涂装,其外表粗糙,由主缆线形变化、温度变化等因素引起主缆拉伸或收缩变形,容易引起油漆开裂。为此在原有方法的基础上,用 S 形截面的缠绕钢丝代替圆断面的钢丝(图 7-19),这样可以使主缆截面光滑,丝丝相扣,油漆不易开裂,从而可以防止水的侵入。但是它同样解决不了施工期间已经渗入的水对钢丝的锈蚀作用,而只是减轻锈蚀。

(3) 干空气导入法。将除湿机产生的干燥空气用管道输送,通过入口索夹输入主缆,穿过主缆后再经出口索夹排出主缆。这种方法首次应用于明石海峡大桥,最初

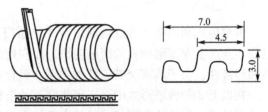

图 7-19 S形截面缠绕钢丝(单位:mm)

主缆内有水,6个月后主缆内相对湿度始终保持在符合防锈要求的 40% 以下。

对于主缆的非正常区段(主索鞍、散索鞍的索槽内,索鞍两侧护套内及索股从散索鞍至锚面的区段),该区段因为不能进行软质钢丝的缠绕保护,因此应事先用防锈腻子填充预制索股表面缝隙,再用玻璃纤维布缠包。单独索股处可用软质玻璃纤维布缠包,最后再进行涂装。

7.4 桥塔的构造

悬索桥桥塔按建造材料不同可分为圬工桥塔、钢桥塔和钢筋混凝土桥塔。早期的小跨度悬索桥多采用石砌圬工塔,后来以美国为代表的大跨度悬索桥基本采用钢结构。近几十年来随着混凝土技术的发展,特别是爬升式活动模板问世以来,欧洲各国和中国的悬索桥多采用混凝土结构。实践证明,混凝土桥塔对大跨度悬索桥同样具有适用性和竞争力。但近代日本修建的悬索桥却一直沿用钢结构桥塔,这主要是出于日本钢材价格低、人工费用高以及地震频繁的实际国情考虑。

7.4.1 桥塔的组成

桥塔主要由塔柱和横向联结两部分组成。根据横向联结方式的不同,悬索桥的桥塔在桥梁横向的结构形式,一般有以下3种(图7-20)。

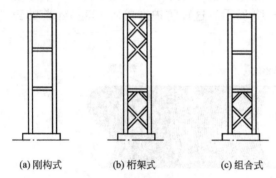

图7-20 桥塔横向结构形式

1. 刚构式

由两侧塔柱和横梁(单层或多层)组成的门式框架结构。这种形式在外观上简洁明快,既能适用于钢桥塔又能适用于钢筋混凝土桥塔。

2. 桁架式

在两根塔柱之间,除了有水平的横梁之外还具有若干组交叉的斜杆,形成桁架式结构。桥塔在横向采用这种结构形式,无论在塔顶水平变位、用钢数量以及塔架内力等方面均较有利。但是,由于交叉斜杆的施工对于钢筋混凝土桥塔来说有较大困难,因而这种形式只能适用于钢桥塔。

3. 组合式

由刚构式和桁架式可以组成组合式的桥塔。这种形式一般在桥面以上不设交叉斜杆,以便在景观上保留刚构式的简洁明快,而在桥面以下设置少量交叉斜杆以改善塔架的功能性和经济性。由于具有交叉斜杆的关系,组合式一般也仅适用于钢桥塔。

在以上3种桥塔形式中,还可将竖直的塔柱改变为横向略带倾斜的斜柱式或具有转折点的折柱式。斜柱式和折柱式的优点是给人以稳定感,塔顶宽度(塔柱中心距)较紧凑。

7.4.2 桥塔的基本形式

1. 桥梁纵向的结构形式

桥塔结构在纵桥向,按力学性质可分为刚性塔、柔性塔和摇柱塔3种结构形式。

1) 刚性塔

刚性塔是指塔顶水平变位量相对较小的桥塔，一般用于多塔(桥塔数量为3个或3个以上)悬索桥，特别是位于中间的桥塔，通过提高桥塔的纵向刚度来控制塔顶的纵向变位，减小梁内的应力。

2) 柔性塔

相对于刚性塔而言，柔性塔是指塔顶水平变位量相对较大的桥塔，是现代大跨度悬索桥最常用的结构。在大跨度三跨(双塔)形式的悬索桥中，桥塔几乎全是做成柔性的。柔性塔下端一般做成固结的单柱形式。

3) 摇柱塔

摇柱塔下端做成铰接式的单柱结构，一般只用于跨度较小的悬索桥。

2. 断面形式

钢塔柱及横梁可采用单室或多室箱形、十字形、T形截面形式。图7-21为旧金山—奥克兰海湾大桥主塔塔柱的截面。它在总体上是一个十字形截面，十字形的4个分肢各有若干基本格室，中心部分为一个相当于4个基本格室的主室。塔柱从底部到顶部的截面由改变最外侧基本格室的尺寸(包括取消)来变化。图7-22为维拉扎诺海峡桥的塔柱断面。

钢筋混凝土塔柱一般做成单室或双室空心截面。截面形式常从矩形出发，四边加以变化，四角加以修饰。常见的有D字形截面或削角的矩形截面，直线壁位于靠近桥梁中心线的一侧，曲线或削角的壁位于上下游侧，主要是为了提高塔身特别是裸塔时的风稳定性。钢筋混凝土塔柱的壁厚根据竖向和水平方向加劲肋的间距与尺寸而定。塔柱间的横向联结(各层横梁)均采用预应力混凝土箱形结构。

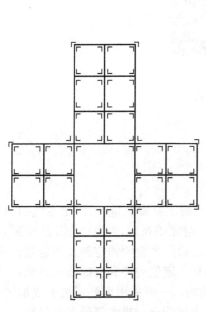

图7-21 旧金山—奥克兰海湾大桥塔柱底节断面

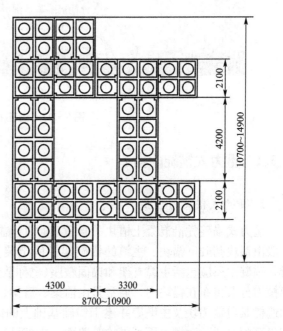

图7-22 维拉扎诺海峡桥的塔柱断面(单位：mm)

7.5 锚碇的构造

悬索桥主缆两端的锚固方式有地锚式与自锚式两种。由于大跨度悬索桥的主缆内力远远超过其加劲梁的承受能力,故自锚的情况较少,只有在小跨度和无地锚场所时采用,绝大部分是地锚形式。地锚式锚碇又分为重力式锚碇和隧道式锚碇两种形式(图7-23)。

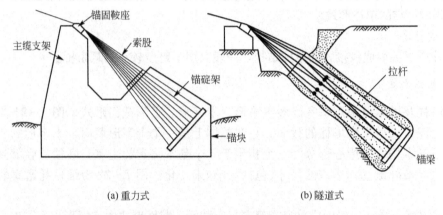

(a) 重力式　　　　　　　(b) 隧道式

(c) 大贝尔特东桥锚碇(重力式)

图7-23　锚碇的形式

7.5.1 重力式锚碇的构造

1. 重力式锚碇的组成

重力式锚碇凭借混凝土锚块的自重(再加上锚碇上的土重或配重)来固定主缆的两端,一般由锚块基础、锚块、主缆的锚碇架及固定装置、遮棚等组成,当主缆需要改变方向时,锚碇中还应包括主缆支架和锚固鞍座(也称散索鞍座)。主缆的锚定架及固定装置将主缆拉力分散传布在锚块内,通常是由前梁、后梁、锚杆、定位构件和支撑结构组成;锚碇的遮棚是覆盖锚块及主缆等并建于锚碇基础上的结构物,一般采用钢筋混凝土或钢结构,如果高程合适,遮棚上面可以构筑路面,内部可以作为输配电、排水等设备的机房;当主缆在锚碇处改变方向时,则需设置主缆支架。主缆支架可以独立地分开设置在锚碇之前,也可以设置在锚碇之内,它是主缆的支点,主缆支架顶部设有支承钢缆的散索鞍座。主缆支架主要有3种形式:刚性支架、柔性支架和摇杆支架,如图7-24所示。当采用刚性主缆支架时,散索鞍座的底部必须设置辊筒,以适应主缆的伸缩。

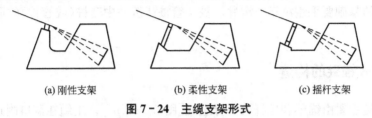

图 7-24 主缆支架形式

2. 重力式锚碇的形式

重力式锚碇根据主缆在锚块中的锚固位置可分为后锚式和前锚式(图7-25)。后锚式是将索股直接穿过锚块,锚固于锚块后面;前锚式是索股锚头在锚块前锚固,通过锚固系统将缆力作用到锚体。前锚式因具有主缆锚固容易、检修保养方便等优点而广泛运用于大跨悬索桥中。

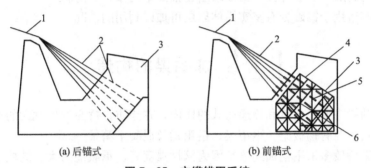

图 7-25 主缆锚固系统

1—主缆;2—索股;3—锚块;4—锚支架;5—锚杆;6—锚梁

3. 重力式锚碇的锚固系统

在锚碇范围内,主缆的索股从缠紧状态转变为散开状态,其拉力通过锚碇的锚固传力系统分散到锚块内。锚固系统分为型钢锚固系统和预应力锚固系统两种类型(图7-26)。

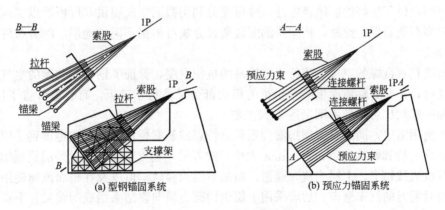

图 7-26 两种锚固系统示意

型钢锚固系统有直接拉杆式和前锚梁式。预应力锚固系统按材料不同有粗钢筋锚固形式和钢绞线锚固形式。

重力式锚碇适用于持力层位于地面以下 20～50m 的情况,若坚实持力层的埋置深度很大,则锚碇的基础要采用沉箱、沉井、桩、管桩或沉井中套桩(或管桩)的联合基础等深基础形式。

7.5.2 隧道式锚碇的构造

隧道式锚碇主要由锚梁和拉杆两部分组成[图 7-23(b)]。主缆在洞口附近经散索鞍座散开后,各索股锚头与岩洞中(底部尺寸略大)混凝土锚块内预埋拉杆的伸出端连接,并利用预应力工艺调整松紧。

若主缆各索股不集中在一个岩洞内锚固,而是先分散在各个岩孔内(每股一个孔),最后再进入锚固室,这种形式称为岩孔锚。岩孔锚是主缆经散索鞍转向并在散索室分散后,各根索股均锚拉在钢杆上,钢杆再锚拉在浇注在传力块体内的锚板上,各钢杆还进一步与插放在各钻孔内的后张力筋连接,力筋最后在锚固室内张拉后防腐。

隧道式锚碇适用于锚碇处有坚实山体岩层可加以利用的情况。

7.6 加劲梁的构造

悬索桥加劲梁主要起支承和传递荷载的作用,并能防止桥面发生过大的挠曲和扭曲变形。其结构形式主要有钢板梁、钢桁梁、钢箱梁及混凝土箱梁等。

大跨径悬索桥较多采用钢加劲梁是因为钢材强度高、承载能力大、结构轻巧、施工安装便捷、工厂化制造、质量容易得到保证。而中、小跨径悬索桥可选择较经济的混凝土加劲梁,由于其自重大,对提高加劲梁的抗风稳定性十分有利,但混凝土加劲梁裂缝不易控制,裂缝的开展会降低结构的耐久性,同时混凝土加劲梁的自重远大于钢梁,会增加主缆、吊索的用钢量,索塔、锚碇规模也加大,所以当悬索桥跨径较大时,采用混凝土加劲梁会引起整体方案的不经济。

钢桁梁是悬索桥较常采用的加劲梁形式,由于具有很高的截面抗扭刚度和透空的迎风截面,因而提供了良好的抗风稳定性,并可充分利用截面空间提供双层桥面以实现公路铁路两用或多车道布置。此外,桁架梁的安装架设方法可根据不同的地形、河势条件而具有多种选择。

钢箱梁具有良好的空气导流特性和较高的抗扭刚度,保证了钢箱加劲梁的空气动力稳定性。同时,正交异性桥面板既是箱梁的组成部分又是行车道板,有效地节省了用钢量,与桁架加劲梁相比可降低用钢量达 20% 左右。

由于使用需要,同时具有钢桁梁和钢箱梁特点的悬索桥加劲梁形式也得到了应用,如香港的青马大桥和韩国的 Yong-Jong 大桥,前者采用桁架形式,通过外层钢板围封使整个截面变成流线箱形,上层为汽车通道,桁架下层为轻轨车道以及在桥面风速超限而上层封闭交通时通行的汽车通道。后者采用上层由桥面、横向联结系组成的箱梁及下层为桁架的组合形式,箱梁作为公路交通的桥面板,桁架则为轻轨交通提供支承。

7.6.1 钢箱梁的构造

钢箱梁的截面基本上由四部分组成：上翼缘板、下翼缘板、腹板和加劲构件，如图7-27、图7-28所示。其中上翼缘板又兼作桥面板之用，为了增强加劲梁的整体性，往往采用由桥面钢板、纵肋、横肋（隔板）焊接组成的正交异性钢桥面板。

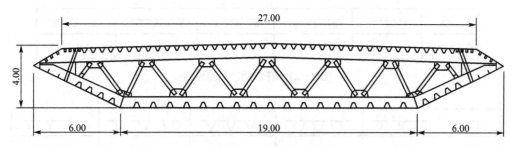

图 7-27　丹麦大贝尔特桥箱梁截面（单位：m）

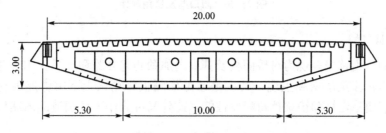

图 7-28　中国西陵长江大桥箱梁截面（单位：m）

1. 上翼缘板

上翼缘板同时具有承受竖向车辆荷载的桥面板和抵抗总体内力的箱梁翼缘板作用。悬索桥加劲梁的上翼缘板就强度讲通常并不控制设计，其刚度则往往成为制约板厚的主要因素。上翼缘板的刚度是指在两道横肋（隔板）之间翼缘板在轮重荷载作用下的局部挠曲变形问题，该挠度通常是弹性可恢复的，不会危及结构受力安全，但过大的挠度对桥面铺装是有害的。对通常厚度的沥青混凝土桥面铺装，国外规范规定上翼缘板在两道横肋（隔板）之间的竖向挠度应小于板跨的1/300，设计中据此检算确定上翼缘板最小板厚。同时考虑到板的制造与安装，钢箱梁上翼缘板的设计厚度不应小于12mm，通常在12~14mm之间取值。

2. 纵肋

在悬索桥加劲梁中，沿顺桥方向分别与箱梁顶、底板及腹板焊联为一体的纵向加劲肋，即作为箱梁各部分板件的组成部分为箱梁提供有效截面，增强其总体承载力，又起到提高各部分板件的局部抗弯刚度和压屈稳定的作用。

纵肋截面的基本形式有两种：开口式（图7-29）和闭口式（图7-30）。开口肋具有易于工厂制造，便于肋与肋之间的连接等优点，但与闭口肋相比存在抗弯扭刚度小、焊接工作量大、用钢量较多等不足之处，在悬索桥加劲梁中常用在腹板和两侧伸臂托架中，开口肋的板厚约为 10～25mm。闭口肋尽管存在对接结构复杂、轧制精度要求高等不利因素，但因其具有刚度大、屈曲稳定性好、焊接工作量少、焊接变形小、用钢量节省以及涂漆工作量小（闭口肋内部封闭，不需油漆）等优点，在悬索桥加劲梁的桥面顶板和箱梁底板设计中广为采用，考虑腐蚀和制造运输等因素，闭口肋的板厚通常取值 6～8mm。

综合考虑结构的受力及变形性能，纵肋的布置间距采用等间距布置最为理想，纵肋间距与桥面板厚度之比不大于 25。

肋型			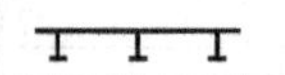	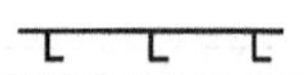	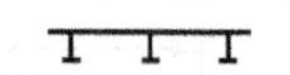
设计跨度/m	1.5～2.0	1.8～2.0	1.5～2.7	1.8	1.9～2.0

图 7-29　开口肋及适用跨距

肋型	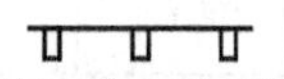		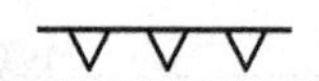		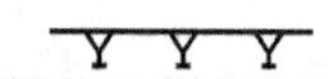
设计跨度/m	2.3～2.4	2.0～4.0	2.0～4.0	2.3～3.0	2.3～2.0

图 7-30　闭口肋及适用跨距

3. 横隔板（肋）

横隔板的作用首先表现为对桥面板及其纵向加劲肋起分跨和支承作用，并由此将桥面板所受竖向力转移至吊索和主缆，其次是通过横隔板将箱梁上下翼缘连为整体，提高了顶、底板的屈曲稳定性和箱梁抗扭畸变性能，此外又可兼作工厂制造的内胎模架，便于组拼制造。

横隔板有肋式、空腹桁架式、实腹板式 3 种基本类型（图 7-31）。现代悬索桥通常采用后两种形式的横隔板，位于吊点处的横隔板多采用实腹式，实腹式隔板常需设置检修过人孔、通风换气孔和各种过桥管线孔。

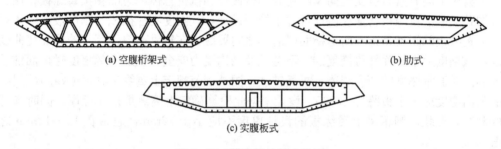

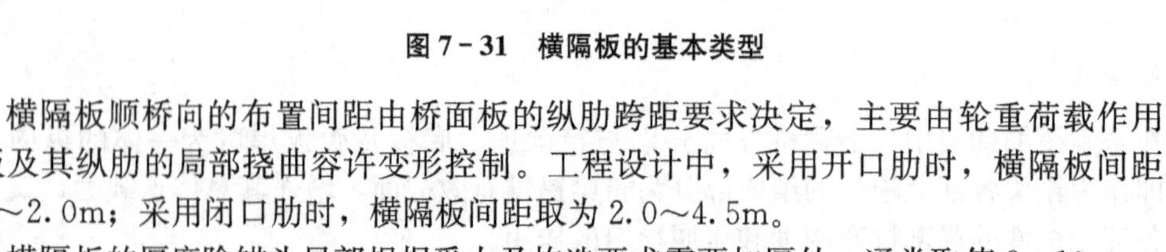

(a) 空腹桁架式　　　　　　　　　　(b) 肋式

(c) 实腹板式

图 7-31　横隔板的基本类型

横隔板顺桥向的布置间距由桥面板的纵肋跨距要求决定，主要由轮重荷载作用下桥面板及其纵肋的局部挠曲容许变形控制。工程设计中，采用开口肋时，横隔板间距取为 1.2～2.0m；采用闭口肋时，横隔板间距取为 2.0～4.5m。

横隔板的厚度除锚头局部根据受力及构造要求需要加厚外，通常取值 8～10mm。

4. 底板

底板主要充当箱梁下翼缘的作用，作为箱梁整体组成部分承受竖向荷载产生的总体弯曲内力和因横向或偏心荷载作用产生的扭转和横向弯曲内力，此外还作为主横梁的下翼缘辅助主横隔板横向向两侧吊索传力。

底板为便于制造及运输通常采用平底式，其纵向加劲肋可根据具体施工条件采用开口式或闭口式，均易满足受力要求。开口肋通常采用 L 形和球头扁钢，采用球头扁钢时，厚度不应小于 10mm。闭口肋常采用梯形肋，板厚不应小于 6mm。

底板板厚不应小于 10mm，通常在 10~12mm 间取值。

5. 腹板

根据悬索桥的受力特性，作用于桥面的竖向荷载每隔不远就通过吊索传递给主缆，因而其加劲梁所承受的竖向剪力比一般梁式桥小得多，所以加劲梁并不需要有纵向通长的强大腹板来发挥作用，即单从受力角度并不需要特意设置较强的纵向腹板。于是扁平箱梁不设置竖直的纵向腹板，仅根据导风要求在箱体两侧设倾斜的风嘴状侧腹板。

同底板一样，腹板板厚不应小于 10mm，通常在 10~12mm 之间取值。其上的加劲肋采用闭口加劲肋时，加劲肋板厚不应小于 6mm，加劲肋采用球头扁钢时，球头扁钢厚度不应小于 10mm。

7.6.2 钢桁梁的构造

钢桁梁是由主桁架、纵向水平联结和横向联结以及桥面系组成的空间结构。主桁架是钢桁梁的主要承重结构，由上、下弦杆及腹杆组成，弦杆和腹杆宜采用 H 形或闭合断面。腹杆大多采用竖杆与斜杆相组合的形式，或者仅采用斜腹杆的形式，斜腹杆与下弦杆之间的夹角应满足 $39°<\theta<51°$ 的要求。

节间长度取决于桁高及斜杆与弦杆的夹角，夹角大小又直接影响斜杆的内力，从而影响到桁梁的用钢量。对于采用竖杆与斜杆相组合的腹杆形式的钢桁梁，合理的节间长度一般取 $(0.6~0.8)h$，h 为桁梁高度。

纵向水平联结系一般设置在钢桁梁的上下平面内，以保证钢桁梁具有足够的横向刚度。为了增加钢桁梁的抗扭刚度，还应沿纵向设置多道横向联结系。纵、横向联结系一般也是采用桁架形式。

1. 单层桥面的钢桁加劲梁截面构造

一般将桥面设在钢桁梁的上弦，横截面的布置分为两种形式：下翼封闭式，如图 7-32 所示的日本因岛大桥和葡萄牙的 Salazar 桥等；下翼开口式，如图 7-33 所示的美国金门大桥和英国的福斯公路桥。

2. 双层桥面的钢桁加劲梁截面构造

双层桥面的加劲桁梁，一般两侧为两片主受力桁架，用以连接上下两层桥面，形成稳定可靠的结构体系。为了保证受力及结构刚度和稳定性，在上下层桥面下必须设置强大的主横梁，并与两侧主桁架形成刚性的横向框架，如图 7-34 所示。为了满足下层桥面的行车净空，上下层桥面下的横梁之间不再布置连接构件。由于双层桥面行车道活载较大，钢桁加劲梁的桁高及单位延米长用钢量均会增大。

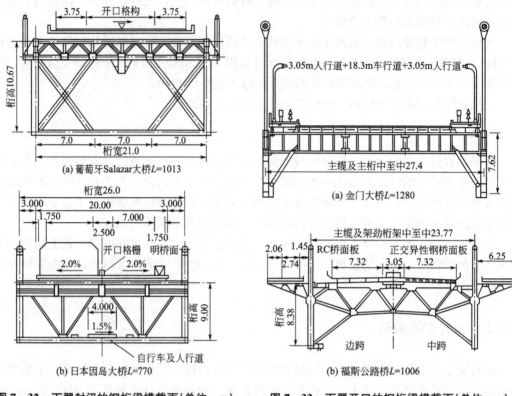

图7-32 下翼封闭的钢桁梁横截面(单位：m)　　图7-33 下翼开口的钢桁梁横截面(单位：m)

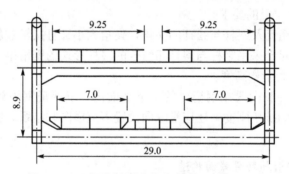

图7-34 双层桥面的钢桁梁横截面(单位：m)

3. 公铁两用钢桁加劲梁截面构造

日本本四连络线上的南北备赞大桥及下津井濑户大桥等，均为公铁两用悬索桥的钢桁架加劲梁的横截面构造(图7-35)。公铁两用悬索桥横截面布置的特点是桁高和桁宽都较大，以承受较重的活载。

4. 钢桁和钢箱相结合的加劲桁双层箱梁截面构造

香港青马大桥为公铁两用双层桥面，其横截面构造如图7-36所示。两片主桁架的横向中心距为26m，在两片主桁架外面，沿桥纵向每隔4.5m加设一道包括上下桥面系横梁、两侧尖端形导风角与中间两根立柱等构件组成的六边形横向主框架，在导风角部分用

1.5mm 厚的不锈钢板围封,上下横梁上面为正交异性钢桥面板,组成了类似于钢箱梁的封闭形横截面。为了有利于抗风稳定,在整个桥横截面的中央 3.5m 宽部分均以交叉的斜杆代替正交异性板,形成一条纵向的上下透风道。

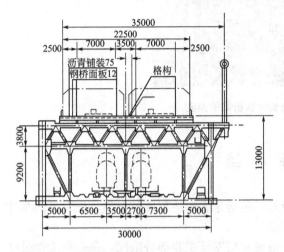

图 7-35　公铁两用钢桁梁的横截面(单位:mm)　　图 7-36　青马大桥加劲梁横截面

5. 钢桁加劲梁的桥面系构造

钢桁加劲梁桥面结构可采用混凝土桥面板、正交异性钢桥面板。正交异性钢桥面板同主桁的结合形式,可分为非合成形式和合成形式(图 7-37)。

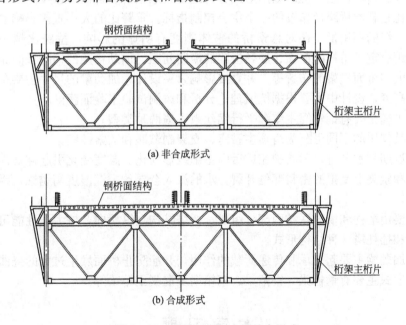

图 7-37　钢桥面板与主桁结合形式

悬索桥的钢桁梁,一般采用先分段预制,然后通过现场吊装、拼接的方法来架设(图 7-38)。

图7-38 某悬索桥钢桁梁的架设

本 章 小 结

本章主要介绍了悬索桥的构造与设计特点,包括悬索桥的组成与分类,悬索桥的总体布置和主缆、桥塔、锚碇及加劲梁的构造特点。

悬索桥由桥塔、主缆、吊索、加劲梁、锚碇及鞍座等主要部分组成,是一种柔性悬挂组合体系,兼有索和梁的受力特点。在外荷载作用下,主缆与加劲梁共同受力,主缆是这个组合体系的主要承重构件,其在荷载作用下的变形直接影响到整个组合体系的受力分配和变形。悬索桥的刚度小、固有频率低,需进行动力分析。

悬索桥按加劲梁的支承方式分为单跨两铰加劲梁悬索桥、三跨两铰加劲梁悬索桥及三跨连续加劲梁悬索桥;按主缆的锚固形式分为地锚式悬索桥和自锚式悬索桥。

边中跨比是悬索桥跨径布置的一个主要控制指标。垂跨比的大小直接影响着主缆的拉力,决定了主缆的用钢量,还对悬索桥的整体刚度有明显的影响,垂跨比越小,刚度越大。吊索间距决定了吊杆的截面、加劲板梁的横肋间距、加劲箱梁的横隔板间距、钢桁架梁的弦杆长度与桥面横梁的布置等,并直接影响索夹设计。加劲梁的尺寸主要是确定加劲梁的宽度和高度,设计中主要根据抗风理论分析和风洞试验来验证获得。

悬索桥主缆主要有钢丝绳主缆和平行钢丝束主缆两种类型。

鞍座按其作用的不同可分为塔顶主鞍座、支架副鞍座和散索鞍座。

主缆架设期间水分进入和防护完成后因主缆线形变化、温度变化引起伸缩而导致表面的油漆开裂和索夹上受损的密封部位开裂,水的渗入会导致主缆湿度高锈蚀,因此应注意主缆的防锈。

桥塔主要由塔柱和横向联结两部分组成。桥塔结构在纵桥向,按力学性能可分为刚性塔、柔性塔和摇柱塔3种结构形式。

悬索桥加劲梁主要起支承和传递荷载的作用,并能防止桥面发生过大的挠曲和扭曲变形。其结构形式主要有钢板梁、钢桁梁、钢箱梁及混凝土箱梁等。

本 章 习 题

7-1 悬索桥主要由哪几部分组成?阐述各部分的作用。

7-2 简述悬索桥的主要受力特点。

7-3 按加劲梁的支承方式，悬索桥可分为哪几类？
7-4 主缆的垂跨比对悬索桥的整体刚度有何影响？
7-5 悬索桥的主缆有哪几种基本类型？阐述其特点。
7-6 悬索桥的主缆采用地锚时，有哪两种锚固方式？并且阐述各自的锚固机理。
7-7 简述塔顶主鞍座的作用及其构造要点。
7-8 现代大跨度悬索桥通常采用柔性塔，为什么？
7-9 悬索桥的加劲梁主要起什么作用？
7-10 加劲梁的结构形式主要有哪几种？并且阐述其特点。

第8章
悬索桥的计算

教学目标

本章主要介绍悬索桥的设计过程与计算分析理论。通过本章的学习,应达到以下目标:
(1) 了解悬索桥的设计与分析理论;
(2) 了解悬索桥施工至成桥状态的精确分析。

教学要求

知识要点	能力要求	相关知识
悬索桥的设计与分析理论	(1) 掌握悬索桥受力特征 (2) 了解悬索桥作为连续体的静力分析	(1) 结构受力刚度分配 (2) 无应力长度
悬索桥施工至成桥状态的精确分析	(1) 了解恒载作用下吊索内力计算 (2) 了解真实索形计算 (3) 了解施工状态计算 (4) 了解悬索桥在工作荷载作用下的精细分析	(1) 吊装时块件自重引起的轴力和桥面固结后二期恒载作用 (2) 等效集中力 (3) 无应力索长 (4) 车辆荷载(可能是偏心的)和横向荷载(如风荷载),静力等效原则

基本概念

几何非线性;重力刚度;无应力长度;静力分析;成桥状态;静力等效原则。

8.1 悬索桥的设计与分析理论

悬索桥的设计过程如图8-1所示。

悬索桥计算理论的发展与其自身的发展有着密切的联系。在竖向荷载作用下其结构分析理论可以划分为两大类:①作为连续体分析的弹性理论,非线性膜理论——挠度理论及其简化方法——线性挠度理论;②作为离散体分析的非线性吊索理论和非线性有限元理论——有限位移理论。

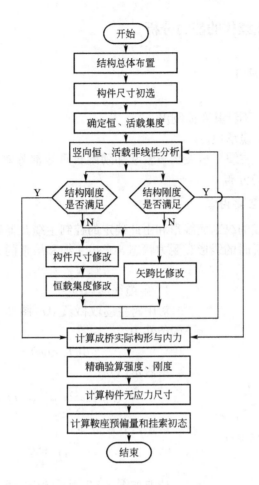

图 8-1 悬索桥设计过程图

8.1.1 悬索桥受力特征

(1) 悬索桥是由主缆、主塔、鞍座、锚碇和吊索等构件构成的柔性悬吊结构(图 7-1),受力呈明显的几何非线性特征。成桥时,主要由主缆和主塔承受结构自重(包括加劲梁在内)。成桥后,结构共同承受外荷作用,受力按刚度分配,重力刚度对抵抗活载变形起重要作用。

(2) 主缆是结构体系中最主要的承重构件,是几何可变体,主要承受拉力作用。

(3) 主塔是悬索桥抵抗竖向荷载的主要承重构件,在恒载作用下,以轴向受压为主,有活载作用时,以压弯为主,呈梁柱构件特征。

(4) 吊索是将加劲梁自重、外荷载传递到主缆的传力构件,是联系加劲梁和主缆的纽带,承受轴向拉力。

(5) 锚碇是锚固主缆的结构,它将主缆中的拉力传递给地基,可以采用重力式锚或隧道式锚。

8.1.2 悬索桥作为连续体的静力分析

1. 成桥状态的近似计算

其基本假定如下。
（1）主缆为柔性索，不计其弯曲刚度。
（2）加劲梁恒载由主缆承担。
（3）在主缆吊梁段，主缆、索夹、吊索和加劲梁自重等都等效为均布荷载 q；在无梁段，主缆自重沿索长均匀分布。

2. 成桥状态计算的主要内容

根据悬索桥布置形成的纵断面线形和由此确定的控制主缆几何线形基本点的位置，来分析主缆及其他构件成桥时的线形和受力状态，求出主缆和吊索的无应力索长及施工阶段鞍座的偏移量等。

1）主缆线形与拉力

对中跨主缆取微段 $\mathrm{d}x$（图 8-2），主缆竖向分力的平衡条件为

$$\mathrm{d}(T_q\sin\varphi)+q\mathrm{d}x=0 \tag{8-1}$$

由假定(1)有

$$T_q\sin\varphi=\frac{H_q}{\cos\varphi}\sin\varphi=H_q\tan\varphi=H_q\frac{\mathrm{d}y}{\mathrm{d}x} \tag{8-2}$$

以上两式联立有

$$H_q\frac{\mathrm{d}^2y}{\mathrm{d}x^2}=-q \tag{8-3}$$

选取如图 8-2 所示的坐标系，式(8-3)的解为

$$y=\frac{4f}{l^2}x(l-x) \tag{8-4}$$

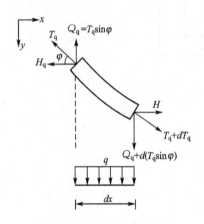

图 8-2 中跨主缆微段

将式(8-4)代入式(8-3)得

$$H_q=\frac{ql^2}{8f} \tag{8-5}$$

2）主缆成桥状态和自由悬挂状态的中心索长

由中跨主缆线形方程式(8-4)积分，可得成桥状态主缆中心线有应力索长为

$$S=\int_0^l\sqrt{1+y'^2}\mathrm{d}x=\frac{l}{2}(1+16n^2)^{1/2}+\frac{l}{8n}\ln[4n+(1+16n^2)^{1/2}] \tag{8-6}$$

将其展开为级数形式，有

$$S=l\left(1+\frac{8}{3}n^2-\frac{32}{5}n^4+\cdots\right) \tag{8-7}$$

式中　n——垂跨比，$n=f/l$；
　　　S——索长。

加劲梁自重作用下主缆产生的弹性伸长量为

$$\Delta S_1=\frac{H}{E_cA_c}\int_0^l(1+y'^2)\mathrm{d}x=\frac{Hl}{E_cA_c}\left(1+\frac{16}{3}n^2\right) \tag{8-8}$$

式中　H——由一、二期恒载引起的主缆近似水平拉力，$H=\dfrac{ql^2}{8f}$；

　　　E_c——主缆弹性模量；

　　　A_c——主缆截面面积。

成桥状态缆长扣除加劲梁自重引起的主缆弹性伸长量，可得自由悬挂状态的缆长为

$$S_1 = S - \Delta S \tag{8-9}$$

3) 主缆与吊索的无应力长度

主缆自由悬挂状态下线形为悬链线，取中跨中心线最低点为坐标原点，则对称悬链线方程为

$$y = c\left(\operatorname{ch}\dfrac{x}{c} - 1\right) \tag{8-10}$$

$$c = \dfrac{H}{q}$$

式中　H——索力水平投影；

　　　q——主缆每延米自重。

主缆自重引起的弹性伸长量为

$$\Delta S_2 = \dfrac{2H}{E_c A_c}\int_0^{l/2}\dfrac{1}{\cos\varphi}\mathrm{d}s = \dfrac{2H}{E_c A_c}\int_0^{l/2}(1+y'^2)\mathrm{d}x = \dfrac{2H}{E_c A_c}\left(1+\operatorname{csh}\dfrac{1}{c}\right) \tag{8-11}$$

则主缆无应力长度为

$$S_0 = S - \Delta S_1 - \Delta S_2 \tag{8-12}$$

根据成桥状态主缆的几何线形和桥面线形，求得各吊索的有应力长度，扣除弹性伸长量，即得无应力长度。

8.2　悬索桥施工至成桥状态的精确分析

确定悬索桥成桥和施工状态的关键是确定主缆在成桥时的线形，也就是在已知基本设计参数和施工方法的前提下，计算主缆与吊索交点位置及主缆与鞍座的切点坐标。

通过研究缆、索、梁、塔等构件的受力特征可知，用先分析吊索恒载索力、再求主缆平衡位置、最后确定主缆与鞍座切点位置的三步分析方法比较合适。

8.2.1　恒载作用下吊索内力计算

吊索是联系加劲梁与主缆的纽带，吊索内力可决定加劲梁的内力分配，反过来，加劲梁的受力状态也可确定吊索内力。给定加劲梁恒载受力状态，就可以求出吊索内力。

大部分悬索桥的加劲梁是按先铰接后固结的方法施工的，其吊索的恒载内力可分为吊装时块件自重引起的轴力和桥面固结后二期恒载作用下根据刚度分配到各个吊索上的轴力两部分。前者是确定的，因此，只要计算二期恒载引起的那部分吊索内力即可。

8.2.2　真实索形计算

将悬索桥简化成图 8-3 所示的力学模型。

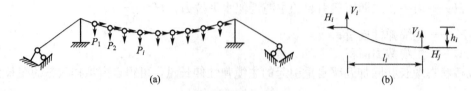

图 8-3　悬索桥索形力学模型简化图

为了寻找主缆变形后在吊索力作用下的平衡索形，将铰支座设置在散索鞍的理论交点处，主缆被分割成独立的 5 个部分。它们靠支座左、右边竖向力和水平力的平衡条件取得联系。弯曲刚度忽略不计，吊索力和索夹自重力都以等效集中力的方式作用在其相应位置。注意到计算时主缆有应力平衡位置，其变形已经完成，因此主缆在计算过程中不伸长。

取主缆吊索间任一段无伸长自由悬索，其竖坐标为 y，向下为正，单位缆长重为 q，任一点处的 Lagrange 坐标为 s，相应的笛卡尔坐标为 (x,y)，则任意索自由索段端点力与坐标之间的函数关系为

$$x(s)=\frac{H}{q}\left[\operatorname{sh}^{-1}\left(\frac{V}{H}\right)-\operatorname{sh}^{-1}\left(\frac{V-qs}{H}\right)\right] \quad (8-13)$$

$$y(s)=\frac{H}{q}\left[\sqrt{1+\left(\frac{V}{H}\right)^2}-\sqrt{1+\left(\frac{V-qs}{H}\right)^2}\right] \quad (8-14)$$

吊索间任一索段都必须满足式(8-13)和式(8-14)，令 $H_i=H$，$V_i=V$，于是

$$l_i=\frac{H_i}{q}\left[\operatorname{sh}^{-1}\left(\frac{V_i}{H_i}\right)-\operatorname{sh}^{-1}\left(\frac{V_i-qs_i}{H_i}\right)\right] \quad (8-15)$$

$$h_i=\frac{H_i}{q}\left[\sqrt{1+\left(\frac{V_i}{H_i}\right)^2}-\sqrt{1+\left(\frac{V_i-qs_i}{H_i}\right)^2}\right] \quad (8-16)$$

式中　l_i——i 号梁段吊索间距；

h_i——i 号梁段主缆吊点高差。

对于仅有竖直吊索的情况，有

$$H_i=H,\quad V_i=V_{i-1}-(P_{i-1}-qs_{i-1}) \quad (8-17)$$

计算中，主缆恒载集度 q、中跨吊索间距 l_i 和矢高 f、鞍座上 IP 点坐标均已知，索形计算时先根据抛物线假定预估一个 IP 点处的 H 和 V，通过式(8-15)由 l_i 计算出 s_i，通过式(8-16)由 s_i 计算出 h_i。最后，应满足下面的几何条件：

$$\sum_{i=1}^{m}h_i=f,\quad \sum_{i=1}^{n+1}h_i=\Delta y \quad (8-18)$$

式中　m、n——分别为左鞍座到跨中的吊索数和吊索总数；

Δy——两个主鞍座 IP 点的 y 坐标之差。

如果预估的 H 和 V 不能使式(8-18)成立，设误差向量为

$$e_f=\sum_{i=1}^{m}h_i-f,\quad e_y=\sum_{i=1}^{n+1}h_i-\Delta y \quad (8-19)$$

实际的 H 和 V，可通过影响矩阵法按如下步骤迭代求解。

(1) 索端力产生单位增量，$V=V+1$ 和 $H=H+1$，分别代入式(8-18)，计算出相应的 f 和 Δy 的增量，从而得到影响矩阵

$$C = \begin{bmatrix} c_{11} & c_{12} \\ c_{21} & c_{22} \end{bmatrix} \quad (8-20)$$

矩阵式中第一列为 V 引起的 f 和 Δy 改变量，第二列为 H 引起的 f 和 Δy 改变量。

(2) 求出 H 和 V 的修正量 $(\Delta H \quad \Delta V)^T$。

$$\begin{bmatrix} c_{11} & c_{12} \\ c_{21} & c_{22} \end{bmatrix} \begin{Bmatrix} \Delta H \\ \Delta V \end{Bmatrix} = \begin{Bmatrix} e_f \\ e_y \end{Bmatrix} \quad (8-21)$$

(3) 修正索端力 $H = H + \Delta H$，$V = V + \Delta V$，重新计算 h_i 和 e_f、e_y。

由于方程是非线性的，整个计算可以按(1)~(3)步骤进行迭代。当式(8-19)的误差值落入收敛范围时，迭代计算结束。这样，不仅得到了 IP 点处真实的 H 和 V，而且也得到了每段索的有应力长度 s_i 和吊索作用点的竖坐标 y_i。

$$y_i = y_0 + \sum_{k=1}^{i-1} h_k \quad (8-22)$$

根据 IP 点处实际的 H 和 V，可计算边跨主缆的成桥索形；根据主鞍座、散索鞍座的设计半径，可计算主缆与鞍座的切点坐标；根据吊索在主缆和桥面上的 y 坐标，可计算吊索在成桥状态的长度。至此，整个悬吊部分的受力与几何形态都被唯一确定。

8.2.3 施工状态计算

悬索桥施工状态是指从挂主缆开始到成桥各阶段悬索桥的构形和受力状态。确定施工状态主要解决 3 个方面的问题：①主缆各索段无应力索长；②挂索初始状态；③吊梁阶段的结构状态。

1. 主缆各索段无应力索长

无应力索长的计算必须从成桥合理状态的有应力索力反算求得。

对固定于 $A(0, 0)$，$B(l, h)$ 两点的自由索，得其方程为

$$y = \frac{1}{c} \cos[h(cx + c_1)] + c_2 \quad (8-23)$$

式中

$$c = \frac{q}{H}$$

$$c_1 = \mathrm{sh}^{-1}\left(\frac{hc}{2\mathrm{sh}(cl/2)}\right) - cl$$

$$c_2 = -\frac{\mathrm{ch}(c_1)}{c} \quad (8-24)$$

索长为

$$S = \int_s \mathrm{d}s = \int_s \sqrt{1 + y'^2}\,\mathrm{d}x = \frac{1}{c}[\mathrm{sh}(cl + c_1) - \mathrm{sh}(c_1)] \quad (8-25)$$

当索的正应变 $\left|\dfrac{T(s)}{EA_0}\right| \ll 1$ 时有：

$$S_0 = \int_s \left(1 - \frac{T(s)}{EA_0}\right) ds = S - \frac{H}{2EA_0 c}[cl + \text{sh}(2cl + c_1) - \text{sh}(2c_1)] \qquad (8-26)$$

根据式(8-25)和式(8-26)可以完成以下计算：①从锚碇到散索鞍索段的索长，根据悬链线索长计算公式，可计算有应力索长，扣除成桥索力引起的伸长量便是无应力索长；②包裹散索鞍索段的索长，根据左右切点和中心索的散索鞍半径，可计算索段的有应力索长；③散索鞍到主索鞍切点段的索长，该段索长应根据桥跨布置来计算；④包裹主鞍座索段的索长，可按②进行计算；⑤中跨主鞍座两切点间的索长，可参照③中三联悬索桥的索长计算方法计算。

2. 鞍座基准回退量及空索合理状态

鞍座基准回退量是指以满足成桥合理状态的各跨主缆无应力索长空挂于索鞍上，使左、右边空索水平拉力相等时索鞍的移动量。空索合理状态是指在鞍座具有基本回退量时主缆的形状和受力状态。悬索桥鞍座回退量计算流程如图 8-4 所示。

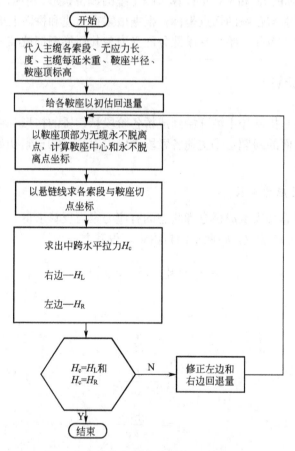

图 8-4 悬索桥鞍座回退量计算流程图

3. 加劲梁安装阶段合理状态的确定

加劲梁的安装步骤是由施工设计确定的。要确定梁体上各块件在每次施工中的确切位置比较困难，为此，可以从成桥合理状态开始，逆施工过程进行非线性倒退分析，计算每一施工阶段剩余结构的状态。

根据前面讨论可知,只要结构材料参数、几何参数是合理的,施工过程中不出现人为误差,从空索合理状态开始吊梁至全桥加劲梁安装完毕,各块件将相互独立,固结后作用以二期恒载,就可以达到成桥的理想状态。

8.2.4 悬索桥在工作荷载作用下的精细分析

工作荷载包括车辆荷载(可能是偏心的)、横向荷载(如风荷载)等,若考虑竖向和横向偏载甚至纵向荷载同时作用,则有必要对悬索桥进行三维空间分析。

在工作荷载作用下悬索桥的计算方法如下。

(1) 在竖向荷载作用下的平面杆系有限元位移理论,其中索的垂度效应可按 Ernst 公式修正计算。

(2) 在横向荷载作用下的平面板架(格栅结构)有限位移法。悬索桥在横向荷载作用下的结构行为基本上表现为线性,且塔的横向弹性变形可以忽略不计,但应考虑恒载内力引起的几何刚度。

以上两种计算均基于有限位移理论。

(3) 在偏心荷载作用下单独考虑扭转效应的分析理论和同时考虑偏心荷载引起耦合变形效应的分析理论。前者将偏心荷载(竖向或横向)按静力等效原则,用通过加劲梁剪切中心的竖向或横向荷载和相应的扭矩代替。后者则考虑了竖向(横向)挠曲与扭转效应的耦合,导得缆索和加劲梁挠曲的基本微分方程,并获得数值解。

(4) 复杂荷载作用下的三维空间分析理论。

本 章 小 结

本章主要介绍了悬索桥的计算要点,包括悬索桥的设计与分析理论、悬索桥施工至成桥状态的精确分析。

悬索桥计算理论有线性挠度理论和有限位移理论。悬索桥是由主缆、主塔、鞍座、锚碇和吊索等构件构成的柔性悬吊结构,受力呈明显的几何非线性特征。成桥时,主要由主缆和主塔承受结构自重(包括加劲梁在内)。成桥后,结构共同承受外荷作用,受力按刚度分配,重力刚度对抵抗活载变形起重要作用。主缆是几何可变体,主要承受拉力作用。主塔在恒载作用下,以轴向受压为主,有活载作用时,以压弯为主,呈梁柱构件特征。吊索是传力构件,承受轴向拉力。锚碇是锚固主缆的结构,它将主缆中的拉力传递给地基。

悬索桥成桥状态计算的主要内容包括根据悬索桥布置形成的纵断面线形和由此确定的控制主缆几何线形基本点的位置,来分析主缆及其他构件成桥时的线形和受力状态,求出主缆和吊索的无应力索长及施工阶段鞍座的偏移量等。

确定主缆在成桥时的线形是确定悬索桥成桥和施工状态的关键,即在已知基本设计参数和施工方法的前提下,计算主缆与吊索交点位置及主缆与鞍座的切点坐标,一般用先分析吊索恒载索力、再求主缆平衡位置、最后确定主缆与鞍座切点位置的三步分析方法。

本 章 习 题

8-1 何谓重力刚度？重力刚度对于活载作用下悬索桥结构变形起什么作用？
8-2 简述主缆无应力长度的概念及其计算步骤。
8-3 吊索的恒载内力一般由哪两部分组成？
8-4 阐述悬索桥施工状态计算的主要内容。
8-5 活载作用下悬索桥结构受力精细分析一般采用什么方法？

第9章
悬索桥实例

教学目标

本章主要介绍国内外的5座悬索桥实例。通过本章的学习，应达到以下目标：
(1) 掌握悬索桥的基本组成；
(2) 了解悬索桥的设计要点；
(3) 了解悬索桥发展状况。

教学要求

知识要点	能力要求	相关知识
实例桥概况	(1) 掌握悬索桥的基本组成部分 (2) 掌握悬索桥的总体布置	(1) 位置、组成部分 (2) 跨径分孔、主缆锚固方式
技术标准	熟悉悬索桥的设计技术标准	(1) 设计荷载 (2) 通航水位 (3) 桥宽
设计要点	(1) 熟悉悬索桥结构体系 (2) 熟悉塔、缆索、锚碇、梁等各部分的构造布置	(1) 结构体系 (2) 主塔构造 (3) 缆索构造布置 (4) 主塔及基础构造 (5) 锚碇构造 (6) 加劲梁构造

引例

美国在19世纪50年代从法国引进了近代悬索桥技术后，于19世纪70年代就发明了"空中架线法"编纺主缆，1883年建成了纽约布鲁克林桥，跨径达483m，开创了现代悬索桥的先河。1937年建成了旧金山金门大桥，主跨达1280m，该桥保持了27年桥梁最大跨径的世界纪录。

我国特大跨径的悬索桥从20世纪90年代中期开始，并得到了飞速发展，1995年建成的广东汕头海湾大桥，跨径为452m的预应力混凝土箱梁作为加劲梁的悬索桥，开创了我国公路悬索桥之先河；然后逐步建成了厦门海沧大桥(主跨648m，2000年)、润扬长江大桥(主跨1490m，2005年)、浙江西堠门大桥(主跨1650m，2009年)及湖南矮寨大桥(主跨1176m，2012年)等。日本明石海峡大桥(1998年)主跨1991m，是目前世界上已建成的主跨最长的悬索桥。

9.1 厦门海沧大桥

1. 概况

厦门海沧大桥是厦门岛继厦门大桥之后的第二条对外通道，位于厦门岛西海域，东经118°04′37.95″，北纬24°29′49.551″，呈东西走向。海沧大桥主桥，即东航道桥是我国第一座三跨(230m+648m+230m)连续漂浮体系钢箱梁悬索桥，技术含量高，施工难度大。全桥总长5927.4m，于2000年1月1日建成通车。

2. 主要技术标准

(1) 计算荷载：汽车—超20。

(2) 验算荷载：挂车—20；人群荷载 $3kN/m^2$。

(3) 风荷载：桥位区20m高度处，百年一遇设计风速为47.4m/s；桥面标高处，百年一遇设计风速55.3m/s。

(4) 温度荷载：东航道桥体系升温25℃，体系降温−28℃；西航道桥墩和引桥结构体系温度按±20℃计算。

(5) 偶然荷载。船舶撞击荷载：东航道桥西索塔验算船舶撞击力采用20000kN，西航道桥墩验算船舶撞击力采用3000kN。地震荷载：基本地震烈度7度。

(6) 计算行车速度：主桥、引桥、引道计算行车速度80km/h。

(7) 最高通航水位：4.178m(频率1/20，黄海高程)。

(8) 通航净空：东航道通航净高为设计最高通航水位以上55m，相应的通航净宽不小于450m。

(9) 桥面宽度：0.5m(栏杆)+3.0m(紧急停车带)+3×3.75m(行车道)+0.5m(安全带)+1.5m(中央分隔带)+0.5m(安全带)+3×3.75m(行车道)+3.0m(紧急停车带)0.5m(栏杆)=32.0m。

3. 设计要点

1) 结构体系

采用全漂浮体系，竖向支座4套，单件总重7780kg；抗风支座8套，单件总质量740kg，均为铸钢加工件。孔跨布置为230m+648m+230m，该桥为总长1108m的三跨连续漂浮体系钢箱梁悬索桥，如图9-1所示。

2) 主梁

主梁为16Mn钢全焊结构。如图9-2所示，中心梁高3.0m，全宽36.4m，正交异性钢桥面板厚12mm。全桥共94节梁段，每段长12.0m。钢箱梁总质量15800t。

3) 索塔

索塔为门式框架结构，如图9-3所示，由塔座、塔柱和上下横梁、承台、钻孔桩基础组成。塔柱高128.025m，桥面以上高70.863m，塔柱底面高程+5.5m，塔顶高程133.525m。航空限高133.53m。

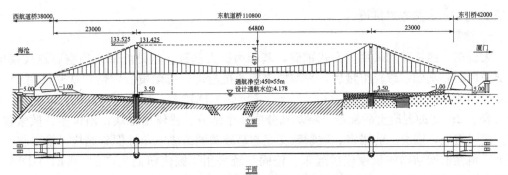

图9-1 厦门海沧大桥东航道总体布置图(单位：cm)

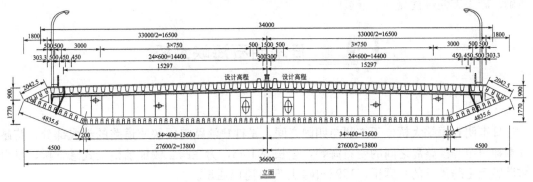

图9-2 东航道主梁横断面图(单位：mm)

4) 缆索系统

(1) 主缆：两根主缆中心距34m，矢跨比1/10.5；预制平行钢丝索股采用PWS法施工。每根主缆由110股索股组成，每根索股由91根φ5.1镀锌高强钢丝编制而成，成形后的主缆外径570mm。主缆平均长度1227m，两根主缆总质量约3925.118t。

(2) 主索鞍共4个，为铸钢加工件，单体最大质量76.11t。

(3) 散索鞍共4个，为铸钢加工件，单体最大质量66.491t。

(4) 吊索：采用φ5.1镀锌高强钢丝制作。全桥328根吊索，总质量640t，高强钢丝质量155t。

(5) 索夹为上、下两瓣式，共8类184套，为铸钢加工件，单体质量2840kg。

5) 索塔基础

每个索塔基础为28根φ2.0m灌注桩，承台厚5m。两个承台用系梁连接，是双室箱式截面。东塔基桩位于东渡港码头上，3根为钻孔桩，其余为人工挖孔桩，

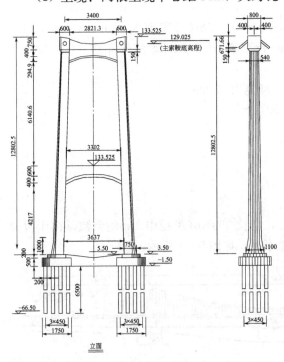

图9-3 东航道塔身构造图(单位：cm)

桩长 11～17m，按嵌岩桩设计。

6) 锚碇

大桥东、西锚碇均采用重力式锚碇，基础为扩大基础。基础前部采用空心箱式基础，后部采用实心基础；减轻重量后，为增加锚碇的抗滑动、抗倾覆稳定性，基底采用5%～41%的倒坡，基底平面尺寸为74m×52m。考虑到基础较大，在锚块与基础之间的纵、横向设置了2m宽的混凝土后浇带，将基础分成4个部分。锚体由锚块、前锚室、散索鞍支座、横梁组成，锚块、前锚室、散索鞍支座与基础共同组成三角性框架结构，横梁将左右两个三角性框架结构的顶端连接起来。锚固系统采用了国内研制生产的OVM.MD15-7预应力钢绞线锚固系统，该系统采用双拉杆、双预应力钢绞线结构，具有构造简单、受力明确、施工方便等优点。

9.2 日本明石海峡大桥

1. 概况

日本明石海峡大桥位于本州与四国之间，是神户淡路鸣门快速道路的组成部分，跨越日本神户市和淡路岛之间的明石海峡，全长3910m，为三跨二铰加劲桁梁式悬索桥，是目前世界上主跨最长的悬索桥，1998年4月5日建成通车。

2. 主要技术标准

(1) 设计风速。加劲梁：60m/s；桥塔：67m/s。

(2) 设计行车速度：100km/h。

(3) 桥面宽：2.75m+2.5m(紧急停车带)+10.75m(行车道3.75m+3.5m×2)+3.5m(中央分隔带和两侧路缘带)+10.75m(行车道)+2.5m(紧急停车带)+2.75m=35.5m，双向6车道。

(4) 通航净空。净高最高潮水位上65m，净宽为1500m。

(5) 跨径布置：960m+1991m+960m=3911m。

(6) 抗震烈度：8.5级。

(7) 抗风频率：1/150。

3. 设计要点

1) 结构体系

该桥主跨1991m(960m+1991m+960m)，全长3991m(跨径中1m的余数是由于阪神大地震所引起的)，为三跨二铰加劲桁梁式悬索桥，如图9-4所示。

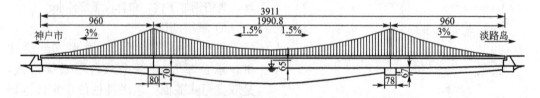

图9-4 明石海峡大桥总体布置(单位：m)

2) 主梁

主梁采用钢桁式加劲梁,如图9-5所示。横截面尺寸为35.5m×14.0m,其梁高比其他任何一座悬索桥都高,用钢量为89300t。

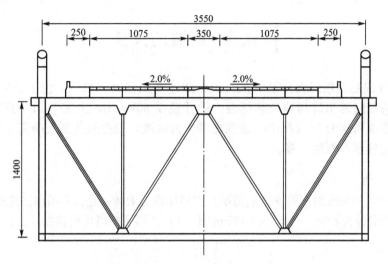

图9-5 明石海峡大桥主梁横断面图(单位:cm)

3) 塔

大桥有两座主塔,两座锚墩。如图9-6所示,钢桥塔高为297m,是世界上最高的桥塔,柱中心间距(顶部)35.5~(下部)46.5m,塔顶最大反力50000t/柱,材质为SM570,用钢量约为23100t/座。

该桥两根主缆直径为1122mm,两条主钢缆每条长约4000m,各由290根高强钢索构成,用钢量为57700t,为世界上直径最大的主缆;主缆钢丝的极限强度为1800MPa,也是世界纪录。主缆由预制平行钢丝束组成,这项工艺也适用于同样规模的悬索桥。牵引钢丝由直升机牵引跨越明石海峡,这是世界上首次应用的新工艺。

4) 索塔基础

大桥两主墩基础采用沉箱基础,其直径和高度分别为80m×70m及约78m×67m。用钢量分别为355000m³和322000m³。

5) 技术特点

该桥两根主缆直径1122mm,主缆钢丝的极限强度1800MPa均为世界纪录;由直升机牵引钢丝跨越明石海峡,这是世界上首次应用的新工艺。1995年1月,日本神户地区发生里氏7.2级地震,造成5000多人死亡,大桥经历了一次严峻的抗震检验。当时桥址处的震级接近

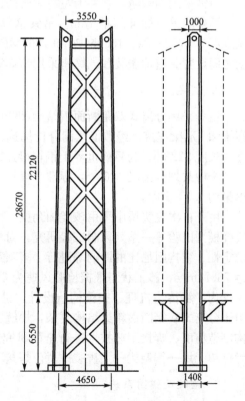

图9-6 明石海峡大桥主梁塔图(单位:cm)

里氏8级，距该桥50km远的桥梁与建筑都已经倒塌。地震发生时，该桥刚完成桥塔与主缆施工，开始架设加劲梁。该桥在阪神地震中仅有微小损坏，由于地面运动，两塔基础之间的距离增加了80cm，使主跨接近于1991m，主缆垂度因此减少了130cm。

9.3 西堠门大桥

2009年建成的西堠门大桥是浙江舟山大陆连岛工程的一部分，位于金塘岛和册子岛之间。该桥为双向四车道高速公路标准，设计速度80km/h，全宽36m，桥面净宽23m，运营期设计基本风速为41.12m/s，通航标准3万吨级，主通航孔通航净宽630m，通航净高49.5m，地震基本烈度7度。

1. 桥跨布置

大桥主跨为1650m的两跨连续钢箱梁全漂浮体系悬索桥，是目前国内已建成的最大跨径悬索桥。跨径组合为578m+1650m+485m（图9-7）。两个桥塔均设置在岸上，不入水。

2. 缆索系统

主缆矢跨比为1/10，采用工厂预制平行钢丝股法（PPWS）施工，镀锌钢丝抗拉强度不小于1770MPa，每根索股含127根ϕ5.25mm钢丝，每根主缆中跨索股169根，南北边跨分别为171根、175根。

吊索采用钢丝绳，索夹为左右对合的铸钢件，吊索上端骑跨于索夹，下端与加劲梁销接。顺桥向吊点标准间距18m。吊索钢丝直径为ϕ60mm、ϕ80mm、ϕ88mm，对应公称抗拉强度为1770MPa、1860MPa和1960MPa。悬吊长度大于20m的各吊点，在吊索中部两索之间设置一道抑振装置。鞍座采用铸焊混合结构，锚室及鞍罩内均设除湿装置。

3. 主梁

主梁采用分离式双箱断面钢箱梁（图9-8），全宽36m，梁高3.5m，两箱间通过箱形横梁和I形梁连接，经数值风洞分析优选，两箱间距为6m时颤振临界风速最大。钢箱梁连续长度2228m，为目前世界上钢箱梁连续长度之最。

全桥共划分梁段126个，标准节段长18m，重约250t，最大梁段重约310t。箱梁总用钢量约3.3×10^4t。

由于首次在实桥中采用该类加劲梁，因而进行了数值风洞分析、节段模型风洞、全桥气弹模型试验等一系列风洞试验研究，对中央槽宽、断面形状、涡振、颤振、抖振、静风稳定性、结构阻尼比的影响等进行了多项系统化研究，结果表明，成桥状态颤振检验风速达78.74m/s；施工状态颤振检验风速为67.1m/s。

为了解传力机理、完善构造设计，进行了总长20m的1∶2大比例尺节段模型试验，由于分离式双箱断面箱梁结构复杂，焊缝密集，所发生的焊接变形和残余应力较大，对结构制造精度、焊接工艺技术进行全面研究。钢箱梁制造采用"板→板块（或部件）→板单元→单元块→钢箱梁→预拼装→桥位焊接"的方式生产。

4. 锚碇及锚固系统

锚碇采用重力式锚，持力层为弱微风化基岩，每个锚碇混凝土方量约8×10^4m³。锚

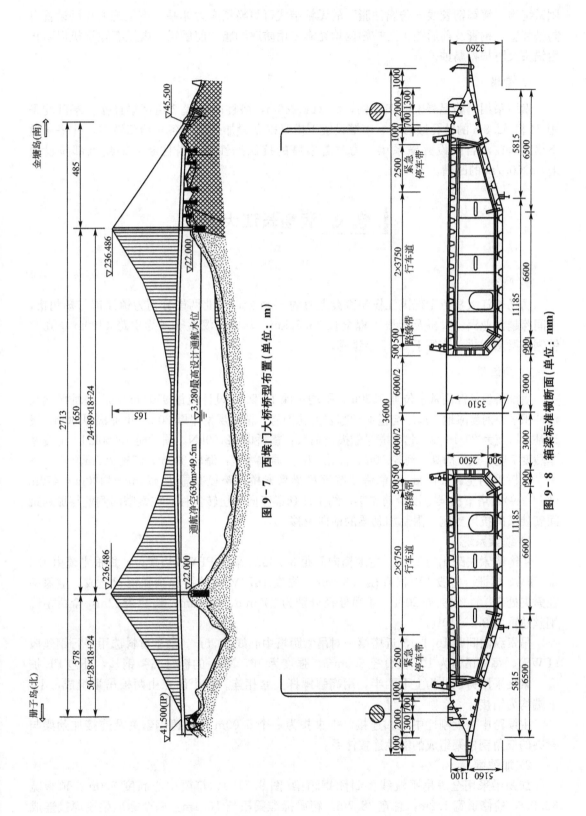

图 9-7 西堠门大桥桥型布置（单位：m）

图 9-8 箱梁标准横断面（单位：mm）

固系统为"镀锌钢绞线+防腐油脂"的无粘结式可更换预应力体系。该系统夹片后设置有防松装置，钢管及前后锚头防护帽内均充满专用防腐油脂，前后锚室内设有除湿机以防止后锚头及防护帽腐蚀。

5. 索塔

索塔采用钢筋混凝土框架结构，高 211.286m，塔柱间设置 3 道横梁连接。基础均采用 24 根 $\phi2.8$m 的钻孔嵌岩桩。南塔设置下横梁以布置加劲梁的各种约束装置，北塔未设下横梁，在承台间设置横系梁。为改善索塔的抗涡振性能，塔柱断面的角点部位设置 0.7m×0.7m 的凹槽。

9.4 润扬长江大桥

1. 概况

润扬长江大桥位于现镇江扬州汽渡上游约 3km 处，南北两岸分别为镇江市与扬州市，中间跨越世业洲。大桥及接线工程全长 35.66km，其中南汊主航道为主跨 1490m 单孔双铰钢箱梁悬索桥。该桥于 2005 年建成。

2. 南汊桥

南汊桥位处江面常水位宽 1530m，平均水深 13.8m，设计流量 95000m³/s。桥址区属长江冲积平原河漫滩地，南岸与世业洲基岩为花岗岩，覆盖层南岸厚 30m、世业洲厚 50m。设计基本风速为 29.1m/s。北主塔船舶撞击荷载：横桥向 32700kN，顺桥向 16350kN。地震基本烈度 7 度。通航净高：海轮 50m，江轮 24m。通航净宽：海轮 390m，江轮 700m。

主桥采用主跨 1490m 的单跨双铰钢箱梁悬索桥，跨径布置为 470m+1490m+470m（图 9-9）索塔下横梁上设滑动支座，约束加劲梁竖向和扭转位移；在索塔内侧壁与加劲梁间安装横向抗风支座，限制加劲梁的横向位移。

1) 缆索系统

主缆缆索矢跨比为 1/10，主缆横向间距 34.3m，采用 PPWS 法架设，每根主缆由 184 根 PPWS 索股，每股 127 根直径 5.30mm、强度 1670MPa 的镀锌高强钢丝组成，空隙率在索夹处 18%，索夹外 20%，主缆外径分别为 895mm、906mm，长度 2582m，全桥主缆钢丝总重为 2.1×10^4t。

吊索纵向间距 16.1m，近塔第一对吊索距塔中心线 20.5m。吊索材料选用平行钢丝股（PWS），每根吊索为 109 根直径 5.0mm、强度为 1670MPa 的镀锌高强钢丝，外包 PE 护套。索夹采用铸钢分为上下两半，用高强螺杆夹紧相连。每个吊点由两根吊索组成，上、下端均为销接。

主缆跨中加设刚性中央扣连接。中央扣为一个 5.00m 长的铸钢索夹及连接加劲梁与索夹的三角钢桁架组成的刚性连接体系。

2) 加劲梁

加劲梁采用全焊扁平流线型封闭钢箱梁（图 9-10），箱梁中心高度 3.0m，顶板宽 32.9m，检修道宽 1.2m，总宽 38.7m。箱梁标准梁段长 16.1m，两个标准梁段焊接连成

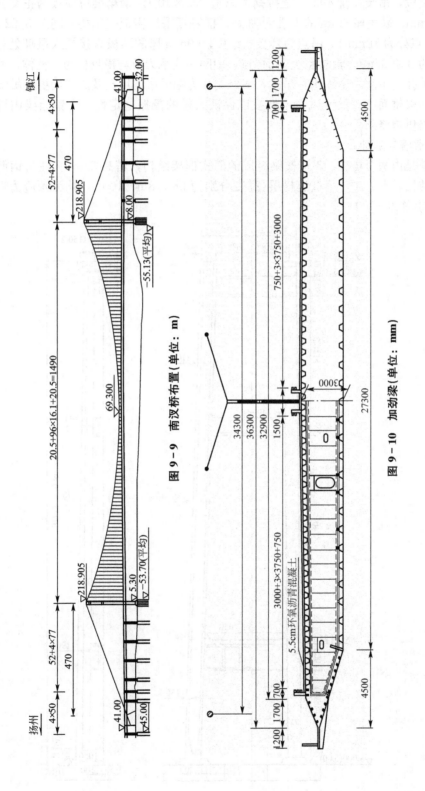

图 9-9 南汊桥布置(单位:m)

图 9-10 加劲梁(单位:mm)

一个吊装段，吊装质量492t，全桥钢梁总重$2.3×10^4$t。钢箱梁桥面板为正交异性板，顶板厚14mm，采用厚6mm的U形肋加劲。横隔板采用实板式结构，间距3.22m，隔板厚8mm(吊点处为10mm)。吊点为耳板式结构，60mm厚的耳板直接插入风嘴处箱体并与其相垂直的3块35mm厚的承力板相焊连，中间一块承力板与横隔板为一整体。耳板上缘设置4个吊孔，中间两个为永久吊孔，两外侧孔为箱梁吊装用孔及成桥后更换吊索用孔。

加劲梁桥面中央设置风稳定性板以保证大桥的颤振稳定性。在钢箱梁内设置检查小车，以提供检修条件。

3) 索塔与基础

主塔是由两个塔柱、3道横梁组成的门式框架结构，塔高210m。柱为钢筋混凝土空心箱形结构，上、中、下3道横梁(高度分别为8m、8m、10m)，均为预应力混凝土空心箱形结构(图9-11)。

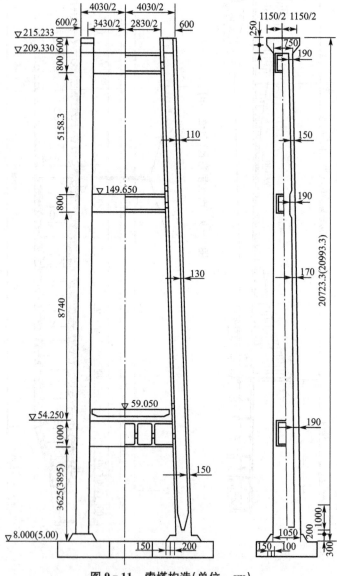

图9-11 索塔构造(单位：cm)

主塔基础为菱形柱式塔座、哑铃形承台及 32 根直径 2.8m 的钻孔灌注桩群桩基础(图 9-12)。索塔基础承台采用异形大型钢吊箱"分块制作拼装，一次整体吊装"技术。

塔柱起步段(塔座以上 10m 段)采用搭支架立模施工，其余各节段均采用爬模施工，一般节段高 4.5m。其中北塔爬模施工引进德国 DOKA 公司的液压爬升模板体系。北索塔 C50 混凝土采用低碱水泥配制。

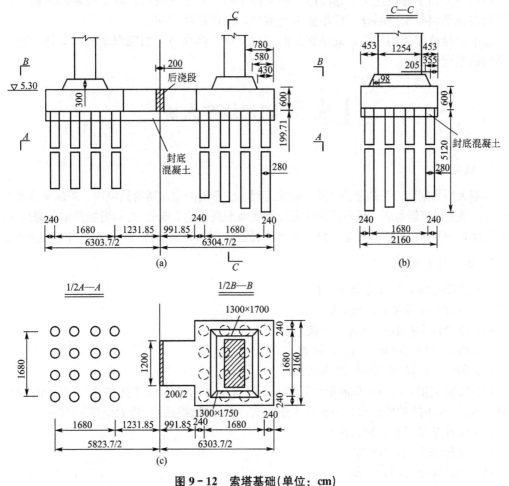

图 9-12 索塔基础(单位：cm)

4) 锚碇

南、北锚碇均为重力式锚碇、预应力锚固系统。

(1) 南锚碇：基础平面尺寸为 70.5m×52.5m，四周为钻孔灌注桩，嵌入基岩约 6m。采用冻结排桩法施工，以含水底层冻结帷幕墙体形成基坑的封水结构，以排桩及内支撑系统抵抗水土压力。

基坑四周共有 140 根直径 1.5m 的桩，桩长 35m，排桩外侧布设冻结孔、注浆孔、卸压孔，混凝土采用 C30。注浆孔共 74 根，孔距 3.5m，总体注浆量为 1373.4m³；冻结孔为 144 个，冻结壁厚度 1.3m。卸压孔共 288 个，直径 0.25m。基坑为从上至下逐段挖土、逐段施工内支撑(共 7 道)混凝土结构。基坑开挖完成并浇筑底板后，内部空间填混凝土。南锚碇基础采用冻结排桩方案将煤炭、建筑行业的施工方法有机地结合，并延伸和拓展，为国内特大型桥梁工程首次采用。

（2）北锚碇：基础平面尺寸 69m×50m。基础采用嵌入基岩的矩形地下连续墙、12 道钢筋混凝土内支撑及节点处的 16 根直径 1.2m 和 16 根直径 0.6m 钢管混凝土立柱桩作为深基坑的围护结构，基坑最大开挖深度 48m。三纵四横隔墙将箱体结构分为 20 个隔舱，分区充填混凝土、砂。地下连续墙深 52m，壁厚 1.2m，槽段 V 形钢板接头。

基坑自上而下逐段挖土、逐段施工内支撑结构。开挖完成后，施工按基础底板和内隔仓、现浇钢筋混凝土外隔仓、回填混凝土或砂、浇顶板的顺序。

地下连续墙整体刚度大，既是施工的临时支撑、挡水挡土的围堰结构，又是后期永久性结构的组成部分。

9.5 湖南矮寨大桥

1. 概况

矮寨大桥为湖南吉茶高速公路的控制性工程，位于湖南湘西矮寨镇境内，跨越矮寨镇附近的山谷，德夯河流经谷底，桥面设计标高与谷底地面高差达 355m，为钢桁加劲梁单跨悬索桥，主跨跨度为 1176m。该桥被誉为"世界峡谷跨径最大钢桁梁悬索桥"，于 2012 年建成通车。

2. 主要技术标准

（1）公路等级：四车道高速公路。

（2）设计行车速度：80km/h。

（3）设计汽车荷载：公路—Ⅰ级。

（4）桥面坡度：纵坡 0.8%，横坡 2.0%。

（5）钢桁梁：梁宽 27m，梁高 7.5m。

（6）桥面宽度：0.5m（防撞护栏）+11.0m（行车道）+0.5m（防撞护栏）+0.5m（中央分隔带）+0.5m（防撞护栏）+11.0m（行车道）+0.5m（防撞护栏），桥面全宽 24.5m。

（7）设计基准风速：34.9m/s。

（8）设计基准期：100 年。

（9）设计安全等级：一级。

（10）地震基本烈度：地震动峰值加速度 $0.05g$，地震动反应谱特征周期为 0.35s。

3. 设计要点

1）结构体系

主缆的孔跨布置为 242m+1176m+116m（图 9-13），主梁全长 1000.5m；主桥横桥向设 2%的横坡，因地形和线路走向的原因，桥梁设 0.80%的单向纵坡。桥面系宽 24.5m，钢桁加劲梁全宽 27m。采用两根主索，主索垂跨比 $f/L=1/9.6$，主索中心距为 27m，采用平面索布置；全桥采用 71 对吊索，吊索标准间距为 14.5m，端吊索的间距 29m；主跨梁高（主桁中心线处）7.5m；主梁桥台处设竖向支座和横向抗风支座。

2）主梁

采用钢桁式加劲梁，如图 9-14 所示。主桁桁高 7.5m，桁宽 27m，节间长度 7.25m。一

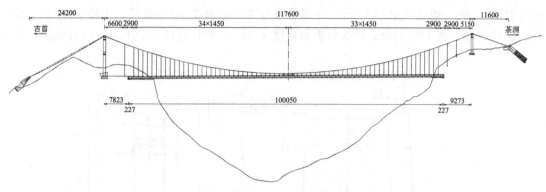

图 9-13 湖南矮寨大桥总体布置(单位：cm)

个标准节段长度为 14.5m，由两个节间组成，在每节间处设置一道主横桁架。主横桁架采用单层桁架结构，由上、下横梁及竖、直腹杆组成，其中上、下横梁采用箱形截面，腹杆均采用工字形截面。上、下平联均采用 K 形体系、箱形截面。根据风洞试验结果，在桥面系以上和桥面系以下分别布置上、下纵向抗风稳定板。上抗风稳定钢板高 860mm，与两道内侧防撞栏结合在一起，下抗风稳定板与主横桁架相连，由高 1000mm、带纵向加劲肋的钢板组成。

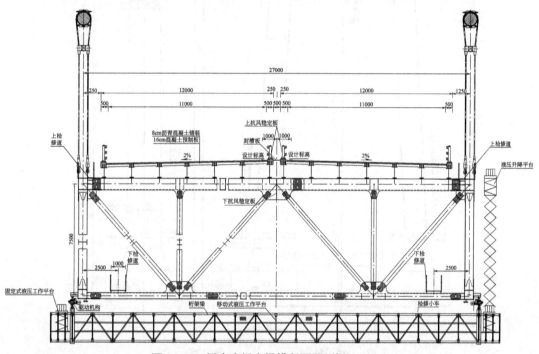

图 9-14 矮寨大桥主梁横断面图(单位：mm)

桥面系采用纵向工字梁与混凝土桥面板构成的钢-混组合结构形式。纵梁横向间距为 1.92m，梁高 0.63~0.86m，简支在主桁横梁上弦杆上，理论跨径 7.25m，纵梁仅在两端设置横隔梁。桥面板采用预制混凝土板，预制板长 7.21m、宽 1.62m、厚 0.16m。纵向接缝宽 0.3m，桥面板通过接缝处纵梁上的剪力钉与纵梁相结合。

3) 索塔

索塔采用双柱式门式框架结构，如图 9-15 所示。由刚性扩大基础、塔座、塔柱(上塔柱壁厚 0.8m、中塔柱壁厚 1.0m、下塔柱壁厚 1.2m)和横梁(上横梁、中横梁)组成。索塔自基础顶以上高 129.316m(包括防护罩高度 4.3m)，塔柱横桥向由上向下向外倾斜，倾

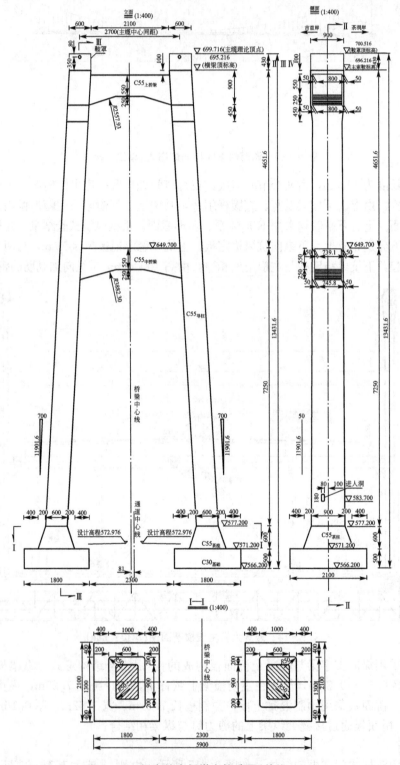

图 9-15 矮寨特大桥塔身构造图(单位：cm)

斜斜率为1000：58.816(塔顶中心距27m，塔底中心距41m)，塔柱设上、中两道横梁，塔柱底设塔座并坐落在分离式扩大基础上。

塔柱横向等宽6m；顺桥向顶部由于索鞍需要宽度为9m(高9m)，竖向设4.5m高的过渡段，宽度从上向下由9m变为8.113m，桥塔其余部分顺桥向宽度按1000：4.201的斜率渐变，由8.113m向下渐变为9.0m。塔柱为空心矩形箱结构，上塔柱壁厚0.8m，塔顶设置4m的实体段，中塔柱壁厚1.0m，下塔柱壁厚1.2m。为了满足塔柱受力和横梁预应力锚固，对塔柱局部壁厚进行加厚。在塔柱内横梁顶、底板对应的位置设置横隔板，在中塔柱与下塔柱变壁厚处设有一处隔板。

上横梁高5.5～8.0m，底缘为半径为25.5793m的圆曲线，宽度为8.0m，壁厚0.8m；中横梁高5.5～8.0m，底缘为半径为38.823m的圆曲线，宽度为7.391～7.458m，壁厚0.8m。上、中横梁均设有两道0.6m厚的横隔板。

4）索塔基础

索塔基础采用分离式扩大基础，高5m，单侧基础纵向×横向为21m×18m，基础嵌固在基坑内。

5）缆索系统

主缆：主缆施工采用预制平行钢丝索股逐根架设的施工方法(PPWS)。主缆共两根，横桥向间距为27.0m。单束预制平行钢丝索股由127根$\phi 5.25mm$平行镀锌钢丝组成，用定型捆扎带绑扎，两端设热铸锚头。每根主缆中，从吉首岸锚碇到茶洞岸锚碇的索股有169股(通长索股)；吉首岸边跨另设6根索股在吉首岸主索鞍上锚固(背索)。主缆在架设时竖向排列成尖顶的近似正六边形，紧缆后主缆为圆形。

吊索：采用钢丝绳吊索，钢丝绳采用高强镀锌钢丝互捻而成，吊索与索夹的连接为骑马式。端部吊索因拉力或应力幅较大采用公称直径88mm的$8\times55SWS+IWR$钢丝绳，其余吊索采用公称直径62mm的$8\times41SW+IWR$钢丝绳。本桥为单跨钢桁架悬索桥，中间跨设置吊索，端部吊索间距为29.0m，其余吊索中心距均为14.5m。

中央扣斜拉索：为限制主缆和钢桁架的纵向水平位移，在主缆跨中设置3对柔性中央扣，中央扣斜拉索采用公称直径为88mm的$8\times55SWS+IWR$钢丝绳，钢丝绳两端设套筒式热铸锚，锚固于钢桁架的上弦杆上。

全桥索夹共三大类：①连接主缆与吊索的吊索索夹；②用于主缆定型的紧箍索夹；③主索鞍及出口处防护密封的封闭索夹。索夹壁厚采用35mm和45mm两种。

中央扣索夹：由于主缆和钢桁架之间的纵向水平位移，在主缆跨中设置了3对柔性中央扣，减少钢桁架的纵向位移。柔性中央扣构造是加长竖向短吊索的索夹，在此索夹上另外加设两个能套挂短斜索由凸肋条形成的凹槽。通过斜拉索将主缆与加劲钢桁架联结。中央扣索夹壁厚为40mm。

主索鞍：采用铸焊结合型结构，由鞍头和鞍身两部分组成，两者组焊为一体。当鞍槽内的隔板和索股全部就位并调股后，顶部用锌质填块填平，再把鞍槽侧壁用拉杆上紧。为减轻顶推摩阻力，鞍体下设聚四氟乙烯滑板以适应施工中的相对位移量，在吉首岸塔上预偏量为1000mm，在茶洞岸塔上预偏量为373mm。主索鞍分两半制造，吊装后用高强螺栓连为一体。

散索鞍：鞍体采用铸焊结合的结构方案，鞍槽用铸钢铸造，鞍体由钢板焊成。为增加主缆与鞍槽间的摩阻力，并方便索股定位，鞍槽内设竖向隔板，在索股全部就位并调股后，在顶部用锌填块填平，上紧压紧梁，再将鞍槽侧壁用螺栓夹紧。

6）技术特点

（1）首次采用塔、梁完全分离的结构体系。矮寨大桥索塔主跨1176m，加劲梁长1000.5m，吉首岸无索区长95m，主梁通过部分路基与隧道相连；茶洞岸无索区长109.5m，主梁直接与隧道连接。结合两岸地形及地质条件，采用塔梁分离式悬索桥结构体系减小了主梁长度，最大限度减少了对山体的开挖，节省了投资；实现了桥梁结构与自然景观的完美融合。

（2）矮寨桥索塔、隧道锚、公路隧道相互影响的处理。矮寨大桥采用了桥隧相连的形式，设计者解决了一系列影响山体稳定和桥梁结构的问题。施工阶段，隧道入口仰（边）坡开挖、隧道掘进、塔基开挖、隧道式锚碇开挖均会对山体稳定造成一定影响；运营阶段，索塔与锚碇的荷载、端吊索的荷载将共同作用于山体。设计者对山体的整体稳定性进行了分析计算，对山体进行了必要的加固防护措施。

（3）轨索滑移法架设钢桁梁。

（4）首次采用岩锚吊索结构，并用碳纤维作为预应力筋材。

本 章 小 结

本章主要介绍了厦门海沧大桥、日本明石海峡大桥、浙江西堠门大桥、润扬长江大桥及湖南矮寨大桥的设计施工要点。

厦门海沧大桥是我国第一座三跨（230m+648m+230m）连续漂浮体系钢箱梁悬索桥，采用全漂浮体系，主梁为钢箱梁，索塔为门式框架结构，主缆：两根主缆中心距34m，矢跨比1/10.5；预制平行钢丝索股采用PWS法施工。

明石海峡大桥为三跨两铰加劲桁梁式悬索桥，跨径布置960m+1991m+960m=3911m，是目前世界上主跨最长的悬索桥，主梁采用钢桁式加劲梁，主缆由预制平行钢丝束组成。该桥在施工阶段经历了一次较大的抗震检验。

浙江西堠门大桥主跨为1650m的两跨连续钢箱梁全漂浮体系悬索桥，仅次于日本明石海峡大桥，世界排名第二，是中国目前最大的跨径悬索桥，并且在钢箱梁悬索桥中为世界最大跨度。跨径组合为578m+1650m+485m，两个桥塔均设置在岸上。

润扬长江大桥为主跨1490m的单跨双铰钢箱梁悬索桥，跨径布置470m+1490m+470m，是国内已建成的第二大跨径悬索桥；湖南矮寨桥桥面设计标高与地面高差达330m左右，采用钢桁加劲梁单跨悬索桥，主跨1176m，被誉为"世界峡谷跨径最大钢桁梁悬索桥"，首次采用塔、梁完全分离的结构体系。

本 章 习 题

9-1 简述三跨连续漂浮体系与三跨两铰体系悬索桥在受力性能上的特点。

9-2 简述钢桁梁和钢箱梁受力性能上的差异。

9-3 为什么大跨悬索桥一般需在塔顶设置鞍座？

9-4 简述明石海峡大桥的技术特点。

9-5 简述湖南矮寨大桥的技术特点。

第10章
斜拉桥的构造与设计

教学目标

本章主要介绍斜拉桥的类型与构造、受力特点及一般设计要点。通过本章的学习，应达到以下目标：
(1) 掌握斜拉桥的基本组成及受力特点；
(2) 熟悉斜拉桥的基本体系及总体布置；
(3) 了解索塔、拉索及主梁的基本构造。

教学要求

知识要点	能力要求	相关知识
斜拉桥的组成与主要特点	(1) 掌握斜拉桥的基本组成 (2) 掌握斜拉桥的主要受力特点	(1) 主梁、桥塔、斜拉索 (2) 主梁的受力特点 (3) 桥塔的受力特点 (4) 斜拉索的受力特点
斜拉桥的分类	(1) 掌握斜拉桥按结构体系分类 (2) 熟悉斜拉桥按拉索锚固体系分类	(1) 悬浮体系的构造及受力特点 (2) 支承体系的构造及受力特点 (3) 塔梁固结体系的构造及受力特点 (4) 刚构体系的构造及受力特点 (5) 地锚式、自锚式、部分地锚式斜拉桥
斜拉桥总体布置	(1) 熟悉跨径布置与分孔 (2) 熟悉索塔布置 (3) 熟悉拉索布置 (4) 熟悉主梁布置	(1) 独塔双跨式、双塔三跨式、多塔多跨式斜拉桥；端锚索，辅助墩，锚跨 (2) 索塔的纵、横向布置，塔高与中跨比 (3) 索面、拉索立面及索距布置 (4) 主梁纵断面线形布置
主梁构造	(1) 了解主梁的截面形式 (2) 了解梁高的确定方法	(1) 板式截面、箱形截面 (2) 稀索体系、密索体系
主塔构造	(1) 了解索塔的组成 (2) 了解索塔的截面形式 (3) 了解索塔锚固方式	(1) 塔柱构造、塔柱间横梁及其他连接构件的构造 (2) 实心截面、H形截面、箱形截面 (3) 直线形预应力筋方式、环形预应力筋方式、钢横梁方式

(续)

知识要点	能力要求	相关知识
拉索构造	(1) 了解拉索的类型与锚具 (2) 了解拉索的锚固 (3) 了解拉索的减振	(1) 拉索类型、锚具类型 (2) 顶板设置锚固块、箱内锚固块、斜隔板锚固、梁底锚固 (3) 拉索振动原因、减振措施
矮塔斜拉桥构造	(1) 熟悉矮塔斜拉桥的特点及优势 (2) 了解矮塔斜拉桥的总体布置 (3) 了解矮塔斜拉桥的结构体系 (4) 了解矮塔斜拉桥主梁的构造	(1) 构造与力学特点 (2) 跨径布置，塔高、梁高与边主跨之比，索塔与拉索布置 (3) 塔梁墩固结体系，塔梁固结、梁底设支座、塔墩固结、塔梁分离 (4) 箱形截面

基本概念

斜拉索；索塔；主梁；悬浮体系；支承体系；塔梁固结体系；刚构体系；端锚索；辅助墩；地锚式；自锚式；拉索锚固；阻尼减振；矮塔斜拉桥。

引例

斜拉桥属于拉索支承结构，是特大跨径桥梁的有力竞争桥型之一，作为梁、索组合体系的斜拉桥，据不完全统计，我国已建成的斜拉桥有 100 余座，其中跨径大于 400m 的已达 30 余座，为世界之首。这么多的斜拉桥不可能千篇一律，其造型与设计方案变化较多，包括分孔与跨径的布置、索塔与拉索的形式、主梁的构造等，都有多种方案可供选择。

10.1 概　　述

10.1.1 斜拉桥的组成与主要特点

斜拉桥主要由主梁、桥塔和斜拉索三大部分组成，如图 10-1 所示。

斜拉桥的主梁一般采用混凝土结构、钢-混凝土组合结构（或称为结合梁、叠合梁）、混合梁或钢结构，索塔大多数采用混凝土结构，斜拉索则采用高强钢丝或钢绞线制成。

斜拉索两端分别锚固在主梁和索塔上，将主梁的恒载和桥面活荷载（车辆和人群）传递至索塔，再通过索塔传至基础。斜拉索只承受拉力；斜拉索在主梁锚固处的拉力可分解成一个向上的垂直分力和一个指向索塔的水平分力，其中向上的垂直分力对主梁起到支承的作用，因而主梁在斜拉索的各点支承作用下，如同多跨弹性支承的连续梁，如图 10-2 所示，使主梁的弯矩值大大减少，这样可以使主梁的梁高大大地减小（梁高一般为跨度的 1/50～1/200，甚至更小），从而使主梁结构的自重显著减轻，既节省了结构材料，又大幅度

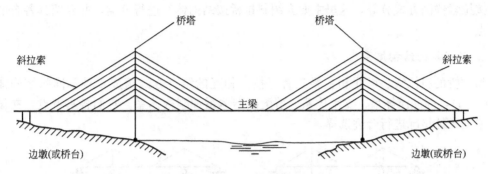

图 10-1　斜拉桥概貌

地提高了斜拉桥的跨越能力。在目前所有的桥型中，斜拉桥的跨越能力仅次于跨越能力最大的悬索桥。另外，斜拉索的水平分力对主梁施加了压力，因此，斜拉索相当于主梁的体外预应力索，对主梁提供了预压力，从而可以增强混凝土主梁的抗裂性能，并节约主梁中预应力钢筋的用量。

斜拉索的拉力对索塔的作用同样可分解成一个垂直向下的分力和一个向外的水平分力，其中由于索塔两边的斜拉索平衡了水平分力，因此，在恒载作用下索塔主要承受自身恒载和拉索传来的强大竖直压力。

斜拉桥属于高次超静定结构，与其他桥梁相比，包含的设计变量更多，其他体系的桥梁在结构尺寸、跨径等确定之后，其内力则可确定，而斜拉桥则不然，其中有一个很重要的因素就是斜拉索的初张力，即在主梁承受荷载之前对斜拉索进行预张拉，该张拉力的大小直接影响到主梁的受力和线形，而且该张拉力完全可以在施工过程中进行调整，使主梁受力和线形达到较理想的状态。这一点也是斜拉桥与其他

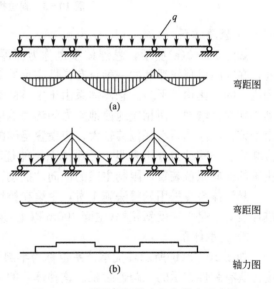

图 10-2　斜拉桥恒载弯矩和轴力示意图

体系的桥梁受力不同的一个显著特点。另外，斜拉索的布置形式、索距、主梁的支承形式、塔与主梁和桥墩的连接形式等，对斜拉桥的受力均会产生不同的影响，因此，这就使得斜拉桥的设计存在一定的复杂性和难度。

初始阶段的斜拉桥主要采用稀索布置(拉索在主梁上的间距较大)，主梁较高，主梁以受弯为主，这使今后的拉索更换不方便，且跨越能力不可能太大。目前的斜拉桥，大部分采用密索布置，主梁高度很小，自重轻，换索方便，并广泛采用肋板式开口断面。

10.1.2　斜拉桥的分类

斜拉桥的分类有按结构体系分、按采用的材料分、按拉索的布置分、按索塔的数量分

以及按拉索锚固方式分等，这里主要介绍斜拉桥按结构体系进行分类，并介绍其各自的不同特点。

1. 斜拉桥的结构体系

斜拉桥的斜拉索、塔柱和主梁三者可按其相互的结合方式组成4种不同的结构体系（图10-3），即悬浮体系、支承体系、塔梁固结体系和刚构体系。它们各具特点，在设计中应根据具体情况进行合理选择。

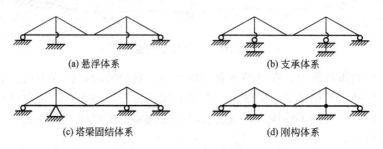

图10-3　斜拉桥的结构体系

1) 悬浮体系

如图10-3(a)所示，悬浮体系也称为漂浮体系，它是将主梁除两端外全部用缆索吊起，在纵向可稍作浮动的一种具有弹性支承的单跨梁。在密索情况下，主梁各截面的变形和内力的变化均较平缓。悬浮体系由于主塔的柔性和主梁悬浮状态，使主塔在顺桥向的振动周期大大增加，而相应地使地震力的动力响应大大降低，对结构的抗震十分有利。但是由于该种悬浮体系水平位移较大，应设置足够的水平伸缩装置，必要时在端部设置水平限位装置。空间动力分析表明，悬浮体系不能任其在横向随意"摆向"，一般在桥塔处设置主梁的横向限位装置，限制主梁的横向"摆动"，改善其动力性能。

悬浮体系在采用悬臂法施工时，主梁在桥塔处要设置临时支承。该体系由于抗风、抗震性能好，是大跨度斜拉桥（主跨400m以上）采用较多的结构体系。

2) 支承体系

如图10-3(b)所示，支承体系也称为半漂浮体系，主梁在塔墩处设有支座，接近于跨度内具有弹性支承的三跨连续梁。这种体系的主梁内力在塔墩支点处产生急剧变化，出现负弯矩尖峰，通常需加强支承区段的主梁截面。

为了避免主梁在塔墩支点受力不利，可在墩顶设置一种以用来调节高度的支座或弹簧支承替代从塔柱中心悬吊下来的拉索（一般称为"零号索"），并在成桥时调整支座反力，以消除或减缓弯矩峰值和大部分收缩、徐变等不利影响。

支承体系的主梁一般均设置活动支座，这样可避免因一侧存在纵向水平约束而导致极不均衡的温度变位，它将使无水平约束一侧的塔柱内产生极大的附加弯矩。支承体系在横桥方向也应在桥台和塔墩设置横向水平约束装置，以改善体系的动力性能。

3) 塔梁固结体系

如图10-3(c)所示，主梁与桥塔固结，主梁与塔柱内的内力以及梁的挠度直接同主梁与塔柱的弯曲刚度比值有关。其主要优点是取消了承受很大弯矩的梁下塔柱部分而代之一般的桥墩结构，塔柱和主梁的温度内力极小；可显著减小主梁中央段承受的轴向拉力，较支承体系相比，可减小主梁在塔墩支点处的负弯矩。但须指出，当中跨满载时，主梁在墩顶处的转角位移会导致塔柱倾斜，使塔顶产生较大的水平位移，这样会显著增大主梁的跨中挠度和边跨的负弯矩，这是该体系的不足之处。

另外，塔梁固结体系中，全部上部结构的自重（包括塔柱的）和活载都经由支座传给桥墩，这样就需设置很大承载能力的支座，因此，特大跨径的斜拉桥不宜采用这种体系。

4）刚构体系

如图10-3(d)所示，塔柱、主梁和桥墩相互固结，形成了在跨度内具有弹性支承的刚构。其优点是体系的刚度大，使主梁和塔柱在外荷载作用下挠度较小。刚度的增大是由梁、塔、墩固结处能抵抗很大负弯矩换取来的，因此，这种体系在固结处附近区段内主梁的截面必须加大。

刚构体系在塔柱处不需要任何支座，适合悬臂法施工。但是在刚结点和墩脚处将出现很大的温度附加弯矩，可采用双薄壁柔性墩以减小桥墩的抗推刚度，从而减小温度附加内力，该种体系在单索面斜拉桥和独塔斜拉桥中采用较多。

2. 斜拉桥的锚固体系

根据斜拉索的锚固方式可以将斜拉桥分成3种不同的锚固体系。

1）自锚式斜拉桥

自锚式斜拉桥的拉索全部锚固在主梁和塔柱上，这是斜拉桥常用的锚固方式，绝大多数斜拉桥均采用自锚体系（图10-3）。

2）地锚式斜拉桥

地锚式斜拉桥（图10-4）就是将边跨的拉索全部锚在河岸的地锚或山岩上的斜拉桥。

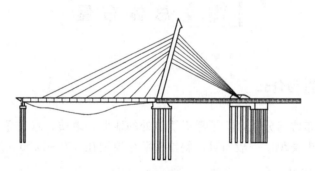

图10-4 地锚式斜拉桥

3）部分地锚式斜拉桥

部分地锚式斜拉桥[图10-5(a)]是将边跨部分斜拉索锚固在主梁上，而部分斜拉索锚固在桥台上。这时桥台要求较大，一般做成重力式桥台，由桥台的重力平衡拉索索力[图10-5(b)]。

地锚式斜拉桥或部分地锚式斜拉桥一般在经济与力学性能上不具有优势，实际工程中使用较少，在特殊地形的条件下才可考虑。另外，还有T构体系，即在中跨设置挂梁或剪力铰等，在此不做详细介绍。

(a) 部分地锚式斜拉桥概貌

(b) 拉索锚固在桥台上

图 10-5　部分地锚式斜拉桥

10.2　总体布置

10.2.1　跨径布置与分孔

斜拉桥的跨径布置与分孔，除了考虑桥位处的地形、地质、水文条件、通航要求以及技术条件，还要考虑美观。一般而言，斜拉桥跨径控制在 300～1200m 是较为合适的。

1. 独塔双跨斜拉桥

独塔双跨斜拉桥是因跨越对象及其地形、地质特点而产生的，一般适用于跨越中小河流与城市通道的情形。独塔双跨斜拉桥可采用等跨或不等跨布置；当采用不等跨布置时，将跨径较大的一侧称为主跨，较小的一侧称为边跨，边跨与主跨的跨径之比一般在 0.5～0.8 之间[图 10-6(a)]。

端锚索(或称为背索)，就是锚固在主梁边墩支承截面或接近边墩支承截面的边跨最外侧的斜拉索[图 10-6(a)]。由于端锚索锚固在边墩附近，锚固刚度比跨内索大。当活载作用在主跨时，端锚索的索力增大很多，而其他索力增加较少，强大的端锚索刚度有利于减小塔柱往主跨的偏移、主梁的竖向挠度与正弯矩，增大斜拉桥的整体刚度，因此，设有端锚索的边跨也称为锚跨(锚固跨)。当活载作用在边跨时，塔柱向边跨偏移，梁向下挠曲,跨内索的索力增加,但由于边墩的支承作用,端锚索的索力可能减小。由此可见,端锚索有利于增大斜拉桥的整体刚度及减小主跨梁的活载正弯矩,但也承受较大的活载应力变化幅度,疲劳问题较突出。

辅助墩又称为锚固墩,为了进一步加强边跨作为锚跨的作用,同时解决端锚索的疲劳问题,在大跨度斜拉桥的边跨设置辅助墩[图10-6(a)]。当活载作用在主跨时,由于多根斜拉索直接锚固在辅助墩截面,有效地控制了塔顶向主跨的水平位移,使得主跨梁的活载弯矩和挠度大大减小;当活载作用在边跨时,辅助墩的支承也使边跨的挠度大为减小。因此,设置辅助墩可有效地增大斜拉桥的刚度;同时,由于多根拉索锚固在辅助墩上,均具有端锚索的功能,减小了端锚索的应力变化幅度,满足疲劳设计要求。

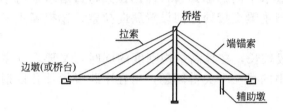

(a) 独塔双跨斜拉桥

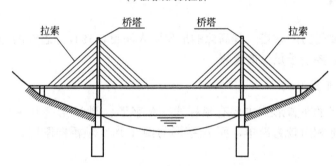

(b) 双塔三跨斜拉桥

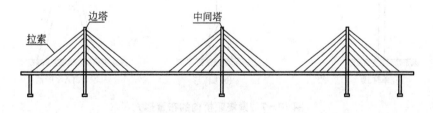

(c) 多塔多跨斜拉桥

图10-6 斜拉桥的跨径布置与分孔

端锚索和辅助墩在独塔双跨、双塔三跨及多塔多跨等大跨径斜拉桥中均可采用。

2. 双塔三跨斜拉桥

双塔三跨是斜拉桥最典型的布置方式,其主孔跨径大,适用于跨越较大的河流,如图10-6(b)所示。

3. 多塔多跨斜拉桥

多塔多跨斜拉桥是另一种布置方式，它具有十分广阔的应用前景，如图10-6(c)所示。目前已建成较多的多塔斜拉桥，如岳阳洞庭湖大桥(三塔、主跨310m)、宜昌彝陵长江大桥(三塔、主跨348m)、香港汀九桥(三塔、主跨475m)以及希腊Ron-Antirion桥(四塔、主跨560m)等。

与单塔、双塔斜拉桥相比，多塔斜拉桥除边塔外，均没有端锚索的锚固作用，活载作用下中塔塔顶的水平位移以及中跨主梁的挠度与弯矩均较大。多塔斜拉桥设计的关键是如何控制活载下中塔塔顶的水平位移，提高结构整体刚度。提高结构整体刚度的措施主要有：①塔顶之间设置水平向的加劲索，即用拉索将边塔塔顶与中塔塔顶连接起来；②在中塔塔顶和边塔与主梁交接处之间设置斜向拉索；③提高主塔与主梁的抗弯刚度。

多塔斜拉桥的桥长一般较长，在提高结构刚度的同时，又要保证主梁在温度变化下的自由伸缩，也是设计中的另一个关键问题，可在中跨设置挂孔以适应主梁的温差伸缩。

10.2.2 索塔布置

作为斜拉桥主要受力的索塔，其高耸的形象引人注目，具有标志性的作用，因此其是景观最重要的因素，要给予足够的重视。

1. 纵向和横向布置形式

从顺桥向，索塔的布置形式主要有单柱式、A字形、倒Y形等几种，如图10-7所示。单柱式主塔构造相对较为简单，而A字形与倒Y形在顺桥向刚度大，能有效抵抗较大的负弯矩。

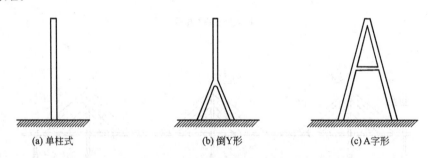

(a) 单柱式　　(b) 倒Y形　　(c) A字形

图10-7　索塔顺桥向的布置形式

从横桥向，索塔的布置方式主要有柱形(单或双)、门形或H形、A形、倒Y形及菱形等，如图10-8所示。柱形塔构造简单，但承受横向水平力的能力低。较单柱形而言，门形塔抵抗横向水平荷载的能力较强。A形和倒Y形主塔具有较大的横向刚度，但其构造及受力复杂，施工难度较大。

2. 塔高与中跨比

拉索与主塔对整个斜拉桥结构的刚度、经济性都存在影响，一般塔高与中跨跨径之比

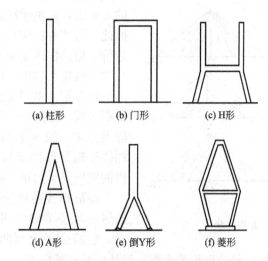

图 10-8 索塔横桥向的布置方式

$h/L=1/4\sim1/7$ 比较合适（h 是主塔在桥面以上的高度，L 为中跨跨径）。

10.2.3 拉索布置

1. 索面布置

索面布置主要有单索面、平行双索面、空间斜向双索面等类型，如图 10-9 所示。

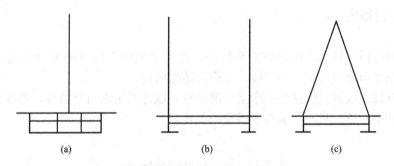

图 10-9 索面布置

单索面类型兼具美学与结构的优势，如图 10-9(a)所示。但拉索不起抗扭的作用，主梁要采用抗扭刚度较大的截面。当桥面较宽、跨径较大时，采用单索面主梁会产生较大的扭矩，因此，这种体系不适合太宽的桥。

平行双索面类型拉索受拉且呈直线，具有较好的抗风稳定性，如图 10-9(b)所示。

斜向双索面对桥面梁体抵抗风力扭振十分有利，尤其适合于特大跨径的桥梁，如图 10-9(c)所示。

2. 拉索立面布置

索面形状主要有辐射形、竖琴形和扇形 3 种类型，如图 10-10 所示。

辐射形布置是把拉索集中锚固于索塔顶部，如图 10-10(a)所示。由于其拉索与主梁

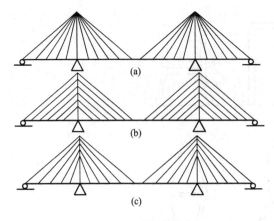

图 10 - 10 索面形状

的夹角大,对主梁提供的竖向支承力也大,因此,可节省拉索的用钢量,降低拉索的造价。但是拉索集中锚固在塔顶,使得塔顶锚固区应力集中、构造复杂。

竖琴形布置中的斜拉索成平行排列,外形美观,如图 10 - 10(b)所示。塔上的锚固点分散,这对索塔的受力也极为有利。相较于辐射形拉索与主梁的夹角较小,提供的竖向支承力小,拉索的用钢量大。

扇形布置的斜拉索相互不平行,介于辐射形与竖琴形之间,如图 10 - 10(c)所示。它结合了上面两种布置方式的优点,且克服了二者的缺点,是一种较理想的索形,设计中被广泛应用。

3. 索距的布置

斜拉桥的索距为斜拉索在主梁上锚固点之间的间距。索距布置分为"稀索"和"密索"两种形式,现代斜拉桥多采用"密索"形式。

相较于"稀索"而言,"密索"使桥面系受力更为合理,便于安装、锚固和换索;通常钢或钢-混凝土组合主梁结构的"密索"间距要比混凝土主梁结构的"密索"间距要大一些。

10.2.4 主梁布置

主梁是斜拉桥直接承受荷载的重要构件,由于"密索"体系的发展变得更为轻薄纤细。主梁纵断线型通常采用水平直线,显得简洁而明快。

对于桥跨较大或需要保证桥下净空的需要时,也可采用纵向竖曲线,这样避免跨径较大造成拉索的下垂感,从而影响整个桥型的美观。

10.3 主梁的构造

10.3.1 主梁的截面形式

混凝土斜拉桥的主梁截面形式有板式、肋板式、箱形、半封闭形及组合式截面等。

1. 板式

板式主梁截面一般适用于双面密索体系的混凝土窄桥,尤其是对于斜拉索锚固在实体边主梁的情况。它具有构造简单、建筑高度小、抗风性能好、施工方便的优点,如图 10 - 11 所示。当板厚较大时,可采用空心板式断面。

2. 箱形截面

混凝土箱形截面主梁是现代斜拉桥中经常采用的截面形式，它具有良好的抗弯与抗扭刚度，能适应稀索、密索、单索面、双索面等不同的布置情况。由于箱形主梁截面形式较多，实际中可以根据具体的需要进行选择。

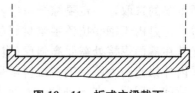

图 10-11　板式主梁截面

分离式单室双箱截面，它是一种将箱形主梁设置在桥面两侧拉索平行面的形式，如图10-12(a)所示。施工较为方便，但全截面的抗扭刚度较差。

半封闭式箱形截面如图 10-12(b)所示，其两侧为三角形封闭箱，端部加厚以便锚固拉索，外缘做成风嘴状，以减少迎风阻力。由于中间无底板，自重变得较轻，适用于双索面斜拉桥。

封闭式箱形截面如图 10-12(c)所示，其箱梁中心对准斜拉索平面，两个箱梁用于承重和锚固拉索，箱梁之间设置桥面系，具有较好的抗弯和抗扭刚度，既可用于单索面的斜拉桥，也可用于双索面的斜拉桥。

三角形箱形截面如图 10-12(d)所示，其三角形截面对于抗风最有利，既适用于单索面的斜拉桥，也适用于双索面的斜拉桥。

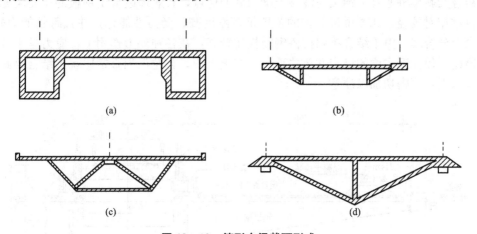

图 10-12　箱形主梁截面形式

3. 其他形式截面

斜拉桥的主梁除了混凝土结构外，还有钢主梁、结合梁、混合梁等形式。

1) 钢斜拉桥

主跨材料为钢材的斜拉桥称为钢斜拉桥。1955 年，德国建造了第一座 St-romsund 钢斜拉桥。1987 年，我国修建了第一座钢斜拉桥——山东东营黄河大桥，此桥主梁采用带正交异性钢桥面的分离双边箱截面，主桥长为 682m(主跨跨径 288m)。近年来钢斜拉桥在我国发展迅速，如南京长江二桥南汊桥(跨径 628m)、苏通长江大桥(跨径 1088m)等大跨径的钢斜拉桥。

从截面形式上看，钢斜拉桥的主梁可分为钢桁架与钢箱梁两种主要形式；钢箱梁又可分为单箱单室、双箱单室、多箱多室等，这与普通混凝土斜拉桥是类似的。对钢斜拉桥主梁的选取，一定要综合考虑各方面因素，如结构构造的不同需求，施工工艺的方便等。正是由于钢斜拉桥主梁材料的不同之处，使得钢斜拉桥的设计与施工工艺更复杂，尤其在截面焊接处需要高强度（避免疲劳破坏），并能够承受更大的交变荷载。近年来，国内外修建的大跨径钢斜拉桥常采用扁平钢箱梁，由梁上翼缘的正交异性板直接承受车辆荷载。因此，在加劲肋与桥面板的交叉处，其构造的设置、受力的变化是十分复杂的，一定要密切注意。同时，对钢箱梁要进行施工上的线形控制，以控制钢箱梁在外荷载作用下的扭转与变位，确保施工过程的安全性。

某斜拉桥主梁钢箱梁截面如图 10-13 所示。

2）结合梁斜拉桥

以钢—混凝土结合梁为截面形式的斜拉桥称为结合梁斜拉桥（或组合梁斜拉桥、叠合梁斜拉桥），即主梁为钢，桥面为混凝土，并把主梁的上翼板与桥面板用剪力钉结合起来的结构。早在 1987 年，印度建造了第一座结合梁斜拉桥 Hooghly 二桥（主跨跨径 457m）。随后世界各地建造了多座结合梁斜拉桥，如加拿大安那西斯大桥（主跨 465m）、英国 Sevem 大桥（主跨 456m）等，发展极快。近年来结合梁斜拉桥在我国发展迅速，建成的有上海徐浦大桥（主跨 590m）、长沙浏阳河洪山庙桥（主跨 206m）、武汉二七长江大桥（主跨 616m）等。

结合梁斜拉桥兼具了钢梁与混凝土梁两者的优点，有效地改善了钢板的压屈问题，但是其自重相对较轻。此类桥梁结构的整体抗弯刚度高、受力性能好，并且跨越能力较大，造价也十分合理。由于结合梁斜拉桥钢腹板比较高，在各种外力作用下，应力是十分复杂的，因此，保证钢主梁的稳定性至关重要。在施工中，合龙工程直接体现了结合梁斜拉桥的质量水平，要密切加以注意。

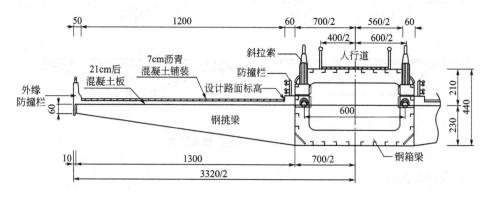

图 10-13 斜拉桥钢箱梁截面（单位：cm）

3）混合梁斜拉桥

混合梁斜拉桥，是指沿着桥纵向主梁截面由两种不同的材料组成，中跨大部分或全部为钢主梁，边跨部分或全部为混凝土梁的组合结构。当斜拉桥的边跨与主跨跨径之比低于正常值，边跨需要设置辅助墩时，采用混合梁斜拉桥可有效解决结构整体比例关系不协调的问题。早在 1972 年，德国建造了第一座 Kurt-Schumacher 混合梁独塔斜拉桥（287.04m+146.41m）。随后世界各地也建造了多座混合梁斜拉桥，如乌克兰 Dnepr River 大桥（主跨 564.41m）、法国 Normandie 大桥（主跨 856m）、香港昂船洲大桥（主跨 1018m）等，发展迅速。

混合梁斜拉桥的特点在于主跨钢梁重量轻，边跨混凝土梁则重量大。这种组合的形式大大减小了斜拉桥中跨主梁的变形，降低了边跨端支点在动荷载作用下的负反力。当结构设计跨径超过600m时，对钢斜拉桥而言挠曲是较大的，而混凝土斜拉桥也有自重过大的问题，因此，选取混合梁斜拉桥是十分有效的。在混合梁斜拉桥的设计与施工中，钢梁与混凝土梁间的结合至关重要，一定要保证此段的合理衔接。一般而言，结合段应选择在结构受力最小的位置，并保证钢梁与混凝土梁的重心一致。同时，为防止钢梁与混凝土两种不同材料的受力变化，要解决好其受力、变形等合理的匹配；并对施工的关键部位，要将内力特征、位移偏位作为重要的施工控制参数。

10.3.2 梁高的确定

斜拉桥的截面尺寸直接影响结构的抗弯和抗扭刚度，同时，其梁高对截面内力的影响也极大，并与拉索间距大小直接相关。混凝土斜拉桥，通常对于"稀索"而言梁高约为跨径的1/40~1/70，而"密索"梁高约为跨径的1/70~1/200。为了保证横向抗风稳定性，主梁的高宽比应大于8~10。主梁截面的其他尺寸可依据预应力肋梁式截面梁、箱形截面梁及拉索锚固装置确定。斜拉桥的梁高与中跨跨径之比取1/80~1/300比较适宜。

10.4 主塔的构造

10.4.1 塔的组成

索塔的组成主要分为两部分：塔柱与横梁（图10-14）。

塔柱是索塔的重要构件。首先，塔柱根据其适用情况可分外单塔柱和双塔柱。单塔柱用于单索面斜拉桥，主梁截面采用箱形，具有外形简洁、尺寸小的优点，但中间分隔带过宽，增加了桥面宽度。双塔柱用于双索面斜拉桥，主梁形式比较自由，具有抗扭刚度大、有利于抗风、抗震及减少活载的偏心影响，同时，桥面空间畅通，无压抑感。其次，从外形来看，当塔柱断面不大时，可以采用圆形、矩形及长圆形等。当断面较大时，应进行切角或凹槽处理，多角断面与凹槽产生的纵向线条增加纤细感与耸立向上的动势，这不仅符合力学性能，也使结构显得更为雄伟，同时，凹槽也有利于锚具的安装。如果能够将塔柱断面直角处改为圆弧面，不仅使塔显得更柔和，也对抗风更有利。

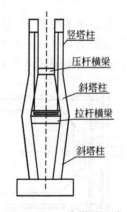

图10-14 索塔的组成

塔柱之间的横梁分为承重梁与非承重梁两种，前者设置主梁支座的受弯横梁及塔柱转折处的压杆（或拉杆横梁），后者为拉杆横梁，或者为塔顶横梁和塔柱无转折的中间横梁。

10.4.2 索塔的截面形式与锚固方式

1. 混凝土索塔的截面形式

混凝土塔的截面形式主要有实心体截面、H形截面和箱形截面形式等，分别如图10-15、图10-16、图10-17所示。

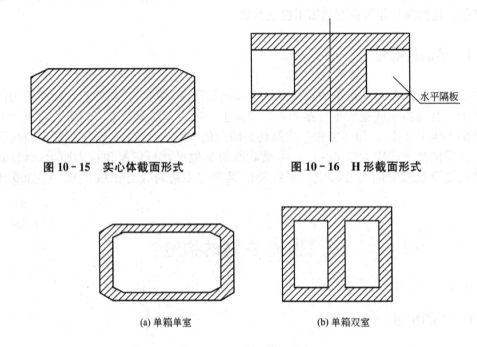

图10-15 实心体截面形式　　　　图10-16 H形截面形式

(a) 单箱单室　　　　(b) 单箱双室

图10-17 箱形截面形式

2. 索塔的锚固方式

对于实心体截面和H形截面形式的索塔而言，由于锚固是对面张拉、交叉进行的，水平力互相抵消，塔内不存在拉力。

对于箱形截面形式的空心索塔而言，拉索会对索塔断面产生较大的拉力，因此采用布置预应力筋与钢横梁的方式来承担拉索较大的水平拉力。通常布置预应力筋的锚固主要有两种，即直线形预应力筋锚固与环形（U形）预应力筋锚固方式，分别如图10-18和图10-19所示；钢横梁的方式是采用布置钢横梁来承担拉索的水平拉力，如图10-20所示。

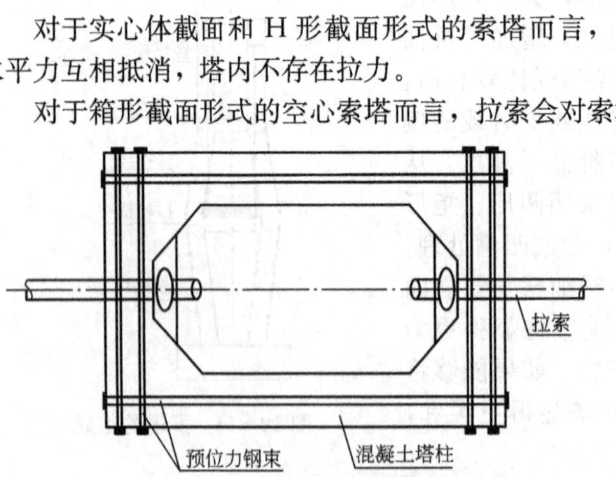

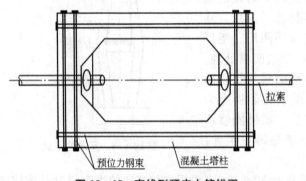

图10-18 直线形预应力筋锚固

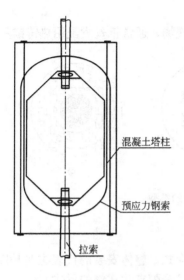
图 10-19 环形预应力筋锚固

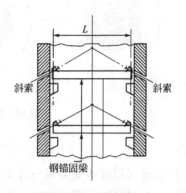
图 10-20 钢横梁锚固

10.5 拉索的构造

10.5.1 拉索的类型与锚具

1. 拉索的类型

拉索是斜拉桥的重要受力构件。目前常采用的类型有平行钢丝索、钢绞线和封闭式钢缆。

1) 平行钢丝索

如图 10-21(a)所示,平行钢丝索是将若干根钢丝平行并拢、扎紧、外包热挤 PE 橡胶,并进行张拉。其特点是弹性模量、疲劳强度高,可充分适应设计要求,但其防腐与安装较为烦琐。

平行钢丝索挠曲性能好,可以盘绕,具备长途运输的条件,质量易于保证。通常钢丝索配用镦头锚或冷铸锚。

2) 钢绞线

钢绞线索是由多股钢绞线平行或经轻度扭绞而成,如图 10-21(b)所示。其具有弹性模量较低、非线性变形较大的特点。

平行钢绞线索一般在现场制作,配用夹片锚;半平行钢绞线索一般在工厂制作好后运至工地,配用冷铸镦头锚。

3) 封闭式钢缆

如图 10-21(c)所示,封闭式钢缆是由异型钢丝轧制而成,其梯形或 Z 形钢丝相互间基本是面接触,各层钢丝的层面上也是面接触。其具有结构紧密、表面封闭、安装方便和防腐容易等优点。

封闭式钢缆只能在工厂制作，盘绕后运送至现场，通常钢丝索配用热铸锚具。

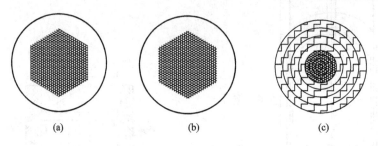

图 10-21　拉索的类型

2. 锚具

目前斜拉索常采用整体安装与分散安装两种形式。整体安装的代表主要是以平行钢丝配冷铸锚的形式，而分散安装的代表主要是以钢绞线配夹片式锚的形式。

1）冷铸锚

冷铸锚的结构形式如图 10-22(a)所示，它适合于吨位较大的整体安装张拉。

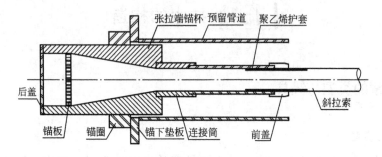

(a) 冷铸锚的结构形式

(b) 冷铸锚实体照片

图 10-22　冷铸锚

冷铸锚的工作原理是将钢丝束穿入冷铸锚，钢丝尾镦头后锚定在冷铸锚的后锚板上，再在锚体内分段常温浇灌环氧树脂加铁丸等混合填料，使锚体与钢丝束之间的刚度均匀变化，避免在索和锚的交界处刚度突变，最后将冷铸锚头放入加热炉中养生，加热温度约为

150℃，由于这种锚是在常温下浇铸填料，因此称为冷铸锚。

2) 夹片式锚

夹片式锚的一般结构形式如图 10-23(a)所示，它适合于分索张拉锚固。

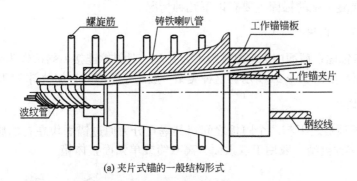

(a) 夹片式锚的一般结构形式

(b) 锚板和夹片

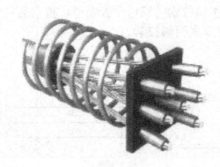

(c) 固定端锚具

图 10-23　夹片式锚

夹片式锚是由带锥孔的锚板和夹片组成[图 10-23(b)]，张拉时，每个锥孔穿进一根钢绞线，张拉后各自用夹片将孔中的钢绞线抱夹锚固，各个锥孔各自成为一个独立的锚固单元，就算单根锥孔的钢绞线锚固失效，也不会影响全锚；图 10-23(c)所示为固定端夹片式锚具。

10.5.2 拉索的锚固

斜拉索与混凝土梁的锚固主要有以下几种情况。

1. 顶板设置锚固块

斜拉索直接锚固在截面中部箱梁顶板上，并与一对斜撑连接，斜撑作为受拉杆件将索力传递到整个截面，如图10-24所示。这种类型一般用于箱内具有加劲斜杆的单索面斜拉桥。

2. 箱内锚固块

锚固块位于顶板之下与两个腹板之间，其垂直分力通过锚固块左右的腹板传递，如图10-25所示。这种类型一般用于双索面分离双箱或单索面整体箱。

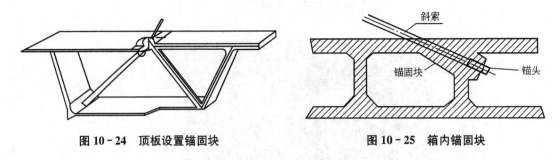

图10-24 顶板设置锚固块　　图10-25 箱内锚固块

3. 斜隔板锚固

锚头设在梁底外面或埋入斜隔板预留的凹槽内，其垂直分力由斜隔板两侧的腹板以剪力形式传递，如图10-26所示。这种类型一般用于双索面分离双箱或单索面整体箱。

4. 梁底锚固

这种锚固比较简单，在肋中按斜拉索的倾角设置管道，拉索通过管道锚固在梁底，如图10-27所示。这种类型适用于双索面斜拉索。

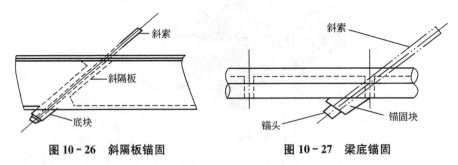

图10-26 斜隔板锚固　　图10-27 梁底锚固

10.5.3 拉索的减振

1. 振动产生的原因

斜拉索由于暴露在大气中会产生振动，产生的原因主要是由于风、雨的影响。首先，气流在拉索的背风面生成卡门涡流，涡流激振频率与拉索自身的某一阶自振频率合拍，拉索受激产生上下振动，并形成驻波；其次，由于桥面受风激出现上下振动，使得全桥拉索振动。拉索的反复振动将加速疲劳老化，因此应有效地防止风振。

2. 斜拉索减振措施

减振措施主要有以下几种。

1) 阻尼减振法

阻尼减振法又可分为3种方式。

(1) 采用高阻尼粘弹性材料在拉索上设置阻尼支点。高阻尼粘弹性材料是一种合成橡胶，用这种材料制作衬套，嵌在拉索与拉索钢导管之间构成阻尼支点，如图10-28(a)所示。

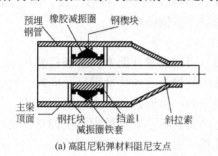

(a) 高阻尼粘弹材料阻尼支点

(b) 粘性剪切型拉索阻尼器　　(c) 实索减振实验

(d) 拉索阻尼器安装实例一

(e) 拉索阻尼器安装实例二

图10-28　拉索阻尼减振

(2) 采用粘性剪切型阻尼器。粘性剪切型阻尼器[图10-28(b)]利用油等粘性材料产生剪切变形来耗散拉索的振动能量，可以控制拉索面内和面外的振动，一般可安装在拉索端部及其附近位置[图10-28(d)、(e)]。

(3) 采用磁流变阻尼器法。磁流变阻尼器法是用磁流变阻尼器取代粘性剪切型阻尼器来实现斜拉桥的风雨振控制问题。磁流变阻尼器就是利用磁流变液根据磁场的变化迅速改变阻尼的特性，来有效地控制拉索的振动。目前，我国在磁流变减振方面的研究处于世界领先地位，湖南岳阳洞庭湖斜拉桥所开发与安装的拉索减振系统被评价为世界上第一套应用磁流变阻尼器的智能控制系统，有效地抑制了拉索风雨振。

2) 气动控制法

气动控制法是将光滑的拉索做成具有螺旋凸纹、条形凸纹、圆形凹点、条纹凹纹等，通过提高拉索表面的粗糙度，有效地减小风振的影响。

3) 结构控制法

设置辅助索是一种结构控制措施。通过设置辅助索将若干根斜拉索相互连接起来，可增加拉索体系的整体刚度，增加拉索的机械阻尼和气动阻尼；同时，由于每根拉索的振动频率不同，可使拉索之间的运动受到制约，从而达到一定的减振效果。尽管辅助索方法有许多优点，但也存在不足之处：①辅助索破坏了原有拉索系统的整体美观效果；②辅助索结构较复杂，其作用与受力机理不明晰，并且在实际工程中发生了不少断索事故。因此，辅助索法在实际工程中的应用较少。

10.6 矮塔斜拉桥

矮塔斜拉桥，又被称为部分斜拉桥，它具有主梁刚度大、塔柱不高、拉索集中的特征。从受力角度而言，是介于普通斜拉桥与连续梁桥之间的一种桥型。

10.6.1 矮塔斜拉桥的历史

20世纪末期，法国工程师麦思维特提出了超量体外预应力桥的理念，成为矮塔斜拉桥的雏形。1980年，瑞士建造了第一座混凝土矮塔斜拉Ganter大桥(跨径组合：127m+174m+127m)(图10-29)，该桥是一座具有独特风格的斜拉桥，拉索设置于混凝土薄板内，公路以S形曲线跨越山谷，只有桥的主跨174m部分位于直线段，两端边跨位于半径$R=200m$的曲线上。1998年瑞士又建成了Sunniberg大桥(图10-30)，为五跨连续双索面曲线梁矮塔斜拉桥(跨径组合：59m+128m+140m+134m+65m)，大桥与周围自然环境非常协调。还有，日本木曾川大桥(主跨275m)为四塔混合梁矮塔斜拉桥。

我国从2000年建成芜湖长江大桥公铁两用连续钢桁梁矮塔斜拉桥(主跨312m)后，相继建成了福建漳州战备大桥(主跨132m，2001年)、厦门同安银湖大桥(主跨80m，2002年)、珠海荷麻溪大桥(主跨230m，2006年)、山东惠青黄河大桥(主跨220m，2007年，如图10-31所示)、广州沙湾大桥(主跨248m，2011年)等，发展非常迅速。其中，广州沙湾大桥为双塔双层单索面矮塔斜拉桥，跨径组合为137.5m+248m+137.5m，是国内目前跨径最大的预应力混凝土梁矮塔斜拉桥。

图 10-29　瑞士甘特(Ganter)大桥(主跨 174m，1980 年)

图 10-30　瑞士 Sunniberg 大桥(主跨 140m，1998 年)

图 10-31　山东惠青黄河大桥(主跨 220m，2007 年)

10.6.2　矮塔斜拉桥的特点及优势

矮塔斜拉桥是主要由主梁与拉索组合而成的桥型。矮塔斜拉桥主塔不高，使得结构的整体刚度大，并与周边环境配合紧密，美学效果也十分显著。这种结构使得普通斜拉桥与连续梁桥的优势得到充分发挥，应用较广泛。

1. 构造与力学特点

(1) 塔矮，结构刚度大。矮塔斜拉桥的塔高与主跨跨径之比一般只有普通斜拉桥的

1/2 左右，结构变形较小，整体刚度较大。

（2）矮塔斜拉桥，是从体外预应力连续梁桥发展起来的，这使得其成为介于连续梁与斜拉桥之间的特殊桥型，具有刚柔相兼的受力特性。

（3）矮塔斜拉桥，主梁承受的荷载比例大于普通斜拉桥，而拉索承受的荷载比例要小于普通斜拉桥。

（4）较长的无索区段。矮塔斜拉桥有着较长的无拉索区，并且拉索区和无索区的长度比较接近，并远大于普通斜拉桥的无索区长度。对矮塔斜拉桥而言，除了主跨中部和边跨端部的无索区外，在桥塔旁也有 0.1~0.2L 左右的无索区段（L 为桥梁跨径）。

2. 经济效益显著

由于矮塔斜拉桥具有良好的力学性能、拉索用量小于普通斜拉桥及其施工方法较简单等优点。因此，其具有经济指标较高的优势。

10.6.3 矮塔斜拉桥的总体布置

矮塔斜拉桥的总体布置要综合考虑各方面的因素。

1. 跨径布置

目前，矮塔斜拉桥的跨径一般取 200~300m 的范围较为合适。随着主梁结构材料的进一步发展，跨径有望进一步增大。

2. 塔高、梁高与边主跨比

（1）塔高，主塔高度与主跨跨径之比一般取 1/12~1/8。

（2）梁高一般位于普通预应力混凝土连续梁与普通斜拉桥梁高之间。

（3）边主跨度比，即边跨与主跨跨径之比取在 0.6 左右比较合适，并能有效解决端部的支反力问题。

3. 跨径布置方式

矮塔斜拉桥有单塔双跨、双塔三跨或多塔多跨 3 种形式。

（1）单塔双跨形式。这种布置方式常采用塔、梁、墩固结，没有支承的作用，其主梁的刚度比主塔的刚度还要大。在全局的布置上，要考虑对称施工，这不仅对结构的整体受力十分有利，也便于施工的顺利进行。

（2）双塔三跨形式。这种形式常采用塔梁或塔墩固结的支承结构，并对边跨和中跨的跨径比值有一定要求，一般取 0.5~0.76。当边跨的梁高较低时，可以将跨径适当加大一些；当边跨梁高较高时，要适当减小跨径，并做单独的边支座处理。

（3）多跨形式。其边跨与中跨的跨径比值一般取 0.5~0.6，这比普通斜拉桥要大许多，并倾向于连续梁的数值范围。在特定的外部荷载作用下，边跨与中跨的跨径比取小一点的数值，可有效解决负反力的影响。

10.6.4 索塔与拉索的布置

主塔较矮，其高度只有普通斜拉桥的一半左右。由于结构整体刚度较大，塔顶的水平位移也不会出现过大的值，因此，不需设置端锚索的约束。

索塔不但要保证其刚度、强度与稳定性的要求，还要在形式、比例与高度选取上综合考虑，以获得最佳的工程设计效果。矮塔斜拉桥，从横向的布置来看，主塔分为门型、单柱型、三柱型、双柱型等形式，这与普通斜拉桥是相类似的；同时，拉索的立面及空间布置与普通斜拉桥的形式也基本相同。

10.6.5 矮塔斜拉桥的结构体系

矮塔斜拉桥由于主塔不高，主梁自身成为主要的受力构件，而拉索只是起到辅助作用。这种力学性能，使得矮塔斜拉桥一般不采用漂浮式结构体系，而采用梁墩直接接触的处理方式。

按照塔梁墩的连接方式，矮塔斜拉桥有塔梁墩相互固结、塔梁固结而梁底设支座及塔墩固结而塔梁分离3种结构体系，如图10-32所示。

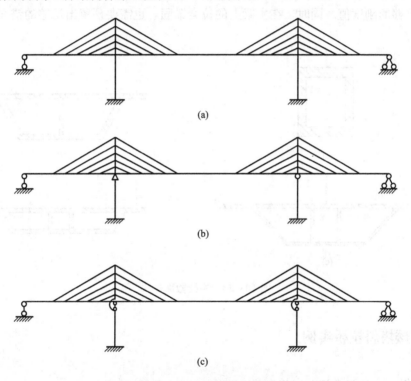

图 10-32 矮塔斜拉桥结构体系

(1) 塔墩梁相互固结[图10-32(a)]。由于结构整体固结，刚度较大，结构关键部位的挠度都呈现较小的数值，无须进行支座设计。但固结处产生的负弯矩较大，并对外界的影响十分敏感，如风荷载、地震作用等，设计时应密切注意。

(2) 塔梁固结而梁底设支座[图10-32(b)]。主梁由支座支撑于桥墩之上，并设置承受大吨位的固定支座。这种体系取消了梁下的塔柱，减小了主梁承受的轴向内力，使梁结构的受力趋向均匀。在跨中布满载时，塔顶易产生较大的水平位移，设计与养护过程中要特别注意。

(3) 塔墩固结而塔梁分离[图 10-32(c)]。主梁由活动支座支撑于桥墩之上，中间梁段用拉索吊起共同受力。当跨径较大时，这种体系在荷载作用下沿着横桥向，主梁容易产生一定程度的移动。因此，必须进行侧向限位的板式或盆式橡胶支座设计，以保证足够的安全使用性能。

10.6.6　矮塔斜拉桥的主梁

矮塔斜拉桥的主梁一般采用预应力混凝土结构，分为等截面与变截面两种形式。绝大多数情况下，采用变截面箱梁的情况居多。一般而言，常采用的箱形截面有单箱单室、单箱双室、单箱多室及双箱单室、双箱双室等，主要截面形式如图 10-33 所示。箱梁截面，不仅能保证足够的抗弯强度，也能增强结构的整体稳定性。

其次，主梁截面的用材可选择比较轻质的，尽可能地降低结构的自重，如钢梁、钢桁架或组合形式等，有效地提高结构的跨越能力。由于主梁是承受弯矩、剪力的重要构件，必须保证足够的刚度值。同时，在主梁上的拉索锚固，也需要预留出足够的锚固空间。

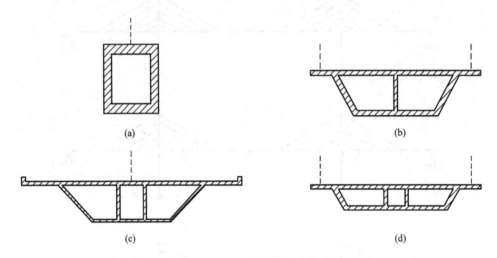

图 10-33　主梁截面形式

10.6.7　矮塔斜拉桥实例

1. 实例一：合肥南淝河大桥

1) 概况

南淝河大桥位于合肥市环巢湖道路(全长为 9.418km)跨南淝河巢湖的入口。南淝河大桥总长 856m，主桥是预应力混凝土双塔单索面矮塔斜拉桥，长 220m，该桥于 2009 年开工，2012 年建成通车。

2) 主要技术标准

(1) 技术等级：公路—Ⅰ级。

(2) 设计行车时速：60km/h。

(3) 设计荷载：公路—I 级，人群 2.5kN/m²。
(4) 设计基准期：100 年。
(5) 设计洪水频率：1/100。
(6) 最高通航水位：重现期 20 年一遇的最高水位值。
(7) 地震基本烈度：7 度（本桥按 8 度设防）。
(8) 桥面宽度：标准宽 20m，双向四车道(7.75m×2)＋人行道(2.25m×2)。

3) 设计要点
(1) 结构体系。

根据桥址情况、交通量、排洪及通航要求，按照安全可靠、耐久经济等合理性的原则，选取了矮塔斜拉桥的设计方案。桥梁总长 856m，主桥为双塔单索面预应力混凝土矮塔斜拉桥，斜拉桥跨径布置为(60m＋100m＋60m)，如图 10-34 所示，即边跨为 0.6 倍的中跨跨径，桥面标准宽 20m。两边引桥为 11×30m 和 10×30m 等高度先简支后连续预应力混凝土组合箱梁。

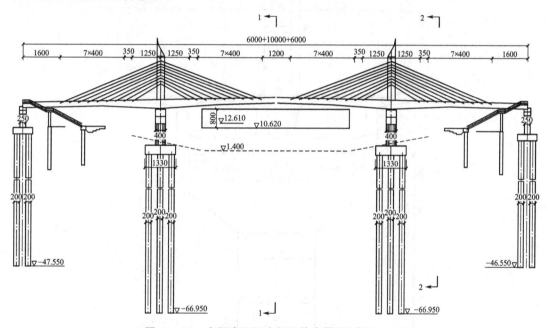

图 10-34 合肥南淝河大桥总体布置图（单位：cm）

(2) 主梁。

南淝河大桥采用塔、梁固结体系，主梁截面如图 10-35 所示，采用混凝土箱梁的形式，充分利用箱形梁刚度大、挠度小及抗风稳定性好等力学特点，使结构的设计更加趋于合理与经济。箱梁采用抛物线形的梁高变化，并在底板处设有直径为 10mm 的泄水孔，在腹板、底板处设有直径为 5mm 的通风口。

(3) 索塔。

主塔的设计，不仅要考虑结构的受力，还要满足美观的要求。综合各方面的因素，南淝河大桥主塔采用造价低、造型简洁的单柱式结构，如图 10-36 所示，整体为双塔双索面的布置。拉索为高强度低松弛钢绞线，单根钢绞线直径 15.2mm，采用两端对称张拉。

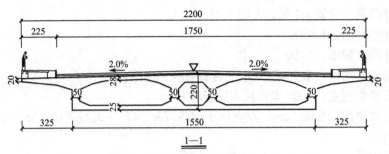

图 10-35 主梁横断面(单位：cm)

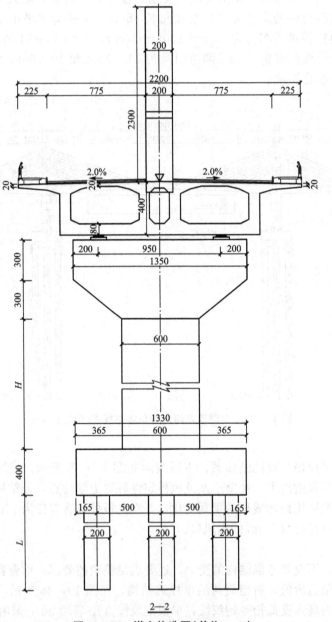

图 10-36 塔身构造图(单位：cm)

(4) 索塔基础。

南汌河大桥主桥塔墩的承台、盖梁支架及钢筋骨架焊接工作完成良好。主墩桩基的直径为2m，离地面约80m左右。考虑在施工时不中断航道通行的情况，避免采用水上搭建浮动钻井平台的方法，直接进行钢围堰的水上作业施工（保证围堰底部清淤）。

2. 实例二：佛山石湾大桥

1) 概况

佛山石湾大桥位于广东佛山市季华路至樵乐路段，横跨东平水道。主桥为150m跨径的预应力混凝土矮塔斜拉桥，采用双塔单索面、塔梁固结、墩塔分离、墩顶设置支座的结构形式。

2) 主要技术标准

(1) 设计荷载：公路—Ⅰ级。
(2) 设计行车时速：80km/h；
(3) 设计洪水频率：1/300。
(4) 抗震设防烈度：7度。
(5) 设计基本地震加速度：$0.10g$。
(6) 净空要求：通航净宽130m，通航净高不小于10m，河道堤岸净空不小于5.5m。
(7) 航道等级：Ⅲ级。

3) 桥梁总体布置

主桥桥型布置如图10-37所示。主桥跨径布置为90.5m+150m+90.5m。主桥所处纵断面设计线为凸形竖曲线，变坡点桩号为K6+922.803，竖曲线设计参数：$R=10000$m、$T=350.0$m、$E=6.13$m。

主桥的横向布置为0.5m(防撞护栏)+14.25m(行车道)+4m(中央分隔带，布置桥塔和拉索带)+14.25m(行车道)+0.5m(防撞护栏)，全宽33.5m。

4) 桥梁结构设计

(1) 梁体。

主桥梁体采用变截面箱梁形式，箱梁截面采用大悬臂单箱三室形式(图10-38)。

梁体全宽33.5m，采用单箱三室加撑板悬臂形式，撑板悬臂部分在箱体两侧各8.5m，箱体宽度为16.5m。中间箱室的净宽度为3m，两侧箱室的标准段净宽为5.95m。箱体有4条腹板，标准厚度为0.4m，边支点加厚段为0.8m，中墩加厚段为1.2m。箱体顶板标准厚度为0.25m，在斜拉索锚固区，为了保证斜拉索锚固安全，中箱室的顶板加厚到0.8m。

(2) 桥塔。

桥塔为上端小、下端大的梯形(图10-39)，采用普通钢筋混凝土结构，与主梁的横梁固结。桥塔共两个，横向布置在桥梁的中央分隔带内，全高28m，横桥向底宽3.5m，顶部宽2.7m。顺桥向底部宽4.9m，顶部宽2.9m。

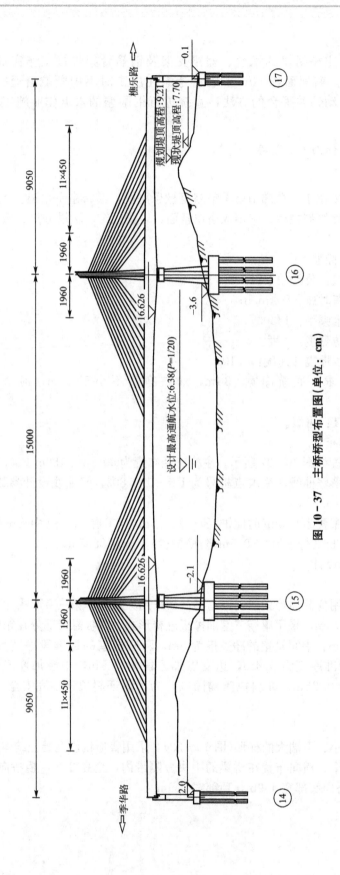

图 10-37 主桥桥型布置图(单位: cm)

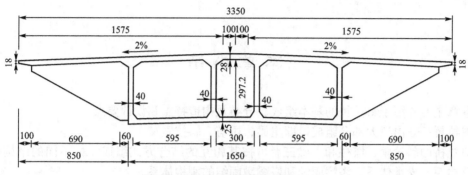

图 10-38 主梁断面图(单位：cm)

(3) 斜拉索。

主桥斜拉索为单索面布置，每个桥塔有 12 对，每对横桥向 1.2 m 间距布置两根 OVM250AT-48 钢绞线拉索。斜拉索呈扇形布置，桥塔上斜拉索最低转角点距梁顶 11.5m，竖向间距 1m，梁体内斜拉索到中墩最近 19.6m，最远 69.1m，水平向间距 4.5m。斜拉索的张拉端位于梁体内，锚固于中箱室内的斜拉索锚块上，斜拉索锚固点连线方向为该处道路设计中心线法线方向，桥塔上设置斜拉索的转向装置，不设置锚具，转向装置为 48 孔分丝的转向管，在转向管两端设置斜拉索固定装置，防止斜拉索滑动。

(4) 主墩。

主墩采用空心薄壁异形墩柱，墩柱顺桥向和横桥向墩顶均为 5m 宽，向下按 1∶10 的比例加大，墩柱壁厚 1m。墩柱设一道隔墙，隔墙两端为圆形，以减少阻水，隔墙厚 2.5m。墩柱顶设置 1m 高的实体封头。为防止水位变化造成桥墩混凝土腐蚀，由墩底向上 6.5m 范围内进行防腐涂装。

主墩盖梁高 2m，顺桥向 6m，横桥向 17.6m。主墩下为承台，承台厚 4.0m，顺桥与横桥向宽度均为 17.5m。承台顶面埋入现状河床下。

主墩基础为 2m 直径钻孔灌注桩，桩中距为 4.5m。每个墩位处钻孔灌注桩 4 排布置，每排 4 根，共 16 根。桩底嵌入微风化砂岩。

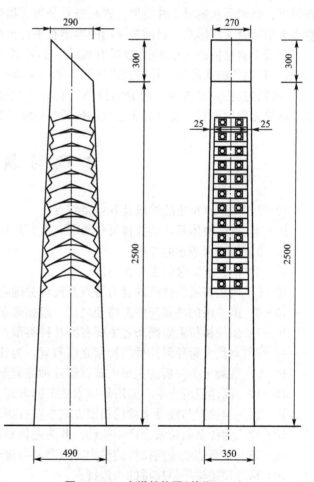

图 10-39 主塔结构图(单位：cm)

本 章 小 结

本章主要介绍了斜拉桥的基本组成、分类及构造特点和设计要点。

斜拉桥一般由三大部分组成，即主梁、桥塔、斜拉索。

斜拉桥的斜拉索、塔柱和主梁三者可按其相互的结合方式组成 4 种不同的结构体系，即悬浮体系、支承体系、塔梁固结和塔梁墩固结的刚构体系。

斜拉桥的跨径布置与分孔，除了考虑桥位处的地形、地质、水文条件、通航要求以及技术条件，还要考虑美观，一般有独塔双跨斜拉桥、双塔三跨斜拉桥、多塔多跨斜拉桥。

索塔的组成主要分为两部分：塔柱与横梁。对于横桥向，索塔的布置方式主要有柱型（单或双）、门型或 H 形、A 形、倒 Y 形及菱形等。一般塔高与中跨跨径之比 $h/L=1/4 \sim 1/7$ 比较合适。混凝土塔的截面形式主要有实体截面、H 形截面和箱形截面形式等。

拉索索面布置主要有单索面、平行双索面、空间斜向双索面等类型。索面形状主要有辐射形、竖琴形和扇形 3 种类型。索距布置分为"稀索"和"密索"两种形式，现代斜拉桥多采用"密索"形式。目前常采用的类型有平行钢丝索、钢绞线和封闭式钢缆。

混凝土斜拉桥的主梁截面形式有板式、肋板式、箱形、半封闭形及组合式截面等。"密索"斜拉桥的梁高与中跨跨径之比取 $1/80 \sim 1/300$ 比较适宜。

矮塔斜拉桥，又被称为部分斜拉桥，它具有主梁刚度大、塔柱不高、拉索集中的特征。从受力角度而言，它是介于普通斜拉桥与连续梁桥之间的一种桥型。

本 章 习 题

10-1 简述斜拉桥的组成及其主要特点。

10-2 按结构体系，斜拉桥可分为哪几类？并且阐述各自的受力特点。

10-3 简述端锚索的作用。

10-4 简述辅助墩的主要作用。

10-5 阐述多塔斜拉桥的受力特点及设计关键问题。

10-6 斜拉桥的塔高与中跨跨径之比一般如何取值？

10-7 斜拉桥拉索索面布置主要有哪几种类型？并简述各种类型的特点。

10-8 现代大跨径斜拉桥的拉索立面布置，为什么大多采用扇形形式？

10-9 混凝土斜拉桥的主梁主要有哪几种截面形式？

10-10 简述混凝土空心索塔斜拉索的锚固方式。

10-11 斜拉索与混凝土梁的锚固方式主要有哪几种？

10-12 为什么斜拉索会产生振动？并简述拉索减振的主要措施。

10-13 试简述矮塔斜拉桥的受力特点及其与普通斜拉桥的异同之处。

10-14 简述矮塔斜拉桥的构造特点。

10-15 对于大跨预应力混凝土矮塔斜拉桥，主梁为什么一般采用变截面（变高度）形式？

第11章 斜拉桥的计算

教学目标

本章主要介绍斜拉桥计算的主要特点、拉索的受力分析、恒载索力的合理确定及结构非线性分析等。通过本章的学习,应达到以下目标:
(1) 熟悉斜拉桥结构计算的主要特点;
(2) 熟悉斜拉桥拉索垂度效应计算的等效弹性模量法;
(3) 了解索力的初拟和调整;
(4) 了解斜拉桥的几何非线性分析影响因素与有限元平衡方程。

教学要求

知识要点	能力要求	相关知识
斜拉桥计算的主要特点	(1) 熟悉斜拉桥分析采用的计算模式和理论 (2) 熟悉按施工过程进行斜拉桥分析 (3) 了解结构分析有限元模型的建立	(1) 根据计算阶段、荷载类型及计算目标分阶段采用不同计算模式和理论 (2) 倒拆法、正装迭代法,悬臂施工时合理施工状态的确定,主梁立模标高或制作线形的确定 (3) 形成结构单元离散图,用合适的单元模式进行模拟
斜拉索的垂度效应计算	(1) 熟悉等效弹性模量法计算拉索垂度效应 (2) 了解拉索两端倾角的修正	(1) Ernst公式 (2) 按抛物线计算倾角修正
索力初拟和优化	(1) 了解斜拉桥索力初拟计算 (2) 了解斜拉桥索力优化	(1) 索力初拟计算公式 (2) 索力优化的概念 (3) 影响矩阵法
斜拉桥非线性计算分析	(1) 了解斜拉桥几何非线性影响因素 (2) 了解斜拉桥几何非线性计算方法	(1) 单元初始内力、大位移、拉索垂度的影响 (2) 几何非线性有限元刚度方程

基本概念

施工状态;成桥状态;有限元法;拉索垂度效应;几何非线性;索力优化。

引例

斜拉桥主要是由拉索支承的梁索组合柔性结构体系，拉索的受力分析、恒载索力的合理确定及结构非线性分析等在斜拉桥结构计算中占有重要的地位。

11.1 斜拉桥计算的主要特点

斜拉桥是由塔（压弯）、梁（压弯）、拉索（拉）3种基本构件组成的桥跨结构支承（或固结）在桥墩上的缆体承重结构，是典型的组合结构体系。主梁承受强大的轴向力的同时，还要承受来自恒、活载及其他荷载所产生的弯矩。现代斜拉桥的密索扇形布置使得主梁高度明显变低，性能较优的漂浮体系的大量使用使得斜拉桥的柔性受力特性表现突出。

斜拉桥是一个复杂的空间超静定结构，其设计计算要根据结构形式、计算阶段及目的和施工方法来选择相应的力学模式和计算理论。早期的古典结构力学法（力法、位移法）在现代斜拉桥精细计算中已较少采用，但在概念设计阶段也不失是一种选择；而计算机的广泛应用，使得杆系模式似乎更有竞争力。根据计算阶段、荷载类型及计算目标等，下面分阶段给出斜拉桥分析所采用的计算模式及理论。

1. 概念设计阶段

可选用古典结构力学方法或平面杆系模式，采用计入收缩徐变的材料非线性理论，特大跨径斜拉桥也可考虑按二阶理论进行分析，以求快速、相对精确地把握成桥状态下结构设计参数和宏观力学响应特征，从而获得理想的结构布置。

2. 技术设计阶段

中等跨径的斜拉桥可选择平面杆系模式及考虑收缩、徐变的材料非线性理论计算恒载作用下的内力，采用平面杆系模式计算活载作用下的内力、活载的空间效应，应用横向分布系数（常用杠杆法或偏心压力法计算）或偏载系数来反映；超大跨径时宜采用有限位移理论。对于风荷载、地震荷载、局部温差等空间荷载，若仅关心其静力响应，可选空间杆系模式；若要了解桥梁构件的应力分布，可选空间板壳、块体和梁单元的组合模式。前者应注意实际结构与计算模式间的刚度等效性，后者应注意不同单元组合的节点位移协调性，采用虚拟层合单元时，可有效避免上述问题。目前，ANSYS、MIDAS及DOCBRIDGE等大型通用有限元程序均可进行大跨径斜拉桥的建模计算。

3. 施工阶段

精确的计算不但能把握成桥时的受力状态，而且可为标高的控制提供理论依据。此阶段中结构刚度、荷载、构形、约束等不断变化，收缩、徐变等材料非线性及结构几何非线性表现突出，宜采用平面杆系模式进行有限位移理论分析。

4. 特殊分析

对于斜拉桥结构中的特殊部位，如拉索锚固区、塔梁固结区、不同材料主梁结合区等的应力集中现象,应进行局部应力有限元分析,必要时需考虑塑性重分布的影响。可采用子模型方法,从整体结构中取出需要计算的块件,将整体结构在分离断面处的内力、位移作为被分析结构的边界条件,细分结构网格后进行二次分析。

5. 恒载索力计算与调整

调整斜拉索力可改变斜拉桥结构的受力分配,从而优化结构受力状态。索力的计算与调整方法较多,也是斜拉桥计算的重点及难点之一。

总之,选择计算模式力求简单合理、精确,以达到事半功倍的效果。

11.1.1 按施工过程分析

斜拉桥的成桥状态要通过一系列的施工步骤来实现。成桥状态确定后,斜拉桥的设计和施工都应以成桥状态(含内力和桥面线型)为目标,同时满足施工强度要求来进行操作。问题的关键是在拟定施工程序后如何确定斜拉索的各次张拉力和梁段的预拱度。事实上,确定合理施工程序与斜拉索各次张拉力和预拱度要综合起来考虑,其确定过程如图11-1所示。

步骤1。确定成桥状态,将在本章11.3节中介绍。

步骤2。拟定或调整施工程序,不仅要综合考虑施工设备调配、各部分实际或预计的施工进度、受力的合理性,而且要考虑施工简便。斜拉索张拉尽量采用一次张拉法,为了改善主梁和边墩受力,尾索或者尾索附近几对斜拉索在合龙后应进行调索,即第二次张拉。

步骤3。在成桥状态目标和施工程序拟定后,即可确定斜拉索施工各次张拉力。目前,确定斜拉索各次张拉力的方法主要有:倒拆法、正装—倒拆迭代法、正装迭代法。

步骤4。其正装计算即按步骤2和步骤3确定,强度检验可按结构设计原理的相关方法进行。

步骤5。确定预拱度或主梁立模标高。

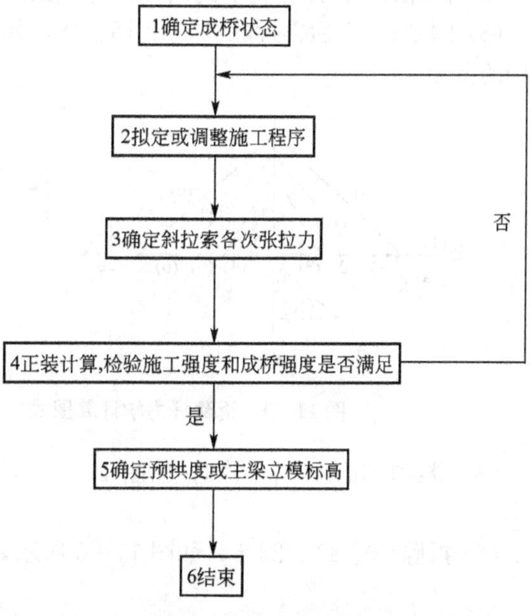

图11-1 施工张拉力及预拱度确定过程

1. 倒拆法

倒拆法也称为倒退分析法,是以成桥内力状态为参考状态,以设计的成桥线形为参考线形,按照施工工序的逆过程,对结构进行虚拟倒拆并逐阶段进行分析,计算每次卸除一个施工段对剩余结构影响的计算方法。

以图 11-2 为例来说明倒退分析原理。首先可按 11.3 节的方法确定成桥状态，再按施工工序的逆过程进行倒拆并考虑斜拉索非线性效应。结构的杆件已经编号，倒拆顺序如下。

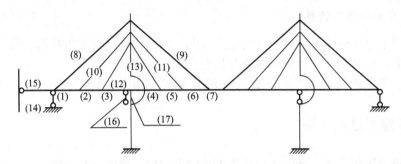

图 11-2　有限元分析杆件单元编号

（1）基本对称地调整最长索或者最长索附近几对斜拉索的索力。最长索或者最长索附近几对斜拉索的索力的调整的确定原则是：使杆 7 两端的弯矩接近或者等于零，并满足施工强度的要求。

（2）拆除杆 7，计算剩下的结构内力，如图 11-3 所示。

（3）固结杆 17 后再拆除杆 14、15、16，如图 11-4 所示，求得斜拉索 8、9 的张力及结构的变形。

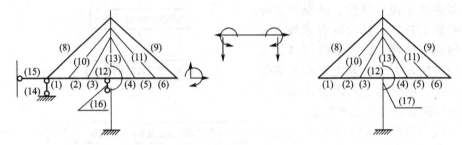

图 11-3　拆除杆力学计算图式　　　　图 11-4　塔梁开始固接

（4）继续拆除 8、9、1、6，如图 11-5 所示，求得斜拉索 10、11 的张拉力及结构的变形。

（5）拆除 10、11、2、5，如图 11-6 所示，求得斜拉索 12、13 的张拉力及结构变形。

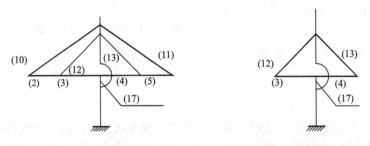

图 11-5　施工中间状态　　　　图 11-6　最后阶段

在上述单纯的倒退分析计算存在以下问题：①难以计算收缩、徐变的影响；②考虑几何非线性时,每次增量迭代过程中力和位移的修正量都是从施工的后一阶段向前计算得到的,与按实际由前向后的工序进行计算存在误差;③拆除合龙段以及支座单元时,其杆端力不为零,与实际成桥过程不一致。

因而,按倒拆结果做正装计算将得不出原来的成桥状态,这就是所谓的结构状态不闭合问题。

为了消除这种不闭合的影响,某些学者又提出了正装—倒拆迭代法。该方法的基本思路是:先倒拆计算,不计各种非线性影响;然后根据倒拆结果,正装计算,计入各种非线性影响,并将各工况下的非线性影响储存起来;再做倒拆计算,并计入上轮正装计算时储存起来的非线性影响值,得到新一轮倒拆结果,如此反复几次,即可消除前两种原因造成的结构状态不闭合现象,而第3种原因引起的不闭合值可以通过图11-2例子的措施来减少或消除。

2. 正装迭代法

倒拆法、正装倒拆法、正装迭代法都是图11-1中步骤3确定斜拉索各次张拉力的方法。在倒拆法或正装倒拆法中,要确定有效减少或消除由于拆除合龙段及支座单元时其杆端力不为零所引起的不闭合问题的措施不甚方便,而正装迭代法则可较方便地通过最小二乘法将这种不闭合的影响降低到最低限度,并消除其他原因引起的不闭合问题。

正装迭代法的基本思路是:先假定一个张拉索力,按正装计算得到一个成桥状态,将该成桥状态与事先定好的合理成桥状态相比较,按最小二乘法使两个成桥状态相差最小,以此来修正张拉索力,再进行下一轮计算,直至收敛。

1) 基本方法

设需张拉的拉索总次数为 n,需要控制的参数个数为 m,首先选定一组张拉索力 $\{T_1\}_{n\times 1}$,一般可将成桥恒载索力作为 $\{T_1\}$,按施工顺序正装计算至成桥,得到成桥状态的控制参数值 $\{F\}_{m\times 1}$,控制参数可以是索力、主梁和塔的弯矩、桥墩反力等。在正装计算过程中,在每根索张拉时,可获得该索(设为 j 号索)张拉单位力时 i 控制参数的增量 a_{ij}(索力影响系数)。如果按某种方法确定的合理成桥状态的控制参数值为 $\{F_0\}_{m\times 1}$,则控制参数不符值为

$$\{b\} = \{F_0\} - \{F\} \tag{11-1}$$

张拉索力的调整量假定为 $\{x\}$,则

$$[a]\{x\} = \{b\} \tag{11-2}$$

通常控制参数个数多于需张拉的斜拉索次数,式(11-2)则变成矛盾方程组,可用最小二乘法进行求解,原理为求 x,使其满足:

$$Q(x) = \|[a]\{x\} - \{b\}\|^2 = \min \tag{11-3}$$

根据极值原理可得

$$[a]^T[a]\{x\} = [a]^T\{b\} \tag{11-4}$$

如果在式(11-4)两边同乘一个加权矩阵 $[\rho]$,则有

$$[a]^T[\rho]^2[a]\{x\} = [a]^T[\rho]^2\{b\} \tag{11-5}$$

式(11-4)和式(11-5)均是 n 个方程、n 个未知量的线性方程组,可以证明当 $[a]$ 列满秩时,它们均有唯一解,由方程式(11-4)或式(11-5)解出 $\{x\}$ 后,则新的张拉索力为

$$\{T_2\} = \{T_1\} + \{x\} \tag{11-6}$$

按$\{T_2\}$再进行正装计算,得到新的成桥状态控制参数及控制参数不符值$\{b\}$,同时也获得了新的索力影响系数a_{ij},由式(11-4)或式(11-5)可求出新的张拉索力调整量$\{x\}$,则下一轮张拉索力为

$$\{T_3\} = \{T_2\} + \{x\} \tag{11-7}$$

重复以上过程,直到收敛为止。收敛准则为

$$\sum_{i=1}^{n} \frac{|x_i|}{nT_i} < \varepsilon_1 \tag{11-8}$$

$$\max \frac{|x_i|}{T_i} < \varepsilon_2 \tag{11-9}$$

通常可取$\varepsilon_1 = 0.005 \sim 0.02$,$\varepsilon_2 = 0.01 \sim 0.05$,根据精度要求来确定。

2) 应用中值得注意的问题

在上述的基本方法中,成桥状态控制参数的个数m、待求张拉索力n及迭代索力初值$\{T_1\}$的选取是否应满足或满足哪些原则,下面分别讨论。显然,成桥状态控制参数的个数m必须等于或多于能唯一确定成桥受力状态的参数个数,否则,成桥状态都未完全确定。待求张拉索力数n应等于或大于成桥状态结构的超静定次数,否则正装迭代法的结果将导致主梁弯矩很不合理。通常,为施工方便,一般的斜拉索采用一次张拉法,为了改善边墩和主梁的受力,尾索和次尾索在合龙后要再次调索,即尾索和次尾索采用二次张拉法,从而使得待求张拉索力数n等于或大于成桥状态结构的超静定次数。迭代索力初值$\{T_1\}$的选取较为宽松,取不同的初值,大多能迅速收敛于同一结果。通常,取其为合理成桥状态的恒载索力或者该值的一半。

在上述正装迭代法中,控制参数仅仅取自成桥状态,如果增加少量的取自施工阶段受力状态的控制参数,则更为科学与合理,能加速综合确定施工工序、斜拉索施工各次张拉力和预拱度。

3. 悬臂施工时合理施工状态的确定

斜拉桥采用悬臂法施工时,随着梁体的伸长,拉索的数量逐渐增加,后期梁体悬挂和拉索张拉必然对前期各拉索的索力、梁体标高和应力产生影响。因而在确定了合理成桥状态的索力$\{T\}$及成桥状态梁体标高之后,必须以此为目标确定相应的施工阶段各索的初张力$\{T_p\}$和梁段开始安装标高。

对于一次张拉的情形,索力的相互影响可用下式表示。

第1对索力:$T_1 = b_{11} \cdot T_{1p} + b_{12} \cdot T_{2p} + \cdots + b_{1n} \cdot T_{np} + T_{1Q}$

第2对索力:$T_2 = b_{22} \cdot T_{2p} + \cdots + b_{2n} \cdot T_{np} + T_{2Q}$

第n对索力:$T_n = b_{nn} \cdot T_{np} + \cdots T_{nQ}$

$$\{T\} = [B] \cdot \{T_p\} + \{T_Q\} \tag{11-10}$$

索力初张力为

$$\{T_p\} = [B]^{-1} \cdot (\{T\} - \{T_Q\}) \tag{11-11}$$

式中 $\{T_p\}$——拉索的初张力矩阵;

$\{T\}$——成桥状态的索力;

$\{T_Q\}$——体系转换、二期恒载、收缩徐变等引起的索力变化量;

$[B]$——索力影响矩阵;$b_{ij}(i, j=1, 2, \cdots, n)$为$[B]$的元素,表示第$j$根拉索张拉后引起的第$i$根拉索的索力改变量。

在确定了各索的初张力和梁体各控制点的初始标高之后，须做施工模拟计算，以确保施工过程中梁和塔的应力不超限，并确认成桥后恒载弯矩在可行域内。

4. 主梁立模标高或制作线形的确定

对于悬臂浇注的混凝土主梁有

$$H_1 = H_0 + f \qquad (11-12)$$

式中　H_1——悬浇节段主梁前端的立模标高；

　　　f——悬浇节段主梁前端从立模开始至通车时或成桥后 3～5 年的累计挠度（向下为正），包括挂篮从该节段主梁立模开始到该节段主梁混凝土受力过程中的竖向位移量（向下为正），f 也称为预拱度；

　　　H_0——通车时或成桥后 3～5 年主梁该点的目标标高，即设计标高。

如需考虑几何非线性，则可采用 U.L 列式法，在正装计算中，主梁节点的初始竖坐标要采用立模标高。为此，第一次正装计算时，主梁节点的初始竖坐标可采用成桥设计标高，得出第一次正装计算累计挠度值；代入式(11-12)得第二次正装计算时主梁的立模标高，以此类推，止于计算的累计挠度收敛。

对于混凝土梁、钢梁等预制拼装施工的主梁，主梁节段均是在无应力状态下的制作台上按一定的线形预制，节段之间的接头也是按制作线形进行设计的。主梁节段按制作线形预制后，即可进行悬臂拼装，成桥后主梁应达到成桥设计标高。因而，对于预制拼装的主梁施工，存在一个主梁的制作线形和拼装立模标高确定的问题。

为了确定主梁的制作线形和拼装立模标高，可按下述方法进行正装计算：在安装第一个梁段时，就把后面尚待安装的所有梁段除合龙段外全部一次安装上去，此时只是安装那些梁段的无重单元，其后斜拉索施工、主梁自重施加、合龙、桥面系施工等均按实际施工程序进行安装或加载。在这个正装计算中，所有梁段除合龙段外全部一次安装上去时的线形，即梁段均不受力时的线形为制作线形，故有

$$\left.\begin{array}{l}H_2 = H_0 + f_i \\ H_1 = H_0 + f\end{array}\right\} \qquad (11-13)$$

式中　H_2——主梁制作线形相对标高；

　　　f_i——按上述正装计算得出的主梁累计挠度（向下为正）；

　　　H_0——通车时或成桥后 3～5 年主梁该点的目标标高，即设计标高；

　　　f——梁段从其自重施加到通车时或成桥后 3～5 年主梁该点的累计挠度（向下为正）；

　　　H_1——主梁拼装前端定位标高。

11.1.2　结构分析的有限元模型建立

斜拉桥是高次超静定结构，常规分析可采用平面杆系有限元法，即基于小位移的直接刚度矩阵法。

有限元分析首先是建立计算模型，对整体结构划分单元和结点，形成结构离散图，研究各单元的性质，并用合适的单元模型进行模拟。

对于柔性拉索，可用拉压杆单元进行模拟，同时按后面介绍的等效弹性模量方法考虑

斜索的垂度影响，对于梁和塔单元，则用梁单元进行模拟。

斜拉桥与其他超静定桥梁一样，它的最终恒载受力状态与施工过程密切相关，因此结构分析必须准确模拟和修正施工过程。

图 11-7 所示是一座斜拉桥结构分析的离散图。

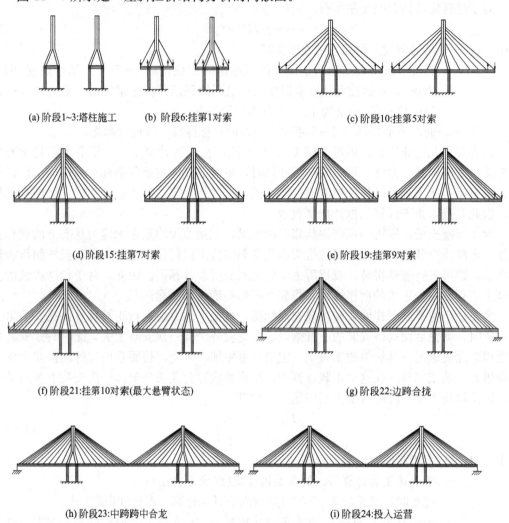

图 11-7　斜拉桥结构分析离散图

结构内力计算：斜拉桥的结构分析计算，根据跨度的大小采用两种不同的理论。对于特大跨径的斜拉桥，为消除斜拉索垂度及大变位引起的非线性因素的影响，必须采用有限变形理论；对于中小跨径的斜拉桥，采用小变形理论可获得满意的结果。平面杆系有限元法是计算斜拉桥内力的基础，该法又称为刚度矩阵法，其基础理论是小变形理论。在计算斜拉桥内力及变形时，一般把空间结构简化成平面结构，待内力及变形确定后再乘以荷载横向分布系数，以考虑结构的空间效应，也可直接采用空间结构进行分析。

斜拉桥内力及变形分析包括主梁、桥塔、斜拉索、基础，所承受的荷载包括一期恒载、二期恒载、活载、温度变化、支座沉降、预应力、斜拉索拉力、混凝土收缩徐变、施工荷载等。

11.2 斜拉索的垂度效应计算

1. 等效弹性模量法

斜拉桥的拉索一般采用柔性索，斜索在自重作用下会产生一定的垂度，这一垂度的大小与索力有关，垂度与索力呈非线性关系。斜索张拉时，索的伸长量包括弹性伸长以及克服垂度所带来的伸长，为方便计算，可以用等效弹性模量的方法，在弹性伸长公式中计入垂度的影响。

等效弹性模量常用 Ernst 公式，推导如下。

根据 m 处弯矩为零的条件，得到

$$T \cdot f_m = \frac{1}{8} q_1 l^2 = \frac{1}{8} q l^2 \cdot \cos\alpha$$

$$f_m = \frac{q l^2}{8T} \cdot \cos\alpha \tag{11-14}$$

如图 11-8 所示，q 为斜索自重集度，f_m 为斜索跨中 m 的径向挠度。因斜拉索不承担弯矩，索形应该是悬链线，但对 f_m 很小的情形，可近似地按抛物线计算，索的长度为

$$S = l + \frac{8}{3} \cdot \frac{f_m^2}{l} \tag{11-15}$$

$$\Delta l = s - l = \frac{8}{3} \cdot \frac{f_m^2}{l} = \frac{q^2 l^3}{24 T^2} \cos^2\alpha$$

$$\frac{d\Delta l}{dT} = -\frac{q^2 l^3}{12 T^3} \cos^2\alpha \tag{11-16}$$

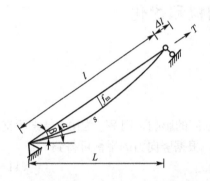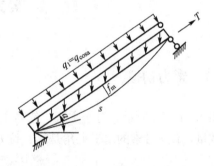

图 11-8 斜拉索的受力图式

用弹性模量的概念表示上述垂度的影响，则有

$$E_f = \frac{dT}{d\Delta l} \cdot \frac{l}{A} = \frac{12 l T^3}{A q^2 l^3 \cos^2\alpha} = \frac{12 \sigma^3}{(\gamma L)^2} \tag{11-17}$$

$$\sigma = T/A, \quad q = \gamma A, \quad L = l \cdot \cos\alpha$$

式中　L——斜索的水平投影长度；

E_f——计算垂度效应的当量弹性模量。

在 T 的作用下，斜索的弹性应变为

$$\varepsilon_e = \frac{\sigma}{E_e}$$

因此，等效弹性模量 E_{eq} 为

$$E_{eq} = \frac{\sigma}{\varepsilon_e + \varepsilon_f} = \frac{E_e}{1 + \frac{E_e}{E_f}}$$

即

$$E_{eq} = \frac{E_e}{1 + \frac{(\gamma L)^2}{12\sigma^3}E_e} = \mu E_e \quad (\mu < 1) \qquad (11-18)$$

斜拉索等效弹性模量与斜索水平投影长 L 的关系如图 11-9 所示。

2. 斜拉索两端倾角的修正

斜拉索两端的钢导管安装时，必须考虑垂度引起的索两端倾角的变化量 β，否则将造成导管轴线偏位。一般情况下，可按抛物线计算，即

$$\tan\beta = \frac{4f_m}{l} = \frac{4}{l} \cdot \frac{ql^2}{8T}\cos\alpha = \frac{q}{2T} \cdot L = \frac{\gamma L}{2\sigma}$$

$$\beta = \tan^{-1}\left(\frac{\gamma L}{2\sigma}\right) \qquad (11-19)$$

当索的水平投影长度很长时（$L > 300$m），按抛物线计算会带来一定的误差，因而应采用更精确的悬链线方程求解。

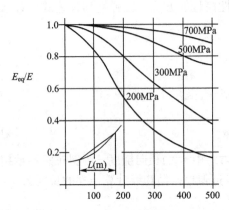

图 11-9 E_{eq} 与 L 的关系
($E_e = 205000$MPa, $\gamma = 98$kN/m³)

11.3 索力的初拟和优化

11.3.1 索力初拟

如图 11-10 所示，对于主跨，忽略主梁抗弯刚度的影响，则 W_m 为第 i 号索所支承的恒载重量，设 i 号索的水平夹角是 α_i、拉力为 T_{mi}，根据竖向力的平衡可得到

$$T_{mi} = W_m/\sin\alpha_i \qquad (11-20)$$

拉索引起的水平力为

$$F_{mi} = T_{mi}\cos\alpha_i = W_m/\tan\alpha_i \qquad (11-21)$$

进一步考察边跨，设边跨 i 号索的水平夹角是 β_i、拉力为 T_{bi}，忽略塔的抗弯刚度，则主、边跨拉索的水平分力应相等，因此

$$T_{bi} = T_{mi}\cos\alpha_i/\cos\beta_i = \frac{W_m}{(\tan\alpha_i \cdot \cos\beta_i)}$$

$$(11-22)$$

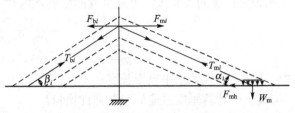

图 11-10 索力初拟计算图示

边跨第 i 号索支承的恒载重量 W_b 可由下式求得：

$$W_b = T_{bi} \cdot \sin\beta_i = W_m \cdot \frac{\tan\beta_i}{\tan\alpha_i} \tag{11-23}$$

11.3.2 斜拉桥恒载状态索力的优化

所谓合理成桥状态是指斜拉桥在施工完成后，在恒载作用下，各构件受力满足某种理想状态。对于中、边跨不对称的斜拉桥结构，可以通过调整其恒载分布（如采用混合梁设计）、改变边跨斜拉索锚固位置等方法来改善结构受力。由于受到设计施工中各种条件的限制，要求斜拉桥主梁满足零弯矩状态，有时难以实现。但是，当斜拉桥的结构体系及塔、梁截面尺寸被确定时，总能找出一组斜拉索力，它能使斜拉桥在恒载作用下，反映某种受力性能的指标达到最优。求解这组最优索力，也就实现了斜拉桥恒载受力状态的优化。因此，在不改变结构参数的前提下，斜拉桥恒载状态的优化也就转化为斜拉索力的优化问题。

1. 索力优化的基本概念

如图 11-11 所示，由竖直拉索和水平梁组成的一次超静定体系，赘余力用拉索的拉力 N 表示，梁的弯矩为

$$M = \frac{1}{2}q(lx - x^2) - \frac{N}{2}x \tag{11-24}$$

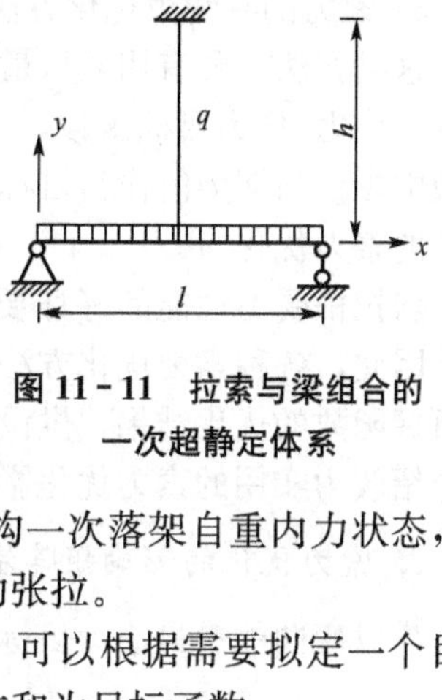

通过力法，按变形协调条件可计算出赘余力：

$$N = \frac{5ql^4/384EI}{l^3/48EI + h/EA} \tag{11-25}$$

为简单起见，假定 $EI/l = 1$，$EA/h = 192$，则由式 (11-25) 得

$$N = \frac{4ql}{8} \tag{11-26}$$

图 11-11 拉索与梁组合的一次超静定体系

相应梁的弯矩如图 11-12(a) 所示。这一状态对应于结构一次落架自重内力状态，即拉索被动受力，没有主动张拉。

为了优化梁的受力，可以根据需要拟定一个目标函数，现设梁的弯矩平方和为目标函数。

$$f = \int_0^l M^2(x) \mathrm{d}x \tag{11-27}$$

将式 (11-24) 代入式 (11-27)，通过求极值使目标函数值 f 最小，可得赘余力 N 为

$$N = \frac{5ql}{8} \tag{11-28}$$

对应梁的弯矩如图 11-12(b) 所示，这时的结构内力状态是通过索的张拉来实现的。比较图 11-12(a) 与图 11-12(b) 可知，索力优化后，梁在拉索支承处产生了负弯矩，其正弯矩峰值得到减小，从而梁的受力均匀。这表明，可通过索力优化调整改善梁的

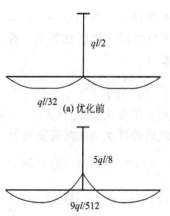

图 11-12 索力优化前后梁的弯矩图

受力状态。

2. 斜拉桥索力优化方法

斜拉桥索力优化方法较多，归纳起来可分为 3 类：指定受力状态的索力优化、无约束索力优化和有约束的索力优化。下面简要介绍这些优化方法的原理。

1) 指定受力状态的索力优化

这类方法的代表主要是刚性支承连续梁法。刚性支承连续梁法是将斜拉桥主梁在恒载作用下弯曲内力呈刚性支承连续梁状态作为优化目标。将梁、索交点处设为刚性支承进行结构分析，计算出各支点反力；然后，利用刚性支点反力与拉索的竖向分力相等的条件，来确定最优索力。该方法的优点是力学概念明确，计算简单，并且成桥索力接近稳定张拉力，可减小徐变对成桥内力的影响。但是，这个方法在施工中需通过多次张拉调整索力才能实现目标，并且只考虑了梁的受力状态，而忽略了塔的受力状态，对于不对称结构，则可能使塔产生较大的恒载弯矩。

2) 索力的无约束优化方法

这类方法主要有弯曲能量最小法和弯矩最小法。弯曲能量最小法是用结构的弯曲应变能作为目标函数，弯矩最小法是以弯矩平方和作为目标函数。这两种方法一般仅适用于恒载索力优化，无法计入预应力影响。

3) 索力的有约束优化方法

这类方法主要有用索量最小法和最大偏差最小法。用索量最小法以斜拉索的用量（索长乘张拉力）作为目标函数，以控制截面内力、位移作为约束条件。最大偏差最小法将可行域中参量与期望值作为目标函数，使最大偏差达到最小。这种方法适用于成桥状态与施工中的索力优化。

斜拉桥受力性能的好坏要根据实际情况综合评价，不能用单一的目标函数来统一表示，因此，各种索力优化方法均有其局限性。既能考虑各种因素的影响，又能分别得到不同目标函数的优化结果，供设计者比选，具有这种功能的优化方法才比较理想、实用。下面介绍较为实用的索力优化影响矩阵法。

3. 索力优化的影响矩阵法

先以弯曲能量最小为目标函数推导成桥索力优化的影响矩阵法，再通过讨论来认识这种方法对多种目标函数成桥索力优化的统一性。杆系结构的弯曲应变能为

$$U = \int_s \frac{M^2(s)}{2EI} ds \quad (11-29)$$

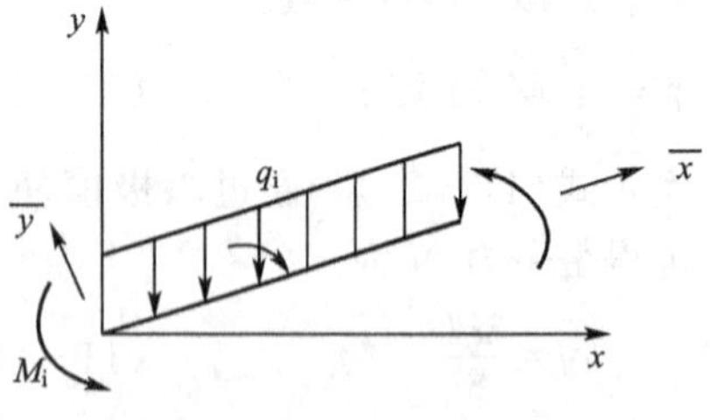

设杆系结构单元 i 的受力图式如图 11-13 所示，则由 m 个单元组成的杆系结构的应变能为

$$U = \sum_{i=1}^{m} \frac{l_i}{6E_i I_i} \Big[(^L M_i^2 + ^R M_i^2 + ^L M_i \cdot ^R M_i) \\ + \frac{q_i}{4} l_i^2 \cos\alpha_i (^R M_i - ^L M_i) + \frac{1}{40} q_i^2 l_i^4 \cos\alpha_i \Big]$$

$$(11-30)$$

图 11-13 杆系结构单元受力图

式中　　m——结构单元总数；

l_i、E_i、I_i——分别表示 i 号单元的杆件长度、材料弹性模量和截面惯性矩；

^LM_i、^RM_i——分别表示单元左、右端弯矩；

q_i——设梁单元除承受杆端力外，只承受均布铅直向下的荷载，q_i 即为梁单元 i 单位梁长承受的荷载值；

a_i——单元 i 轴线与水平线的夹角。

式(11-30)可写成

$$U=\{^LM\}^T[B]\{^LM\}+\{^RM\}^T[B]\{^RM\}+\{C\}^T(\{^RM\}-\{^LM\})+D \quad (11-31)$$

$$[B]=\begin{bmatrix} b_{11} & 0 & \cdots & 0 \\ & b_{22} & \cdots & 0 \\ & & \cdots & \\ \text{对称} & & & b_{mm} \end{bmatrix}, \quad b_{ii}=\frac{l_i}{6E_iI_i}(i=1,2,\cdots,m)$$

$$D=\sum_{i=1}^{m}\frac{q_i^2 l_i^5 \cos\alpha_i}{240 E_i I_i}$$

式中 $\{^LM\}$、$\{^RM\}$——分别为左、右端弯矩向量；

$[B]$——系数矩阵；

D——与杆端弯矩无关的常量。

令调索前左、右端弯矩向量分别为 $\{^LM_0\}$ 和 $\{^RM_0\}$，改变索力的施调向量为 $\{T\}$，则调索后弯矩向量为

$$\left.\begin{array}{l}\{^LM\}=\{^LM_0\}+[C_L]\{T\}\\ \{^RM\}=\{^RM_0\}+[C_R]\{T\}\end{array}\right\} \quad (11-32)$$

式中 C_0——与 $\{T\}$ 无关的常数。

要使索力调整后结构应变能最小，则

$$\frac{\partial U}{\partial T_i}=0 \quad (i=1,2,\cdots,l) \quad (11-33)$$

将式(11-31)代入式(11-33)并写成矩阵形式：

$$([C_L]^T[B][C_L]+[C_R]^T[B][C_R]-[C_L]^T[B][C_R])\{T\}$$
$$=-[C_R]^T[B]\{^RM_0\}-[C_L]^T[B]\{^LM_0\}+\frac{1}{2}[C_R]^T[B]\{^LM_0\}$$
$$+\frac{1}{2}[C_L]^T[B]\{^RM_0\}+\frac{1}{2}([C_L]^T-[C_R]^T)\{C\} \quad (11-34)$$

于是，成桥索力优化问题就转化为式(11-34)的 l 阶线性代数方程求解问题。

式(11-34)给出了整个结构弯曲能量最小时最优索力与弯矩影响矩阵的关系。通过分析，容易得出如下结论。

(1) 如果取弯曲应变能与拉压应变能之和为目标函数，则只要在式(11-34)左、右端增加构件拉压力与索力影响矩阵的关系项，即可得出相应的最优索力方程。

(2) 如果索力优化时只将结构中一部分关心截面上的内力应变能作为目标函数，则式(11-34)左、右端的影响矩阵用索力相应于这些关心截面内力的影响矩阵取代就可得出相应的最优索力方程。用相似的方法还可定义许多有实际工程意义的目标函数，并通过变换得到与式(11-34)相似的索力优化方程。

(3) 式(11-34)中 $[B]$ 矩阵可以看成单元柔度对单元弯矩的加权矩阵，对于变截面的

斜拉桥，优化结果意味着刚度大的截面可适当多分担些弯矩。如果[B]矩阵可由用户任意调整，则可根据构件的重要性和自身特点，人为地给出各构件在优化时的加权量。当[B]为单位矩阵时，优化目标函数就变成了弯矩平方和。显然，弯矩平方和作为目标函数，没有考虑到构件柔度对弯曲能量吸收的权，一般来说，优化结果不如用弯曲能量作为目标函数的结果合理。

（4）在形成影响矩阵时，如果结构中已张拉了预应力索，则计算影响矩阵时就自然包含了预应力的影响项，因此，用影响矩阵法进行索力优化，能自动计入预应力索对优化结果的影响。

（5）在优化整体内力的同时，如果还需要指定某些关心截面上的内力为定值，索力优化问题就变成了求条件极值问题。

令 k 个断面（k<l）的内力指定值向量为$\{P\}$，调索前为$\{P_0\}$，施调索力向量为$\{T\}$，则
$$\{P\} = \{P_0\} + [C_K]\{T\} \qquad (11-35)$$

式中 $[C_K]$——索力对应于内力指定值向量$\{P\}$的影响矩阵。

令
$$\{\varphi\} = \{P\} - \{P_0\} - [C_K]\{T\} \qquad (11-36)$$

应用拉格朗日乘子法，式(11-33)的条件极值问题等价为

$$\left. \begin{array}{l} \dfrac{\partial U}{\partial T_i} + \sum\limits_{j=1}^{k} 2\lambda_j \dfrac{\partial \varphi_j}{\partial T_i} = 0 \\ \{\varphi\} = 0 \end{array} \right\} (i = 1, 2, 3, \cdots, k) \qquad (11-37)$$

将式(11-36)、式(11-35)代入式(11-37)，令$\{\lambda\} = \{\lambda_1, \lambda_2, \cdots, \lambda_k\}^T$，得

$$([C_L]^T[B][C_L] + [C_R]^T[B][C_R] - [C_L]^T[B][C_R])\{T\} - [C_K]^T\{\lambda\}$$
$$= -[C_R]^T[B][^RM_0] - [C_L]^T[B][^LM_0] + \frac{1}{2}[C_R]^T[B][^LM_0]$$
$$+ \frac{1}{2}[C_L]^T[B][^RM_0] + \frac{1}{2}([C_L]^T - [C_R]^T)\{C\}\{P\} = \{P\} + \{C_K\}\{T\} \qquad (11-38)$$

求解 k+m 个方程，便可得到相应的最优索力向量$\{T\}$。

（6）对于限制一些控制变量在某一范围内的不等式约束问题，可先将这些控制变量用施调索力向量与影响矩阵表示，再引入松弛变量，参照(5)的方法，也能得到最优化索力方程。

11.4 斜拉桥非线性计算

1. 斜拉桥的几何非线性影响因素

斜拉桥属于柔性结构，在荷载作用下变形较显著，用建立在小位移基础之上的经典线性理论计算时，会带来一定的误差。几何非线性理论是将平衡建立在结构变形后的位置上，因而更能反映结构的真实受力状态。一般桥梁结构受力后的变形很小，用线性理论分析误差极小，但用线性理论计算斜拉桥这种相对柔性的结构，所带来的误差常常不可忽略。

几何非线性理论有大位移小应变的有限位移理论和大位移大应变的有限应变理论两

种,在非偶然荷载作用下,桥梁工程中的几何非线性问题一般都是有限位移问题。

建立以杆系结构有限元有限位移理论为基础的大跨度桥梁结构几何非线性分析总体方程时,应考虑三方面因素的几何非线性效应。

1) 单元初始内力对单元刚度矩阵的影响

斜拉桥的主梁与索塔一般都是以受压为主的构件。前者以承受斜索的水平分力为主,后者以承受斜索的垂直分力为主。在考虑非线性影响后,主梁的挠度和索塔的位移将使弯矩有增大趋势。从图 11-14 的简单图式可以理解,直杆 AB 中的 m 点产生挠度位移 δ 后,在轴力 P 和弯矩 M 作用下,m 点的弯矩变为 $M+\delta P$。对通常跨度的斜拉桥来说,非线性影响并不太大,一般只有百分之几的增幅,可以不予考虑。但是对于跨度较大或刚度较小的斜拉桥来说,就有必要考虑其影响了。

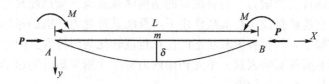

图 11-14 轴向受力杆件图式

2) 大位移对结构平衡方程的影响

对于这个问题,有 $T.L$ 列式法和 $U.L$ 列式法等各种不同的处理方法。前者将参考坐标设在未变形的结构上,通过引入大位移矩阵来考虑大位移问题;后者将参考坐标设在变形后的位置上,让节点坐标跟结构一起变化,从而使平衡方程直接建立在变形后的位置上。

3) 拉索垂度的影响

斜拉索刚度中计入垂度的影响,按前述方法引入 $Ernst$ 公式(11-18),通过等效弹性量法来考虑拉索垂度效应。

2. 几何非线性有限元刚度方程

有限元方法都是首先作单元分析,建立单元刚度方程和单元刚度矩阵,然后根据平衡、物理和几何协调 3 个条件,将单元刚度矩阵汇总为总体刚度矩阵,并引入边界条件,可以得到描述柔性结构受力变形特征的总体刚度方程。按 $U.L$ 列式法考虑几何非线性的结构平衡方程为

$$[K_t+K_\sigma]\{\delta\}=\{P\} \qquad (11-39)$$

或

$$[K(\delta)]\{\delta\}=\{P\} \qquad (11-40)$$

式中 K_t——结构弹性刚度矩阵;

K_σ——结构初应力刚度矩阵;

$K(\delta)$——切线刚度矩阵;

$\{\delta\}$——结构位移矩阵;

$\{P\}$——荷载矩阵。

本 章 小 结

本章主要介绍了斜拉桥计算的主要特点、拉索的受力分析、恒载索力的合理确定及结

构非线性分析等。

根据计算阶段、荷载类型及计算目标等，斜拉桥分析所采用的计算模式及理论也分阶段不同。

施工过程分析问题的关键是在拟订施工程序后如何确定斜拉索的各次张拉力和梁段的预拱度。分析方法有倒拆法和正装迭代法。有限元分析首先是建立计算模型，对整体结构划分单元和结点，形成结构离散图，研究各单元的性质，并用合适的单元模型进行模拟。

斜拉索在自重作用下会产生一定的垂度，垂度与索力呈非线性关系。斜索张拉时，索的伸长量包括弹性伸长以及克服垂度所带来的伸长。为方便计算，可以用等效弹性模量的方法，在弹性伸长公式中计入垂度的影响。斜拉索两端的钢导管安装时，必须考虑垂度引起的索两端倾角的变化量 β，否则将造成导管轴线偏位。

根据恒载平衡条件初拟索力，当斜拉桥的结构体系及塔、梁截面尺寸被确定，总能找出一组斜拉索力，它能使斜拉桥在恒载作用下，反映某种受力性能的指标达到最优。在不改变结构参数的前提下，斜拉桥恒载状态的优化也就转化为斜拉索力的优化问题。

斜拉桥的几何非线性影响因素：单元初始内力对单元刚度矩阵的影响、大位移对结构平衡方程的影响、拉索垂度的影响。

本章习题

11-1 考虑拉索垂度效应的等效弹性模量与哪些因素有关？
11-2 简述斜拉桥设计中索力初拟的方法及计算公式。
11-3 斜拉桥的索力优化主要有哪几种方法？
11-4 斜拉桥的几何非线性影响因素主要有哪几个？

第12章 斜拉桥实例

> **教学目标**

本章主要介绍宜昌夷陵长江大桥等 5 座斜拉桥实例。通过本章的学习,应达到以下目标:
(1) 掌握斜拉桥的基本组成及设计要点;
(2) 了解斜拉桥的发展动态。

> **教学要求**

知识要点	能力要求	相关知识
斜拉桥实例概况	(1) 掌握斜拉桥的基本组成部分 (2) 掌握斜拉桥的总体布置	(1) 位置、组成部分 (2) 跨径分孔、索面布置
技术标准	熟悉斜拉桥的设计技术标准	(1) 设计荷载 (2) 通航水位 (3) 桥宽
设计要点	熟悉斜拉桥结构体系及梁、塔、索各部分的构造布置	(1) 结构体系 (2) 主梁构造尺寸 (3) 索塔构造尺寸 (4) 拉索构造布置 (5) 索塔基础构造

> **基本概念**

多塔斜拉桥;混合梁;钢混结合段;含风嘴扁平钢箱梁;阻尼器;气动减振措施。

世界上第一座具有钢筋混凝土主梁的斜拉桥是 1925 年在西班牙修建的跨越坦波尔河的水道桥,主跨 60.35m。世界上第一座现代化斜拉桥是 1955 年在瑞典建成的斯特罗姆海峡桥,其主跨为 182.6m。美国在 1978 年建成的 P-K 桥,跨径为 299m,是世界上第一座密索体系的预应力混凝土斜拉桥。目前,国外已建成的跨径最大的斜拉桥是日本的多多罗桥,其主跨为 890m,于 1999 年建成。

斜拉桥的应用和发展在我国起步较晚,但是 20 世纪 90 年代后却得到了迅速的发展,我国修建了一系列的跨大江河流的特大跨径斜拉桥。1993 年建成的上海杨浦大桥,跨径 602m(当时世界第一),2008 年建成的苏通长江大桥为钢箱梁斜拉桥(主跨 1088m),为目前已建成的世界最大跨径斜拉桥;2010 年建成了湖北鄂东长江大桥为混合梁斜拉桥(主跨为 926m)。目前我国斜拉桥的跨径已达世界最大。

12.1 宜昌夷陵长江大桥

1. 概况

宜昌夷陵长江大桥位于湖北省宜昌市城区,在葛洲坝下游7km。大桥北起体育场路,沿胜利三路向南依次跨鸦宜铁路、东山大道、夷陵大道、沿江大道,越过长江后经点军区五龙村,穿过红光港机场,与江南大道以互通立交相接。该桥全长3246m,主桥是三塔单索面预应力混凝土加劲梁斜拉桥,是万里长江上独一无二的新型结构的城市桥梁。该桥于1998年11月28日开工,2001年12月28日建成通车。

2. 主要技术标准

(1) 设计荷载:汽车—超20级。
(2) 最高通航水位:51.76m。
(3) 桥面宽度:2.25m(人行道)+7.75m(行车道)+3.0m(中央拉索区)+7.75m(行车道)+2.25m(人行道)=23m。

3. 设计要点

1) 结构体系

该桥主桥是三塔单索面预应力混凝土加劲梁斜拉桥,斜拉桥跨径布置为(120+348+348+120)m,桥面宽23m,如图12-1所示。

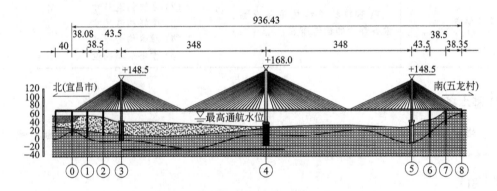

图12-1 宜昌夷陵长江大桥总体布置图(单位:m)

2) 主梁

主梁结构如图12-2所示,采用外包聚乙烯的钢绞线体外索,从而减薄了箱形梁的结构尺寸,使结构更加轻巧。

3) 索塔

主塔采用造价低、造型新颖的钻石型桥塔结构,如图12-3所示。
拉索采用全封闭式新型平行钢绞线斜拉索体系,具有安装方便、受力均匀、防腐蚀性能优越、易于更换等优点。双螺旋线PE管能抑制风雨产生的斜拉索振动。

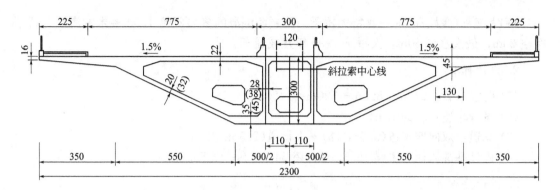

图 12-2 主梁横断面图

注：图中()数字为边跨尺寸，单位为 cm。

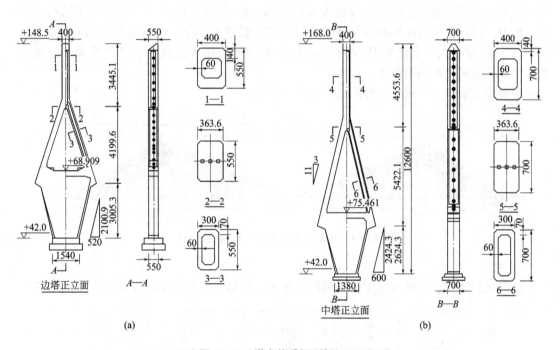

图 12-3 塔身构造图（单位：cm）

4) 索塔基础

主桥基础采用大直径钻孔灌注桩。4号中塔墩采用16根 $\phi 2.0 \text{m}$ 的钻孔桩，高桩承台。3号、5号边塔墩采用11根 $\phi 2.0 \text{m}$ 的钻孔桩，低桩承台。0号墩及1号、2号、6号、7号辅助墩均为 $\phi 2.0 \text{m}$ 钻孔桩，8号台为扩大基础。

12.2 日本多多罗大桥

1. 概况

多多罗大桥位于日本本州—四国联络线—尾道今治线的中央部位，是联结生岛口（广岛县)和大三岛(爱媛岛)的一座特大桥梁,跨越西濑海的多多罗崎 1000 多米的海峡,桥下净空 26m,最大水深 50m,大桥于 1999 年建成通车。

2. 设计标准

(1) 跨径布置:270m+890m+320m=1480m。
(2) 设计车速:802km/h。
(3) 车道:双向四车道(9.5m×2)+人行道(2.5m×2)。
(4) 设计基准风速:主梁 46.1m/s;塔 54.4m/s;索 53.7m/s。

3. 设计要点

1) 结构体系

多多罗大桥为一座三跨连续混合箱梁斜拉桥,如图 12-4 所示。因地形原因边跨布置是不对称的,其边跨与主跨之比分别为 0.3、0.4。由于边跨较小,在荷载作用下边跨将产生上拔力,所以在两边跨端部各布置了一段预应力混凝土主梁,在靠近生口岛侧的 PC 梁长 105.5m,靠近大三岛侧的 PC 梁长 62.5m,同时两边跨还分别布置了两排和一排辅助墩。桥梁其余部分都是钢箱梁。

主梁的支承体系采用了弹性固结于双塔的方案。

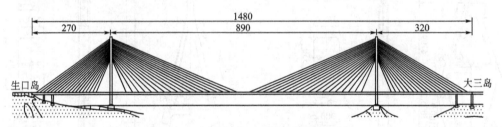

图 12-4　多多罗大桥总体布置(单位:m)

2) 主梁

根据风洞试验,钢箱梁选定有风嘴的扁平三室宽箱梁,如图 12-5 所示。梁高 2.7m,

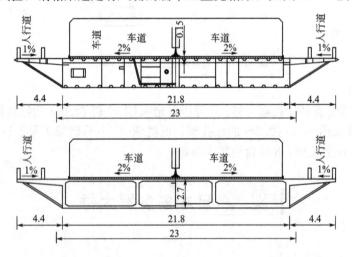

图 12-5　主梁横断面图(单位:m)

梁高与主跨径之比为1/330，梁相对纤细，轴压力起控制作用。斜拉索与梁连接的锚固构造，设置在腹板之外和风嘴的下部，以利于安转、调索、维修和保养。

预应力混凝土梁的外形与钢箱梁相同（图12-5）。因其有收缩徐变等问题，由此造成的影响在设计中应予以重视。钢箱梁与PC梁相结合部位采用高流动性混凝土填实，确保两者紧密结合。

3）索塔

索塔经美学设计和多方案比较，采用现在的双子形钢塔，如图12-6所示。塔柱的断面形式为矩形并切去四个角隅以利抗风。截面尺寸为(12.0～5.6)m×(8.5～5.9)m。塔高220m，共23段，段与段之间用高强螺栓联结。

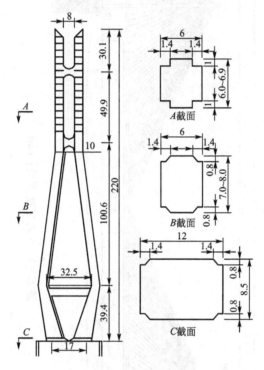

图12-6 塔身构造图(单位：m)

4）主塔基础

主塔基础直接支承在风化的花岗岩上，采用沉井基础，尺寸为43.0m×25.0m，2号主墩基础水深33m，沉井高39m，3号基础水深13m，沉井高19m，桥基处最大流速为4海里/小时。

12.3 苏通长江大桥

1. 概况

苏通长江大桥长8146m，主桥主跨采用1088m钢箱梁斜拉桥（图12-7），其南北两岸分别为苏州市和南通市。该桥于2008年建成通车，为目前已建成的世界最大跨径斜拉桥。

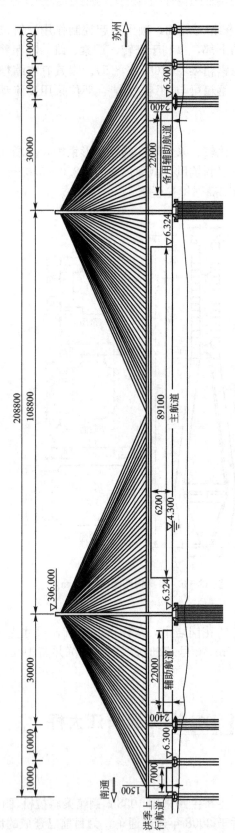

图 12-7 桥跨布置(单位: cm)

大桥桥位处江面宽 6.2km，最大水深 36m。大桥采用六车道高速公路标准，设计速度为 100km/h，桥梁宽度 34m，设计基本风速 38.9m/s。主桥通航净高≥62m，双向航道通航净宽≥891m。主塔基础船舶撞击荷载标准：顺水流方向 130MN，横水流方向 65MN。地震基本烈度 6 度。

2. 主桥

主桥为七跨双塔双索面钢箱梁斜拉桥，桥跨布置 100m＋100m＋300m＋1088m＋300m＋100m＋100m＝2088m。

1) 主塔基础

主塔基础采用 131 根钻孔灌注桩群桩，梅花形布置(图 12-8)，桩径 2.8/2.5m(变直径)，桩长 117～114m。承台为哑铃形，每个塔柱下承台平面尺寸为 51.35m×48.1m，厚度由边缘的 5m 变化到最厚处的 13.32m。两承台之间采用 11.05m×28.1m 系梁连接，系梁高 6m。根据防船撞要求，封底为 3～5.5m 变厚度。

承台钢套箱采用钢双壁结构，对称拼装，在钢护筒上焊接牛腿作为拼装套箱的施工平台，钢套箱拼装完成后，切割牛腿下沉至设计高程。

2) 主塔

主塔为倒 Y 形结构(图 12-9)，采用 C50 混凝土，塔高 300.4m，包括上、中、下塔柱和下横梁四部分。塔柱及横梁均采用空心梁截面，上塔柱斜拉索锚固区采用钢锚箱—混凝土组合结构。上塔柱采用单箱单室，尺寸由 9.00m×8.00m 变化到 10.82m×17.40m，塔壁厚度在斜拉索前侧为 1.00m，侧面为 1.2m，中间设钢锚箱；中下塔柱为单箱单室断面，尺寸由 10.82m×6.50m 变化到 15.00m×8.00m，中塔柱壁厚 1.2m，下塔柱壁厚 1.5m。

塔柱采用自动液压爬模系统逐段连续施工，每段高 4.5m，下塔柱和中塔柱施工时共设 10 道水平撑，施加主动顶撑力。

3) 主梁

主梁采用全焊扁平钢箱梁，中心线处高 4.0m；含风嘴全宽 41.0m，不含风嘴顶板宽 35.4m，底板宽 9.0m＋23m＋9.0m(图 12-10)，标准节段长 16m。材料以 Q345qD 为主，受力较大部分采用 Q370qD。

根据受力需要，顶板厚采用 14～24mm，在纵、横桥向根据不同的受力要求确定；顶板 U 形加劲肋上口宽 300mm，下口宽 180mm，厚度 8～10mm，间距 600mm；底板厚 12～24mm，底板 U 形加劲肋间距 800mm，厚度 6～8mm；外腹板厚 30～36mm，根据受力需要设置了加劲肋；横隔板标准间距 4.0m，非吊点处横隔板厚 10mm，拉索吊点处厚 16mm、12mm；钢箱梁内设置两道纵隔板，除局部区段为实腹板外，其余为桁架式，桁架式纵隔板上、下弦杆为 T 形截面，板厚 14mm，斜杆为∟160mm×14mm 角钢，节点板厚 14mm，板式纵隔板采用整体式，板厚 24mm；斜拉索在主梁上锚固采用锚箱式，锚箱安装在主梁腹板外侧，并与其焊成一体。钢箱梁进行了不同比例节段模型和全桥模型风洞试验，结果显示不论是在施工期间还是运营期间其颤振临界风速均大于颤振检验风速，钢箱梁具有很好的抗风性能。

4) 主梁架设和施工控制

为保证施工过程中的抗风安全，在边跨距索塔 197m 处设置临时墩。辅助跨、边跨

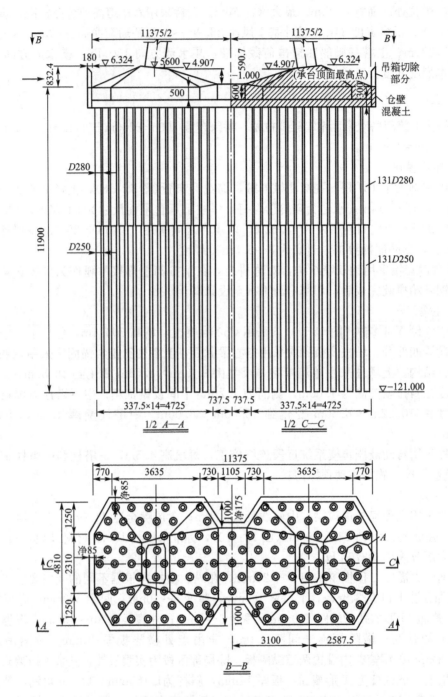

图 12-8 主塔基础(单位：cm)

大块梁段及索塔区梁段采用1600t大型浮吊吊装，标准梁段、边跨与中跨合龙梁段采用分离式桥面双吊机吊装，吊机采用DL-400P液压控制系统，完成梁段吊装和匹配作业。斜拉索分2次张拉到位，主梁线形控制采用几何控制法，保证线形平滑，轴线误差1mm。

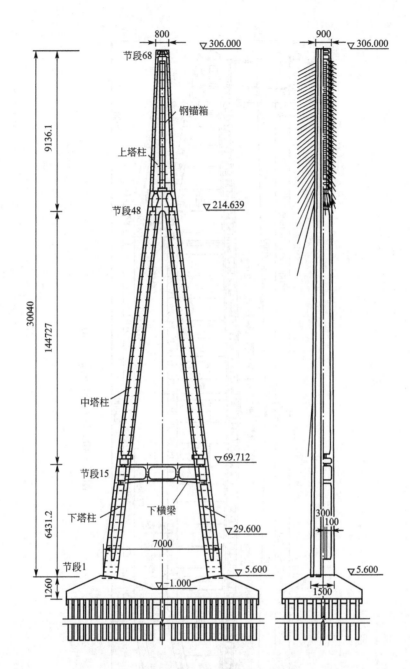

图 12-9 主塔结构及施工节段划分(单位：cm)

5) 斜拉索

采用 $\phi7$ 强度 1771MPa 平行钢丝斜拉索，全桥斜拉索共 272 根，最长 577m，最大规格为 PES7-313，单根最大质量为 59t。斜拉索设计寿命为 50 年，并考虑其可更换性。采用阻尼器、气动措施(表面凹坑)并用的综合减振方案，索振动的允许幅值控制在其长度的 1/700 以内。

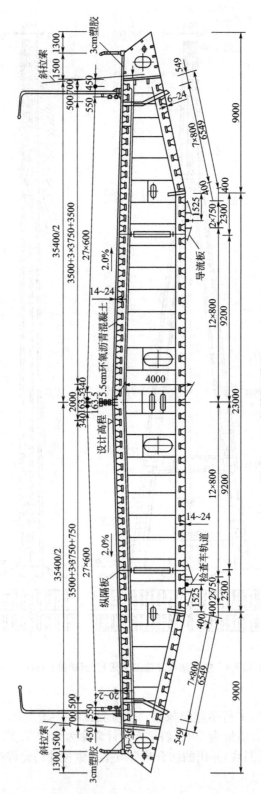

图 12-10 钢箱梁（单位：mm）

12.4 湖北鄂东长江大桥

1. 概况

鄂东长江大桥位于长江中下游湖北黄石市、鄂州市，全长5762m，主桥采用主跨926m混合梁斜拉桥。

桥位区属长江中下游滨湖丘陵区，两岸大堤间距1740m，常水位时江面宽1040m，平均水深20m。覆盖层35m，基岩为弱～微风化泥质粉砂岩、砂岩、砾岩及安山岩。年平均气温17.1℃，极端最高气温40.3℃，极端最低气温−11.0℃。

大桥采用六车道高速公路标准，设计速度100km/h；设计基本风速30.1m/s；船舶撞击荷载，顺水流方向19.5MN，垂直水流方向9.75MN；地震动峰值加速度系数，100年超越概率水平10%的加速度系数为0.071，100年超越概率水平3%的加速度系数为0.126；通航净空，净高不少于24m；净宽为一跨跨过有效通航水域。

2. 主桥结构

主桥采用3×67.5m+72.5m+926m+72.5m+3×67.5m=1476m九跨连续半漂浮双塔混合梁斜拉桥（图12-11），边跨设置3个辅助墩和一个过渡墩，桥面全宽36m，主梁中跨采用分离式双箱断面钢箱梁，边跨采用同外形的双箱断面混凝土箱梁，钢混结合面设计在中跨距索塔中心线12.5m处。

1) 主梁

钢箱梁采用分离式双箱断面（图12-12）；梁中心线处内轮廓高3.8m，全宽为38.0m（含布索区和风嘴）。梁高与跨径之比为1/243.7，与宽度之比为1/10。钢箱梁主体采用Q345qD，风嘴采用Q235qB。标准梁段长15m，全桥共划分63个梁段，梁段吊装质量为97.4～392.9t。桥面板、底板、下斜底板及中纵腹板纵向主题采用U形加劲，边纵腹板及顶板、下斜底板的边角部采用板式加肋。顶板和水平底板厚16～25mm，斜底板厚20～25mm，中纵腹板厚14～25mm，边纵腹板厚36mm，其板式加劲厚20mm。横隔板标准间距3m，板厚12～16mm。

一侧预应力混凝土箱梁总长287.5m，箱梁外形与钢箱梁一致，梁中心线处梁高3.8m，风嘴宽度为1.0m，边箱底板宽4.4m，中间桥面板宽14.86m，全宽38.0m。横桥向箱梁底板水平，标准横断面顶板厚30cm、水平底板厚35cm、斜底板厚为30cm、中腹板厚为50cm。

钢混结合段为主梁的关键部位，钢箱梁F梁段采用带T形加劲的U肋，钢箱梁端部位设置多格室结构，且在格室内填充混凝土，并通过剪力键及钢板与混凝土的摩擦力传递轴力、剪力和弯矩。同时，在钢格室腹板上采用PBL剪力键，为了使钢箱梁与混凝土箱梁紧密结合，采用预应力钢束进行连接。钢混结合段长8.5m；钢格室在结合面钢箱梁侧2m，钢箱梁加强段3.5m，对应钢箱梁长5.5m，钢格室高度为800mm。

2) 斜拉索

斜拉索采用1670MPa平行钢丝斜拉索，索面为按扇形布置的斜索面，每一扇形由30对斜拉索组成，全桥拉索共计240根。斜拉索中跨标准索距15m，边跨标准索距7.5m，

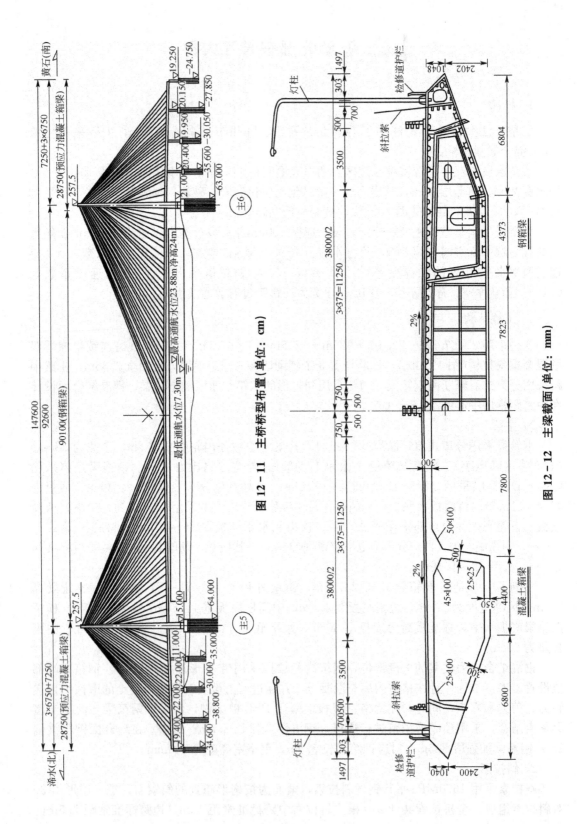

图 12-11 主桥桥型布置（单位：cm）

图 12-12 主梁截面（单位：mm）

横桥向两根斜拉索在桥面处的中心距为34.4m。最长拉索长493.6m，拉索最大规格为PES-283，单根最大重（不计锚具）38.4t。根据索力的不同，需要PES7-283共12种规格。斜拉索减振措施采用阻尼器、气动措施并用的综合减振方案。

3) 索塔

索塔采用"凤翎"式结构，包括上塔柱、中塔柱、下塔柱和下横梁（图12-13）。北索塔高242.5m、南索塔高236.5m；索塔在桥面以上高204.82m，高跨比0.221。上塔柱为对称单箱单室断面，尺寸由8.5m×8.0m变化到9.9m×14.0m，塔壁厚度沿顺桥向为1.0m，沿横桥向为1.2m，中间设钢锚箱。中塔柱为对称单箱单室断面，尺寸由10.2m×6.5m变化到12.3m×7.5m；塔壁厚为1.2m。下塔柱尺寸由12.6m×7.7m变化到13.0m×8.5m。塔壁厚度沿顺桥向为1.8m，沿横桥向为1.5m。

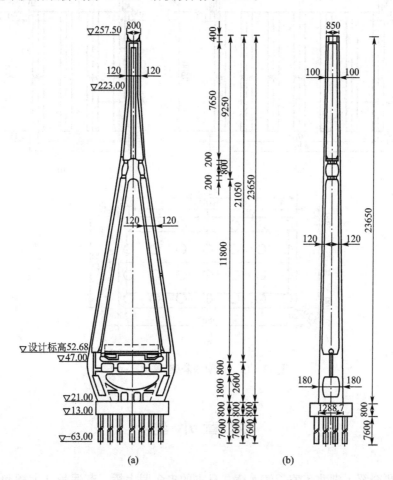

图12-13 索塔（单位：cm）

下横梁为预应力混凝土箱形结构，其内设两道竖向横隔板，横梁高8.0m。上顶宽11.8m，下底宽12.0m，上、下底板厚1.0m，腹板厚为1.5m，横隔板厚1.5m。

斜拉索在塔内采用钢锚箱结构，钢锚箱分26节，宽2.4m，高2.5～3.6m，单个重23.79～49.73t。第4～30对斜拉索锚固在钢锚箱上，第1～3对斜拉索直接锚固在混凝土底座上；钢锚箱总高72.9m，钢锚箱节段之间采用高强螺栓连接。

4) 承台与基础

南索塔承台采用长 42m、宽 23.25m、厚 8m，桩基采用 7×4 共 28 根钻孔桩，桩径 2.5m，桩长 76m(图 12-14)，按摩擦桩设计。北索塔承台采用长 42m、宽 29.5m、厚 8m，共设 33 根钻孔灌注桩，覆盖层内直径为 2.8m，基岩内直径 2.5m，桩长 71m。南索塔在河滩上，为确保江堤安全，安排在枯水期完成基础施工；北索塔基础采用钢管桩平台钢套箱方案施工。

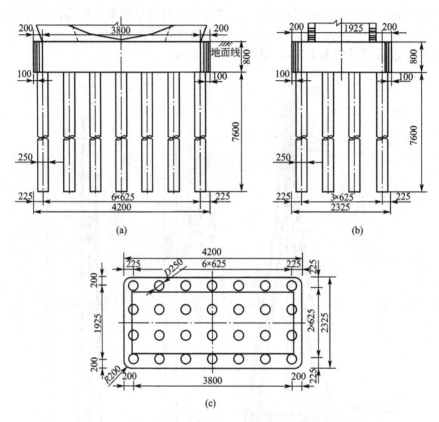

图 12-14　南索塔基础(单位：cm)

本 章 小 结

本章主要介绍了湖北夷陵长江大桥、日本的多多罗大桥、苏通长江大桥和湖北鄂东长江大桥。

夷陵长江大桥主桥是三塔单索面预应力混凝土加劲梁斜拉桥，斜拉桥跨径布置为(120+348+348+120)m，桥面宽 23m。主塔采用钻石型桥塔结构。拉索采用全封闭式新型平行钢绞线斜拉索体系。主梁采用箱形截面，并采用外包聚乙烯的钢绞线体外索。

日本多多罗大桥为一座三跨连续混合箱梁斜拉桥，跨径布置为 270m+890m+320m=1480m。边跨与主跨之比分别为 0.3、0.4，在两边跨端部各布置了一段预应力混凝土主梁，同时两边跨还分别布置了两排和一排辅助墩。桥梁其余部分都是钢箱梁。钢箱梁选定有风嘴的扁平三室宽箱梁，预应力混凝土梁的外形与钢箱梁相同。索塔采用双子形钢塔。

苏通长江大桥主桥为七跨双塔双索面钢箱梁斜拉桥，桥跨布置为 100m＋100m＋300m＋1088m＋300m＋100m＋100m＝2088m，为目前已建成的世界最大跨径斜拉桥。主塔为倒 Y 形混凝土结构。主梁采用全焊扁平钢箱梁，平行钢丝斜拉索。

鄂东长江大桥主桥采用 3×67.5m＋72.5m＋926m＋72.5m＋3×67.5m＝1476m 九跨连续半漂浮双塔混合梁斜拉桥，边跨设置 3 个辅助墩和一个过渡墩，桥面全宽 36m，主梁中跨采用分离式双箱断面钢箱梁，边跨采用相同外形的双箱断面混凝土箱梁，钢混结合面设计在中跨距索塔中心线 12.5m 处。斜拉索采用平行钢丝，索面为按扇形布置的斜索面。索塔采用"凤翎"式结构，为混凝土塔。

本 章 习 题

12-1 单索面与双索面混凝土斜拉桥的箱梁截面形式有何区别？

12-2 斜拉桥的箱形主梁一般采用有风嘴的扁平箱形截面形式，为什么？

12-3 对于大跨径斜拉桥，采用边跨混凝土梁、中跨钢梁的混合梁设计方案，在结构受力性能上有什么优点？

12-4 为确保混合梁斜拉桥的钢箱梁与混凝土梁结合部的牢固可靠，应采取哪些设计与施工措施？

12-5 简述苏通长江大桥的设计要点。

参 考 文 献

[1] 中华人民共和国行业标准. 公路工程技术标准(JTG B01—2003)[S]. 北京：人民交通出版社，2003.
[2] 中华人民共和国行业标准. 公路桥涵设计通用规范(JTG D60—2004)[S]. 北京：人民交通出版社，2004.
[3] 中华人民共和国行业标准. 公路钢筋混凝土及预应力混凝土桥涵设计规范(JTG D62—2004)[S]. 北京：人民交通出版社，2004.
[4] 中华人民共和国行业标准. 公路圬工桥涵设计规范(JTG D61—2005)[S]. 北京：人民交通出版社，2005.
[5] 中华人民共和国交通部部标准. 公路桥涵钢结构及木结构设计规范(JTJ 025—86)[S]. 北京：人民交通出版社，1986.
[6] 中华人民共和国行业标准. 公路桥涵地基与基础设计规范(JTG D63—2007)[S]. 北京：人民交通出版社，2007.
[7] 中华人民共和国推荐性行业标准. 公路桥梁抗风设计规范 (JTG/T D60-01—2004)[S]. 北京：人民交通出版社，2004.
[8] 中华人民共和国交通部部标准. 公路工程抗震设计规范(JTJ 044—89)[S]. 北京：人民交通出版社，1989.
[9] 中华人民共和国行业标准. 高速公路交通工程及沿线设施设计通用规范(JTG D80—2006)[S]. 北京：人民交通出版社，2006.
[10] 中华人民共和国行业推荐性标准. 公路桥涵施工技术规范(JTG/T F50—2011)[S]. 北京：人民交通出版社，2011.
[11] 项海帆. 高等桥梁结构理论[M]. 北京：人民交通出版社，2000.
[12] 贺拴海. 桥梁结构理论与计算方法[M]. 北京：人民交通出版社，2003.
[13] 夏禾. 桥梁工程(上、下册)[M]. 北京：高等教育出版社，2011.
[14] 强士中. 桥梁工程(上、下册)[M]. 北京：高等教育出版社，2011.
[15] 姚玲森. 桥梁工程[M]. 北京：人民交通出版社，2008.
[16] 周先雁，王解军. 桥梁工程[M]. 2版. 北京：北京大学出版社，2012.
[17] 王解军. 桥梁工程[M]. 长沙：中南大学出版社，2009.
[18] 范立础. 桥梁工程(上册)(土木工程专业用)[M]. 北京：人民交通出版社，2001.
[19] 邵旭东. 桥梁工程(土木工程、交通工程专业用)[M]. 北京：人民交通出版社，2004.
[20] 雷俊卿，郑明珠，徐恭义. 悬索桥设计[M]. 北京：人民交通出版社，2002.
[21] 葛耀君. 分段施工桥梁分析与控制[M]. 北京：人民交通出版社，2003.
[22] 李国平. 桥梁预应力混凝土技术及设计原理[M]. 北京：人民交通出版社，2004.
[23] 徐荣年，徐兴磊. 工程结构裂缝控制[M]. 北京：中国建筑工业出版社，2005.
[24] 林元培. 斜拉桥[M]. 北京：人民交通出版社，1995.
[25] 雷俊卿. 大跨度桥梁结构理论与应用[M]. 北京：清华大学出版社，北京交通大学出版社，2007.